I0422441

www.ingramcontent.com/pod-product-compliance
Lightning Source LLC
Chambersburg PA
CBHW060508290526
45791CB00001B/312
*9780244485238*

# ملت، حق تعیین سرنوشت ملی و مسئله ناسیونالیسم

## (مجموعه‌ای از مقالات)

هوشنگ نورائی

# ملت، حق تعیین سرنوشت ملی و مسئلهٔ ناسیونالیسم
## (مجموعه‌ای از مقالات)

نویسنده: هوشنگ نورائی (ایوب حسین بر)

hnoraiee@gmail.com

Author: Hoshang Noraiee

انتشارات بین المللی لولو LULU

# فهرست

"بهترین، انسانی‌ترین، و بادوام‌ترین راه حل را باید در دموکراتیزه کردن هر چه بیشتر جامعه که به نفی هرگونه تبعیض و ستمگری و نیز بی‌عدالتی و ناامنی سیاسی، اجتماعی، اقتصادی و فرهنگی بینجامد جستجو کرد. بلوچ بودن، فارس بودن، کُرد بودن؛ و یا شیعه، سنی، بهائی، مسیحی و یهودی بودن و غیر آن مسئله نیست بلکه تبدیل این تفاوت‌های معمولی به اصول سیاسی و منجمدسازی مرزهای بین "خودی" و "غیرخودی" و سپس توزیع امتیازات بر این اساس است که مسئله آفرین می‌شود."

(از همین کتاب)

# مقدمه

به جرأت می‌توان گفت که در حال حاضر ناسیونالیسم بزرگترین خطری است که جهان با آن روبروست. برآمد فزایندهٔ رهبران پوپولیست در همه‌جای جهان؛ رشد گروه‌های افراطی دینی و قومی همراه با موج گستردهٔ آوارگی و مهاجرت‌های اجباری و افزایش خطر جنگ‌های خانمان‌سوز، بیان روشنی از مشکل ناسیونالیسم است. همین پدیده است که دموکراسی را هم بشدت مورد تهدید قرار داده است. اما بنیادگرائی دین و ناسیونالیسم را نمی‌توان از شکاف‌های عمیق بین فقر و ثروت و به گفتهٔ جوزف استیگلیتز اقتصاددان برنده جایزه نوبل، از سیاست‌های بنیادگرایانه بازار و نئولیبرالیسم جدا دید. نادیده گرفتن آزادی‌های مثبت به تشدید ناامنی‌های اقتصادی و اجتماعی پرداخته است و موجبات نارضایتی بخش‌های مهمی از مردم زحمتکش و آسیب‌پذیر جامعه را فراهم کرده است. اما این‌همه ناامنی با فشار بی‌سابقه پروسه جهانی‌شدن گره‌خورده است و ابعاد متفاوتی از زندگی را از دسترس مردم خارج کرده است. با درک از چنین شرایطی است که این مقالات یکجا جمع می‌شود تا کمکی باشد به بحث‌های گسترده‌تر در جامعه.

این کتاب شامل مجموعه‌ای از مقالات در مورد ناسیونالیسم، ملت، حق تعیین سرنوشت ملی و خودمختاری ازنظر تئوری و عملی است. مقاله با دیدی انتقادی مسئله ناسیونالیسم را، بر متن جهانی‌شدن، در اشکال مدنی و قومی آن بررسی می‌کند. به تعاریف و پیدایش ملت می‌پردازد و تمایز بین درک‌های ابدگرایانه و مدرن و یا پیوسته و گسسته را ارزیابی می‌کند. در همین رابطه به بازنگری از تز "حق تعیین سرنوشت ملی" پرداخته و به جوانب گمراه‌کننده و غیرعملی آن می‌پردازد. ازآنجاکه لنین در روسیه بیش از هرکسی به تز "حق تعیین سرنوشت ملی" پرداخته بود، به تئوری و عمل حزب سوسیال‌دموکرات روسیه (بعد بانام حزب بلشویک و یا کمونیست) و بعد در اوایل پیدایش اتحاد جماهیر شوری می‌پردازیم. ازآنجاکه روزا لوگزامبورگ، متفکر انقلابی لهستانی -آلمانی، مهم‌ترین منتقد درک لنین در این مورد بود به بعضی از دیدگاه‌های او نیز پرداخته‌ایم.

در قسمت ایران هم به نگرش‌های متفاوت ناسیونالیست‌های ابدگرا، سنتی و انکارگرا و نیز دیدگاه‌های پولورالیستی و مدرن گرا پرداخته و نحوه برخورد آن‌ها را به تنوعات قومی، زبانی و دینی بررسی کرده‌ایم. در همین حال ازنظر تاریخی به گروه‌های خودمختاری طلب اقوام اشاره‌کرده‌ایم. به این هم پرداخته‌ایم که بعد از پایان جنگ سرد بخش مهمی از گروه‌های اقلیت قومی به سوی ناسیونالیسم خالص‌گرای قومی‌رفته و برنامه‌های ترقی‌خواهانه و پولورالیستی را کنار گذاشته‌اند. این تحولات خطر رویاروئی بین ناسیونالیست‌های قومی مسلط انکارگرا و مغلوب را افزایش داده است. در پایان به این نتیجه می‌رسد که عدم تمرکز در ساختار سیاسی ایران یک نیاز اساسی است که بدون آن نمی‌توان دموکراسی معنی‌دار و بادوامی در ایران بوجود آورد و بدون

دموکراسـی گسـترده هم مشـکل اسـت بتوان به راه‌حل‌های مؤثری در مورد اقوام رسـید. البته تمرکززدائی ا شکال متنوعی دارد که متنا سب با شرایط، می توان یک شکل و یا ترکیبی از ا شکال متفاوت را بکار گرفت.

لازم اسـت یادآوری شـود که این مقالات با آنکه بهم مرتبط هسـتند ولی به‌طور جداگانه و بعضاً بافاصله زیادی از همدیگر نگا شته شده‌اند. درحالی‌که بعضی از مقالات قبلاً انتشاریافته‌اند ولی اکثر آن‌ها برای اولین بار در اینجا منتشـر می‌شـوند. از این زاویه ممکن اسـت انسـجام لازم را نداشـته باشـند و همان‌طوری که به‌وضوح دیده می‌شـود حجم مقالات از هماهنگی لازم برخوردار نیسـت. البته تمرکززدائی اشـکال متنوعی دارد که متناسـب با شـرایط، می توان یک شـکل و یا ترکیبی از اشکال متفاوت را بکار گرفت.

در اینجا لازم می‌بینم از همه‌کسانی که با خواندن مقالات پیشنهادهای مفیدی ارائه کرده و در انتشار این مجموعه به من کمک کرده‌اند تشـکر کنم. در پروسـهٔ نوشـتن و آماده کردن این مقالات افراد متعددی به من یاری رسـانده‌اند. از میان آن‌ها به‌طور مشـخص مدیون ملا و کریم بلیده‌ای به خاطر کار غلط‌گیری و پیشـنهادهای ارزنده اشـان و بزرگ‌زاده به خاطر زحماتش در تنظیم مطالب این کتاب هسـتم. البته مسؤلیت همه نظرات و ا شتباهات تنها به عهدۀ من ا ست و نه هیچ‌کدام از افراد دیگر.

# ۱- ناسیونالیسم و ملت

## مقدمه

ملت، ناسیونالیسم و همین‌طور دولت-ملت اغلب در ارتباط باهم دیگر آورده می‌شوند. ارائه تعاریفی روشن و دقیق از ملت و ناسیونالیسم بسیار دشوار است. در تعاریف موجود این هم جدال‌برانگیز است که چه رابطه‌ای بین ملت به‌مثابه یک هویت جمعی و دیگر هویت‌های جمعی هم چون طبقه، نژاد و قوم، جنس، منطقه، جامعه مذهبی، و غیره وجود دارد. همین مشکل در ارتباط با رابطه عناصر ذهنی هم چون حافظه و آگاهی و آنچه گاه به‌عنوان روح ملی و یا تاریخی و یا اراده جمعی و روانشناسی یاد می‌شود؛ و عوامل عینی همچون زبان و سرزمین هم وجود دارد. این هم یکی از سؤالات بحث‌برانگیز است که چه رابطه‌ای بین ملت و تاریخ هست و اینکه مفاهیم ملت و ناسیونالیسم جدیدند و یا طبیعی و جاودانه (پریموردیال)؟ چه عواملی موجب پیدایش ناسیونالیسم و ملت شده‌اند؟. این سؤال جامعه‌شناسانه هم اغلب مطرح می‌شود که ناسیونالیسم به‌مثابه یک ایدئولوژی با منافع کدام گروه‌ها، قشرها و یا طبقات اجتماعی مرتبط است؟

موضوع ملت و ناسیونالیسم آنقدر گسترده است که اکنون از موضوع تاریخ که بیشترین سابقه را در مطالعه موضوع دارد به مردم شناسی، جامعه شناسی، علوم سیاسی، روان شناسی اجتماعی، زبان‌شناسی، روابط بین‌الملل، جغرافیا، فلسفه، اقتصاد منطقه‌ای، اقتصاد سیاسی و حقوق بین‌الملل کشیده شده است.[1]

با استفاده از خصوصیاتی که قبلاً کدوری[2] برشمرده بود، آنتونی اسمیت جنبه‌های مهم اصول ایدئولوژیکی را که ناسیونالیسم به آن‌ها متکی است و آن‌ها را بدیهی می‌بیند، این‌گونه برمی‌شمارد:

۱-بشر به‌طور طبیعی به ملت‌ها تقسیم‌شده است
۲-هر ملت دارای خصوصیات متمایز خویش است
۳-ملت به‌مثابه یک جمع کل، مبع تمامی قدرت سیاسی است
۴-بشر برای آزادی و تحقق خودش باید هویت ملی پیدا کند
۵-ملت وقتی تحقق می‌یابد که دولت خود را داشته باشد
۶-وفاداری به ملت-دولت همه وفاداری‌ها دیگر را مغلوب می‌کند
۷-شرط اولیه برای آزادی و هماهنگی جهانی عبارت است از تقویت دولت- ملت[3]

این نکات به‌طور نسبتاً جامعی دیدگاه ناسیونالیست‌ها را از ملت بیان می‌کند. این نکات همین‌طور نشان می‌دهند ناسیونالیسم به‌مثابه یک جنبش دارای یک تئوری منسجمی نیست بلکه به یک

ایدئولوژی مبهم و سرهم‌بندی شده تکیه دارد. اما آنچه آن را به حرکت درمی‌آورد ارادهٔ سیاسی نیرومند نمایندگان آن، که از افراد الیت جامعه‌اند، می‌باشد که در شرایط تاریخی و سیاسی اجتماعی دوران مدرن امکان پیدا می‌کنند دست به ساختن ملت بزنند. آنچه در نکات فوق دیده می‌شود اساساً بر نگرش‌های غیر تاریخی، ذات‌گرایانه و گزینش‌های ذهنی استوار است. اما همان‌طوری که در پائین نشان خواهیم داد، بین اغلب یافته‌های کنونی علوم اجتماعی و تاریخی با برداشت ناسیونالیست‌ها از منشأ، تاریخ و اتکاء به عینیت وجود شان شکاف‌های اساسی وجود دارد.

## تعریف ملت و عناصر عینی و ذهنی

در تعریف از ملت عوامل ذهنی و روان‌شناسانه، عوامل عینی و یا ترکیبی از عینی و ذهنی بکار رفته است.

بر اساس تعاریف متفاوت و موجود می‌توان گفت که علیرغم درک ناسیونالیستی از ملت، ملت به صورت یک گروه وسیع اجتماعی دیده می شود که در دوران مدرن شکل‌گرفته/ ساخته شده و رابطه اعضایش نه بر اساس روابط خونی، فامیلی و قبیله‌ای، بلکه بر اساس احساس تعلق مشترک به یک کلیت ذهنی و یا عینی و یا عینی-ذهنی و نیز سرزمینی تعریف می‌شود.

حالا به‌منظور درک عمیق‌تر از ملت و ناسیونالیسم در زیر به پاره‌ای از دیدگاه‌های تئوریک اشاره می‌کنیم.

ملت برای بخش مهمی از محققان علوم اجتماعی اجتماعات ذهنی، پنداری یا عاطفی هستند که بر مبنای روابط غیرشخصی از طریق احساس تعلق شکل می‌گیرد. تعاریف ذهنی و روان‌شناسانه به احساس تعلق و روانشناسی جمعی و فردی اشاره دارند. ازنظر عده‌ای ملت اغلب یک ساخته اجتماعی مدرن است و نه یک کلیت عینی و ذهنی از قبل موجود. در این چهارچوب می‌توان از دیدگاه‌های شناخته‌شده "جامعه تصوری" بندیکت اندرسون، جامعه اجتماعاً بناشده هابزسبام[4] و یا جامعه متکی به رنج جمعی تاریخی رنان نام برد. ازنظر رنان یک ملت از همبستگی وسیعی از افراد بر اساس احساسی که نسبت به خود گذشتگی‌های پیشین خوددارند و احساس می‌کنند بازهم حاضرند به چنان خود گذشتگی‌ای دست بزنند، شکل می‌گیرد.[5] بندیکت اندرسون تعریف هیوستن- واتسن را که ملت را ملاحظه ذهنی عدهٔ قابل‌توجهی از مردم می‌دانست می‌گوید که ملت " یک جامعه سیاسی پنداری است- و به‌گونه‌ای تصور می شود که در ذاتش هم محدود و هم دارای حاکمیت است".[6] محدود بودنش یعنی اینکه یونیورسال نیست و همه را در برنمی‌گیرد. و حاکمیت هم تأکیدی بر استقلال آن از نظام دینی ماقبل دوران روشنگری است.

پیدایش ملت به مفهوم مدرن‌اش، از نقطه نظر این محققان طبیعی، قطعی، ناگزیر و یا یک سرنوشت جبری نیست بلکه می‌توان گفت رخدادی خاص در شرایط تاریخی خاصی است که پیدایش آن به دوران سرمایه‌داری و به شرایط زمانی و مکانی گوناگونی بستگی دارد. وجود یک یا

چند تفاوت گروهی به‌طور جبری از آن گروه ملت نمی‌سازد همان‌طور که عدم وجود کمترین تفاوتی یک گروه را ممکن است در شرایطی خاص به ملت تبدیل کند.

والکر کونر بین دولت و ملت تفاوت ا سا سی قائل ا ست. دولت را با مرزها و سرزمین و مکان موضوعی ملموس و روشن می‌داند ولی ملت را که به حس، احساس، و الهام مرتبط می‌بیند ا ساساً یک "پدیده روان‌شناسانه" می‌بیند.[۷] کونر می‌گوید "چون ملت یک گروه‌بندی است که به خود-تعریفی متکی است تا دیگر-تعریفی، و اعتقاد عمومی که این گروه به منشأ واحدی مرتبط است نیاز به اثبات را منتفی می‌کند و به‌ندرت با داده‌های واقعی منطبق است".[۸] در این مورد اتکاء به "دانش پیشینه" است که باروحیه، تمایل و عاطفه سروکار دارد. و از طریق اعتقاد به اشتراک خونی احساس روان‌شناسانه‌ای شبیه به تعلق به یک "خانواده گسترده" را ایجاد می‌کند.[۹]

پل براس در همین راستا در مقابل دیدگاه‌های جاودانه که ملت را امری طبیعی و عاطفی و از بدیهیات به‌حساب می‌آورند به توضیح دیدگاه‌های اجتماعی تاریخی و یا متکی به شرایط محیطی می‌پردازد. ازنظر براس، برگزیدگان در رقابت‌های اشان، با اتکا به دیدگاه به‌اصطلاح طبیعی از تعلقات و خصوصیات و نهادهای سنتی قومی، به‌صورت گزینشی، به‌مثابه ابزار و توانائی تأثیرپذیری‌اشان برای بسیج سیاسی استفاده می‌کنند. براس پریموردیالیسم را دیدگاه ناسیونالیست‌ها می‌داند که نیازی به ثبوت تاریخی و یافته‌های علمی ندارند. آنچه انتخاب می شود تعریف و بازتعریف می شود تا مرزهای بین یگانگی خودی – در مقابل دیگران- تر سیم شود. آنگاه مرزهای ترسیم‌شده را به ارزش‌ها و معانی نوین پیوند می‌زنند تا بدین گونه هویت و منافع گروهی را بیان کنند.[۱۰]

براس معتقد است که در جائی ممکن است احساس هویت سنتی یک گروه اجتماعی، قبل از بسیج قومیتی به‌نوعی وجود داشته باشد و یک نیروی الیت، و مرزها و تعریف گروه به‌خوبی استقراریافته باشد. در آن صورت بسیج مبتنی بر قومیت که نه از جانب الیت سنتی بلکه به‌وسیله افراد غیر الیت مطرح شود به پیدایش تعاریف تقابل جویانه‌ای از وسعت گروه قومی می‌شود.[۱۱]

مثلاً بر اساس گفتهٔ براس -آنچه به پاکستان مربوط است این است که مسئله جدائی مسلمانان طبیعی و از قبل تنظیم‌شده نبود بلکه نتیجه دست کاری آگاهانه سمبل های انتخاب‌شده‌ای از هویت مسلمانان به‌وسیله نخبگان سیاسی مسلمان در رقابت‌های سیاسی و اقتصادی باهم دیگر و گروه‌های الیت هندو بود.[۱۲] این‌که تا چه میزان از قبل گرایش متفاوت و متضاد بین آن‌ها وجود داشت و سپس فعال شد بین براس و فرانسیس رابینسون مقداری اختلاف وجود دارد. رابینسون می‌گوید او در این زمینه از ابزارگرایان افراطی پیروی نمی‌کند و او تا میزانی تضادهای از قبل موجود بین هندوان و مسلمانان را می‌بینند.

از زاویه‌ای متفاوت ممکن است ملت تجلی یک روح ملی قلمداد شود که همیشه در تاریخ جریان داشته ولی در شرایط معینی به‌طور ناگزیری به خودآگاهی می‌رسد و ابراز وجود می‌کند. آنگاه ابراز این خودآگاهی تبلور عینی خود را در عواملی مشترک همچون زبان، قوم و یا مذهب

نشان می‌دهد. ازاینجا تفاوت با دیگران معنی پیدا می‌کند. این درواقع یک درک جاودانه-روانشناسانه است. رنر و باویر[13] در سنت مارکسیستی آلمان درک نسبتاً مشابهی داشتند و ازاین‌جهت آن‌ها به درک‌های مبتنی بر هویت زبانی هردر و فیخته نزدیک می‌شدند.

از تعاریفی که عمدتاً بر عوامل عینی استوارند، چه در میان مارکسیست‌ها و چه غیر مارکسیست‌ها، تعاریفی است که بر اشتراک عوامل زبانی، سرزمین، تکامل مشترک تاریخی، اشتراک فرهنگی و روحی و نیز اشتراک اقتصادی به‌مثابه پیش‌شرط‌های پیدایش وجود یک ملت تکیه می‌کنند. تعریف استالین شاید یکی از پرطرفدارترین تعاریفی باشد که بر این خصوصیات تکیه می‌کند. استالین معتقد است که "ملت متشکل از اجتماع باثباتی از مردم است که بر اساس اشتراک زبان، سرزمین، زندگی اقتصادی، و روانشناسی که در فرهنگی مشترک تبلوریافته، شکل شکل‌گرفته است".[14] البته در اینجا هم عناصر ذهنی و فرهنگی که از رنر و باویر گرفته نیز جزء ناگزیر تشکیل ملت هستند ولی در آن عوامل عینی نقش تعیین‌کننده دارند. برای استالین هر جامعه‌ای که فاقد هر یک از این معیارهای عینی و ذهنی باشد آن جامعه یک ملت نیست. همهٔ این عوامل درمجموع ضروری هستند تا یک ملت شکل بگیرد و دوماً وقتی همه این عوامل فراهم شد به صورت جبری به پیدایش ناسیونالیسم و ملت می‌انجامند. نگرش آنتونی اسمیت شاید تا میزانی به این تعریف نزدیک باشد.

این تعریف استالینی بیش و کم مبنای تئوریک و ایدئولوژیک اکثریت جنبش‌های ناسیونالیستی، و البته بخش مهمی از مارکسیست‌ها، بوده است. هرچند خود جنبش‌های ناسیونالیستی نگرش مدرنیستی و تاریخی- اقتصادی استالین را که او به دوران گذار از فئودالیسم به سرمایه‌داری مرتبط می‌داند با یک نگرش غیر تاریخی جایگزین می‌کنند بدین معنا که وجود ملت را طبیعی و به قدمت تاریخ بشمار آورند.

دیدگاه عینی-ذهنی گرا و جامع‌الشرایط استالینی از جهات متفاوتی قابل انتقاد بوده است. اولاً این اسطوره‌ای بیش نیست که گفته شود ملت یک سرنوشت سیاسی و ذاتی یک گروه‌بندی جدید از انسان‌ها، حتی در دوران سرمایه‌داری، است. دوماً ازاین‌جهت که از مجموعه عناصر عینی-ذهنی در شرایط زمانی و مکانی خاص ممکن است یکی از این عناصر برای تعریف ملت کافی باشد (مثلاً مسلمانان تمیل در سریلانکا و یا جنبش پاکستان در هند)[15]. واقعیت این است که ناسیونالیسم گاه ارزش‌های سمبلیک گذشته را انتخاب و گاه آن‌ها را می‌آفریند تا اساس ساختن ملت قرار بدهد.[16]

ناسیونالیسم است که زبان و یا قومیت و یا دین و یا تاریخ مشترک را به‌مثابه عناصر عینی برمی‌گزیند وبر متن رقابت‌ها و شرایط سیاسی و اجتماعی بر پیوستگی و اشتراک آن‌ها تأکید می‌کند تا آن‌ها را به مقام هویت قومی-ملی ارتقا بدهد و باقدرت سیاسی یا حاکمیت مستقل گره بزند. این عوامل حتی اگر قبل از دخالت ناسیونالیسم فراگیر بوده‌اند جنبه هویت مشترک نداشته و داری معنی متفاوتی بوده‌اند. البته ناسیونالیسم گاه ممکن است به هیچ‌کدام از این عناصر نیاز

نداشته باشد بلکه بر متن رقابت‌های محلی و منطقه‌ای و با تکیه به اراده و قدرت سیاسی خود به تعریف از خود و نیاز به دولت خود بپردازد. ازاینجا می‌توان استدلال کرد که احساس ذهنی، تعلق و اراده مقدم بر وجود عناصر عینی است. عناصر ملموس وقتی اهمیت پیدا می‌کنند و به کار گرفته می شوند که برای بسیج سیاسی- اجتماعی مفید باشند. معنی زبان مشترک به‌مثابه ابزار ارتباطی روزمره بامعنی زبان به‌مثابه هویت مرجع قومی/ ملی تفاوت کیفی دارد. تنها بعد از آن‌که زبان به مشخصهٔ یک هویت تبدیل شد، آن زبان "شیرین"، شاعرانه و پر از اسرار دست‌نیافتنی برای بیگانگان تبدیل شده و به‌مثابه روح تاریخی و نشان وجود و هستی و ضرورت تداوم و هستی "ما" تلقی می‌شود.

بنابراین، ناسیونالیسم ممکن است به یکی از این فاکتورها، به‌طور سمبلیک، چنان نقش کلیدی بدهد که هویت ملی را با آن فاکتور تعریف کند. کدوری معتقد است که برای ناسیونالیسم به‌مثابه یک اصل سیاسی تفاوت‌ها، کوچک و بزرگ، واقعی و خیالی، با "دیگران" دست‌چین و بزرگ می‌شوند و شباهت‌ها با دیگران هر چه واقعی و بزرگ هم باشند، به کنار زده می‌شوند. درحالی‌که برای "ما" درست برعکس این عمل می‌شود یعنی تفاوت‌ها هرچقدر بزرگ باشند فراموش ولی شباهت هرچقدر کوچک هم باشند بزرگ می‌شوند.[۱۷]

بعضی از تاریخدانان معتقدند که وحدت بین دولت به‌مثابه یک موضوع سیاسی، و ملت به‌مثابه یک موضوع فرهنگ و زبان واحد بعد از انقلاب فرانسه شروع به رشد کرد ولی بعد از جنگ جهانی اول به اوج خود رسید. قبلاً و حتی برای یک دوران طولانی وجود دولت‌های دارای ملت منسجم فرهنگی زبانی به‌طور اتفاقی دیده می‌شدند ـــ حتی در اروپا که منشأ چنین دولت-ملت‌هائی بود که در شرایط خاصی شکل‌گرفته بودند این‌یک امر یونیورسال نبوده است. موج ناسیونالیستی-رمانتیکی که بر چنین وحدتی تکیه داشت با ناسیونالیسم زبانی هردر و فیخته در آلمان مرتبط بود. قبلاً مشروعیت یک واحد سیاسی یا دولت در این نبود که مردم در حیطه ملی ازنظر زبان و فرهنگ مشترک باشند بلکه عوامل سرزمینی و سیاسی برای ایجاد مشروعیت کفایت می‌کردند.[۱۸]

مثال‌های زیادی هست که نشان می‌دهند که گاه یک ملت-دولت ایجادشده بدون این‌که چنین عواملی وجود و یا به کار گرفته شوند. و گاه همه عوامل وجود داشته‌اند ولی برای ایجاد دولت-ملت مستقل به کار گرفته نشده‌اند. برای مثال چه تفاوت‌هائی بین ایران و افغانستان و یا تاجیکستان وجود دارد؟ کانادا و آمریکا را چه عواملی از هم جدا می‌کند؟ نروژ و سوئد را کدام عوامل؟ در مورد تایوان و چین چطور؟ و چرا این‌همه گروه متفاوت در یک هندوستان؟ چرا باسک‌ها در اسپانیا خود را ملت می‌دانند ولی در فرانسه نه و همین‌طور بریتون‌ها در فرانسه خود را ملت نمی‌دانند؟ در چین چرا تبتی‌ها و تا حدودی ایغورها، خو را ملت می‌دانند ولی کانتونیز ها نه؟ چرا در جهان عرب علی‌رغم زبان مشترک و یا اشتراکات تاریخی پان‌عربیسم شکست‌خورده است و این‌همه کشور عرب ایجاد شده است؟ کویت، قطر، دبی و شارجه و غیره را چه عواملی به

ملت تبدیل کرده است؟ می‌بینیم این‌ها همه خود را ملتی بانام سرزمین خود می‌شناسند مثلاً مصری یا اردنی، کویتی. پاسخ به این سؤال‌ها دشوار است ولی نشان می‌دهد که پاسخ در اشتراک زبان و یا دین و یا فرهنگ و یا حتی تاریخ مشترک نیست. اما دولت-ملت که ایجاد آن هدف ناسیونالیست‌هاست چیست؟ به نظر می‌رسد که با توجه به رقابت بر سر منابع، من‌جمله رقابت بر سر قدرت سیاسی در شرایط زمانی و مکانی خاص و درکنش متقابل با عوامل محلی، منطقه‌ای و جهانی در عصر مدرن به این سؤالات می‌توان بهتر پاسخ داد.

بعضی از دولت‌ها اغلب قبل از تشکیل ملت‌ها وجود داشته‌اند ولی همان‌طوری که ملت به شرایط جدید مرتبط است و از گروه‌های خونی و قبیله و یا دینی متمایز است دولت- ملت هم از دولت‌های سابق، دوران ماقبل سرمایه‌داری تفاوت ماهوی دارد. با توجه به اینکه دولت- ملت هدف کلیدی ناسیونالیسم است، لازم است به بعضی از خصوصیات دیگر دولت-ملت هم اشاره‌کنیم.

تعریفی که گیدنز از دولت-ملت می‌دهد این است "دولت-ملت که در میان مجموعه‌ای از دیگر دولت-ملت‌ها وجود دارد عبارت است از مجموعه‌ای از اشکال نهادینه حکومتی که از دستگاه اجرائی انحصاری بر روی یک سرزمین از مرزکشی‌های روشنی برخوردار است، و حمایت از آن‌هم به‌وسیله قانون و کنترل مستقیم بر ابزارهای مستقیم و غیرمستقیم خشونت تقدیس شده است".[۱۹] در اینجا اشاره‌ای به گروه‌های قومی که در چهارچوب بعضی از این دولت-ملت‌ها خود را ملت (بدون ملت) می‌شمارند نمی‌کنند.

گیدنز دولت-ملت را به‌مثابه یک موضوع مدرن توضیح می‌دهد و با استفاده از تز جونز در ارتباط با تحول جلوگاه مرزی (فرونتیر) به توضیح و تعریف پروسه سازمان‌دهی دولت- ملت مدرن می‌پردازد. جونز از چهار جنبه توزیع، مرزبندی، خط‌کشی و اجرائی استفاده می‌کند.[۲۰] توزیع، توافق مابین دولت‌ها بر سر سرزمین است. مرزبندی هم شناسائی مناطق مرزی ویژه است. خط‌کشی هم برای سیاستمداران چگونگی خطوط واقعی مرزی بر روی محیط جغرافیائی را ترسیم می‌کند. کشیدن دیوار و سیم‌خاردار نوع خاصی از آن مرزکشی است که به اجرای بسیار شدید و نظارت مستقیم و شدید برمی‌گردد. در دولت‌های سنتی اگر در جاهائی پست‌های برای اخذ پول و یا در مواردی اخذ مدرک دیده می‌شد بیشتر از جانب استان‌های محلی صورت می‌گرفت و نه سیستم مرکزی. ترکیب نظارت مستقیم و غیرمستقیم مانند مقامات گمرکی و گاردهای مرزی همراه باهماهنگی اطلاعات مرتبط با پاسپورت از خصوصیات ویژه دولت-ملت‌های مدرن است. ازاین‌جهت دولت-ملت یک "ظرف- قدرت مرزدار" می‌باشد.[۲۱]

حال به‌منظور درکی عمیق‌تر از مفهوم ملت به منشأ و دورا پیدایش آن می‌پردازیم.

## منشأ و دوران پیدایش ملت

ازنظر منشأ و دوران پیدایش و رشد مسئله ملت و ناسیونالیسم هم دو نظر مدرنیست و سنتی یا ازلی (پریموردیال) دارای اهمیت ویژه‌اند. در این رابطه یک سؤال این است که آیا پیدایش

ناسیونالیسم و ملت به دوران تاریخی خاصی مرتبط هست؟ در رابطه تنگاتنگ با این مسئله سؤال اساسی دیگر این است که ازنظر منشأ، چه رابطه‌ای بین قوم و ملت وجود دارد؟

پاسخ به این سؤالات در چهارچوب به‌کارگیری متفاوت متدولوژی‌های تاریخی می‌تواند کاملاً متفاوت باشد. آیا پروسه پیدایش ملت ازنظر تاریخی یک پروسه گسسته و مدرن است و یا یک پروسه تدریجی و یا پروسه‌ای پیوسته، ابدی، ذاتی و بدون تغییر اساسی؟ ازنظر متدولوژی مبتنی بر تحول انقلابی پروسه تحولات تاریخی موضوعی گسسته است. بر اساس این متدولوژی که تحول دیالکتیکی هم نامیده می‌شود، همه تحولات تاریخی با تغییرات تدریجی و یا کمی در شرایط خاصی به تحول کیفی منجر می‌شوند به‌طوری‌که معنی و ماهیت پدیده کاملاً تغییر می‌کند. دوم اگر گفته شود که تحول پدیده‌های تاریخی تدریجی است و در اینجا خصلت پدیده حتی اگر کاملاً متفاوت باشد با تداوم و پیوستگی توضیح داده می‌شود. ولی در نگرش مبتنی بر پیوستگی اغلب تحول کیفی و یاماهوی نفی می شود یعنی ذات و اصالت پدیده همچنان تداوم پیدا می‌کند. همین دیدگاه پریموردیال و ذات‌گرایانه مبنای نظری ناسیونالیسم را تشکیل می‌دهد. بر همین اساس ملت به‌مثابه پدیده‌ای فطری همیشه وجود داشته و یا به‌تدریج قوم به ملت رسیده است. در درک پیوسته ریشه مشترک اجدادی و سرزمین مشترک، هرچند اسطوره‌ای، مبنای مشروعیت یک ملت به‌حساب می‌آیند.

با آنکه رابطه بین ناسیونالیسم و ملت و اینکه کدام یک مقدم است بحث‌انگیز و گاه مانند رابطه مرغ و تخم‌مرغ است، اغلب اندیشمندان علوم اجتماعی و انسانی پیدایش و تکامل ناسیونالیسم و ملت را به‌مثابه پدیده‌هایی مدرن به دوران پیدایش و رشد سرمایه‌داری مربوط می‌دانند (هابسبام، گلنر، اندرسون و دیگران).[۲۲]

بر اساس دیدگاه گلنر درک قومی- سمبلیک اسمیت پریموردیالیستی است. گلنر این سؤال تمثیلی را که آیا آدم بند ناف داشت یا نداشت؟ مطرح کرد تا نشان بدهد که داشتن بند ناف که بگفتهٔ او اسمیت به آن روی می‌آورد اهمیتی ندارد. گلنر ناسیونالیسم و ملت را محصول شرایط مدرن و مرتبط با عصر صنعتی، تحرک جمعیت، و پیدایش آموزش همگانی و گسترش فرهنگ عالی و استانداردشده می‌داند. از زاویه چنین دیدی که عملکردگرایانه (فونکسیونالیستی) است می‌توان چنین برداشت کرد که ناسیونالیسم و ملت نتایج ناگزیر دوران مدرن صنعتی هستند، هرچند گلنر بشدت به عواقب مخرب ناسیونالیسم آگاه است.

اغلب انقلاب فرانسه را در سال ۱۷۸۹، و گاه انقلاب انگلستان را در ۱۶۴۸، سرآغاز پیدایش و رشد مباحث ناسیونالیسم و ملت و حق حاکمیت ملی می‌دانند. هرچند نگرش ملی‌گرا در آن دوران یک حرکت ترقی‌خواهانه در برابر قدرت مطلقه کلیسا و شاهان بود که منشأ حاکمیت را در مردم نمی‌دیدند. بنا به گفته کوهن "قبل از انقلاب [فرانسه] دولت‌ها و حکومت‌ها بوده‌اند و بعد از آن ملت‌ها و مردم ظهور کردند".[۲۳]

در انقلاب فرانسه ملت به‌مثابه اراده عمومی در اندیشه قرار داد اجتماعی روسوئی از یک‌جهت آزادی‌بخش بود چون آن را در مقابله باقدرت مطلقه شاهان و کلیسا قرار می‌داد. ولی در همان حال قدرت مطلقه ملت را جایگزین آن‌ها می‌کرد و بدین صورت این تمایل وجود داشت که آزادی و سعادت واقعی مردم و یا افراد قربانی کلیتی بنام ملت به‌مثابه اراده عمومی و برتر درآید. بر همین اساس است که برتراند راسل با دیدگاهی لیبرالی رمانتیسیسم روسوئی را سرمنشأ خطی می‌بیند که بعد از انقلاب به حاکمیت ترور در فرانسه و در قرن بیستم به دیکتاتوری نازی در آلمان و دیکتاتوری کمونیستی استالینی در روسیه ختم شد. او این خط را در مقابل خط عقل‌گرایانه جان لاک می‌بیند.[۲۴]

باآنکه اراده و احساس جمعی منشأ رمانتیسیسم بود ولی کماکان تأکید بر خصلت سیاسی و سرزمینی ملت برای دورانی نسبتاً طولانی حاکم بود. دیدگاه احساسی و روحی از ابتدا در تلقی روسو از ملت به‌مثابه "اراده عمومی" دیده می شود ولی این درک رمانتیسیسم زبانی هردر و فیخته در آلمان بود که بعداً مبنای ایدئولوژی بسیاری از جنبش‌های ناسیونالیست قومی-زبانی قرار می‌گیرد.

دیدگاه های مبتنی بر ابدگرائی (ماقبل تاریخی) در میان اغلب محققان معاصر درکی اسطوره‌ای و بی‌اعتبار تلقی می‌شود. محققان معاصر اغلب مدرنیست هستند ولی در طیف وسیعی جا می‌گیرند. مدرنیست‌ها، صرف‌نظر از نوع ایجاد ارتباط با گذشته، خصلت، نتایج و یا ارتباط اجتماعی-طبقاتی ناسیونالیسم، دوران و شرایط پیدایش ملت و ناسیونالیسم را در دوران جدید یعنی در عصر پیدایش و گسترش سرمایه‌داری جستجو می‌کنند. در یک‌طرف این طیف، مدرنیست‌های طرفدار نگرش قومی-سمبلیک آنتونی اسمیت قرار دارند. در انتهای دیگر طیف مدرنیست‌های متفاوتی قرار دارند برای مثال ارنست گلنر، به عینت و یا واقعیت ملت معتقد است، ولی اریک هابسبام و بندیکت اندرسون به خصلت ذهنی ملت تکیه کرده وآن را جامعه‌ای پنداری و یا اجتماعاً ساخته‌شده می‌دانند.

ادواردز معتقد است که قومیت سمبلیکی به‌مثابه یک گزینش نهائی است و بازگشت به آن به نهادهای فرهنگی قوی و قومی نیاز ندارد بلکه به سنت‌های فرهنگی مثلاً غذا، لباس یا حتی مذهب متوسل می شود. دارای نام است تا رفتار. هویت قومی وفاداری در تابعیت آنها نسبت به یک گروه است، بدین معنا که باآن گروه، بزرگ و یا کوچک، در حالت مسلط و یا تحت سلطه، ارتباط اجدادی برقرار می‌کنند. در این رابطه نیازی به پیوستگی (ادامه) در نسل‌های متمادی، معاشرت (Socialisation) و الگوهای فرهنگی همانند نیست اما نوعی احساس جداگانه گروهی بایستی دوام داشته باشد. این می‌تواند از طریق خصوصیات عینی مشترک (زبان، مذهب و غیره) و یا بیشتر مشارکت‌های ذهنی نسبت به احساس "گروهی"، یا از طریق نوعی ترکیب هر دو عامل، حفظ شود. ضمایم ذهنی و یا سمبلیک هرچند درگذشته‌ای دور حذف‌شده باشند.[۲۵]

در همین راستا هیو ستن- واتسن بین دو ملت قدیم و جدید تفاوت قائل است. ازنظر این تاریخدان ملت قدیم بر متن دوران قرون‌وسطی و در پروسه‌ای تکاملی و ارگانیک و از طریق توسعه

دولت و مشمولیت یک جمعیت وسیع شکل گرفت. ولی ملت جدید محصول ایدئولوژیکی برگزیدگان تحصیل‌کردهٔ عصر ناسیونالیسم است که با استفاده از مدل قدیم جمعیت خود را متشکل می‌کنند.[۲۶] اما بارکر معتقد است که خودآگاهی ملی از قرن نوزدهم بوجود آمد و از این زاویه ملت یک ابداع جدید است هرچند ملت‌ها قبلاً برای قرن‌ها وجود داشتند.[۲۷] در این درک به نحوی یک عنصر پریموردیال بالقوه روحی هست که به خودآگاهی می‌رسد.

از زاویه نگرش قومی- سمبلیک[۲۸] اکثریت غالب ملت‌ها در عصر جدید بوجود آمده‌اند ولی وجود ملت‌ها ریشه در عصر ماقبل سرمایه‌داری دارد و یا بهتر است بگوییم به وجود عناصر تشکیل‌دهنده ملت از قبل معتقدند و یا حتی تعدادی از ملت‌ها قبلاً وجود داشته‌اند. ازاین‌جهت در این دیدگاه به‌نوعی از تکامل و پیو ستگی تاریخی تکیه می شود. از بع ضی جهات این دیدگاه به درک استالین نزدیک است، هرچند برای اسمیت نیازی به‌جامعیت تعریف استالینی نیست. با درکی انتقادی از گسستگی تاریخی و با نگرشی نزدیک به آنتونی اسمیت، گروزبی بین ملت و نا سیونالی سم تمایز قائل ا ست و می‌گوید نا سیونالی سم اعتقادی ا ست که برای آن ملت تنها هدف باارزشی است که باید دنبالش کرد و این اغلب به اینجا ختم می‌شود که ملت خواستار وفاداری غیرقابل سؤال و بدون مصالحه می‌شود که در آن صورت سلطه ملت آزادی‌های فردی را تهدید می‌کند. اما درون ملت ناسیونالیسم تنها یکی از برداشت‌های موجود است.

در همان حال گروزبی با دیدی فونک سیونالی ستی و اعتقاد به پیو ستگی سنن در پیدایش ملت می‌گوید که "ملت یک رابطه سرزمینی از خودآگاهی جمعی از تداوم واقعی و پنداری است".[۲۹] گروزبی از سریلانکا یهودیان اسرائیل، لهستان و ژاپن به‌عنوان نمونه‌های از وجود ملت در دوران ماقبل مدرن نام می‌برد. در این دیدگاه ملت به‌نوعی یک سرنوشت تاریخی دیده می‌شود و علیرغم جدا سازی ملت از نا سیونالیسم، نا سیونالی سم به صورت روحی در تمام تاریخ یک گروه وجود دارد و به ملت معنی می‌دهد.

نا سیونالی سم چه ازنظر مارک سی ست‌ها و چه لیبرال‌ها دارای خ صلت‌های ب شدت غیرعقلانی ا ست و به شرایط تاریخی خا صی مرتبط ا ست. ازاین‌جهت نا سیونالی سم موقتی، بی‌دوام و اغلب دارای خصلت منفی و بازدارنده دیده می‌شود. هرچند در شرایطی که ناسیونالیسم برعلیه فئودالیسم و یا امپریالیسم با شد از دید بخ شی مهمی از مارک سی ست‌ها مثبت و ممکن ا ست متحد سو سیالیسم دیده شود. اما اغلب لیبرال‌ها خصو صیات آن را رجعت‌گرایانه دانسته که با تکیه به عناصر رمانتیک، انرژی و نیروی وسیعی را در جهت منفی سوق داده و مانع پیشرفت می‌شود. ازاین‌جهت می‌توان گفت ناسیونالیسم در جهان معاصر ازنظر محتوا محافظه‌کار و رجعت‌طلبانه است حتی اگر ازنظر شعار و اشکال عملش رادیکال و شورش‌گرانه باشد.

لیبرال هائی همچون لرد اکتون و جان استوارت میل هم از جنبه‌ های منفی و یا آنچه "جنبه تاریک" نا سیونالیسم دیده می شود صحبت می‌کردند. رنان هم نا سیونالیسم را موقتی می‌دانست و پیش‌بینی می‌کرد که اروپا شهری می‌شود و مردم هم شهروند جهانی می‌شوند. کدوری هم با لرد

اکتون هم صدا ست و معتقد بود که نا سیونالیسم مخرب ا ست. کدوری معتقد ا ست که درون‌نگری ناسیونالیستی مانع رشد ابتکارات شخصی می‌شود. ولی کسانی همچون فیشرمن و اسمیت معتقدند که نا سیونالیسم تماماً منفی نیست و باید جنبه‌های مثبت آن را دید. آن‌ها معتقدند که برگشت به عقب و سنت وجود دارد ولی تمایل ناسیونالیسم به‌منظور مدرنیزاسیون هم قوی است.[۳۰]

ازنظر هابسبام که به گسستگی تاریخی معتقداست عناصر متشکله ملت در عصر جدید بازسازی و یا ابداع‌شده است و نه اینکه به‌صورت گذشته خود انتخاب و بکار گرفته‌شده باشد. مثلاً دامن اسکاتلندی نه قدیمی بود و نه به‌وسیله اسکات‌ها بوجود آمده بود بلکه به‌وسیله یک صنعتگر انگلیسی بنام توماس راولینسون در اوایل قرن هیجدهم میلادی دوران انقلاب صنعتی بوجود آمده بود تا لباس‌های مناطق کوهپایه‌ای اسکاتلند را برای افراد کارکن متناسب سازد و همین‌طور لباس ارتش هند ریشه قدیمی و حتی هندی نداشت بلکه نوعی اختراع انگلیسی بود ولی این هم مانند دامن در اسکاتلند به‌مثابه سنبل ملی برگزیده‌شده بود.[۳۱]

اندرسون ملت را به‌مثابه یک "جامعه پنداری" می‌بیند؛ و این بدین معنی است که پیوندهای ملموسی بین مردمی که ملت نامیده می‌شوند وجود ندارد. او ملت را محصول دوران مدرن می‌داند که کاپیتالیسم چاپ و گسترش کتاب و زبان‌های محلی ا ستاندارد شده نقش ا سا سی بازی می‌کنند. اندرسون می‌گوید "در یک کلمه، سقوط زبان لاتین یک مثال تیپیک از پروسه وسیع‌تری را بیان می‌کند که در آن جماعت‌های دینی که با زبان‌های مقدس قدیم بهم مرتبط بودند، به تدریج پاره‌پاره، متکثر و مرتبط به سرزمین می‌شوند".[۳۲]

در دوره‌های ماقبل سرمایه‌داری هویت‌های شخصی و خونی و نسبتاً ثابت و پردوام بودند ولی پروسه رشد خردگرایی و توسعه شهرنشینی و بازار و برابری حقوقی که با تحرک وسیع جمعیتی در عصر سرمایه‌داری همراه بود انواع جدیدی از هویت‌های غیر شخصی را بوجود آورد. یکی از این هویت‌ها ناسیونالیسم بود که به تعریف و تحکیم ملت و دولت-ملت موجود پرداخت و یا به گفته گلنر جائی که ملت نبود ناسیونالیسم آن را "اختراع" کرد. می‌توان گفت که وقتی در متن رقابت‌های دوران مدرن بخشی از گروه‌های الیت به استراتژی نوینی برای تحکیم قدرت و یا دستیابی به قدرت دولتی می‌اندیشند ناسیونالیسم یکی از گزینه‌هایی است که برای این کار مصالح اولیه سمبلیک را گردآوری و فراهم و یا ایجاد می‌کند. گزینه ناسیونالیسم این مصالح را هرچند ذهنی باشند بهم متصل کرده و جهت ایدئولوژیکی و سیاسی خاصی می‌دهد.

اگر از اصطلاح گلنر استفاده کنیم، حتی بعد از رسیدن به معشوق یا کعبه که دولت خودی باشد، بازهم ناسیونالیسم بایستی به‌طور سیستماتیک وسیع تولید و بازتولید شود تا تداوم و حفاظت آن ساختمان خیالی و یا واقعی که ملت نامیده می شود امکان‌پذیر با شد. اعیاد و جشن‌ها، مراسم و شهید سازی، و سرودهای ملی و سمبل‌های اسطوره‌ای گوناگون، تاریخ‌نویسی‌های رمانتیک و همچون پرچم و غیره به‌عنوان مفاخر ملی آفریده و یا کاملاً بازسازی‌شده و محتوای جدیدی می‌گیرد تا این نقش را به عهده بگیرند.

در این میان دستگاه آموزش همگانی نقش به‌مراتب پراهمیت‌تری ایفا می‌کند. ناسیونالیسم از این طریق یک هویت غالب و برتر ملی ایجاد می‌کند که تحت تسلط آن‌همه هویت‌های سنتی، محلی، قبیله‌ای و گروهی و (یا حتی طبقاتی) اگر نابود نشوند باید به حواشی رانده شوند و برتری و تقدم هویت ملی را بپذیرند. البته درون یک ملت نیروهای متفاوتی هست که بر محتوا و جهت آموزش اثر می‌گذارند.

همان‌طوری که قبلاً اشاره شد، اینکه ازنظر فرهنگی و ایدئولوژیکی قشر الیت چه عناصری را برای پروژه ناسیونالیستی برمی‌گزینند بستگی به نوع خود ناسیونالیسم و عناصر متشکله آن از یکسو اوضاع و شرایط موجود در رقابت‌های اجتماعی، سیاسی و اقتصادی از سوی دیگر دارد. ناسیونالیسم مغلوب قومی- زبانی و گاه دینی، به‌ویژه در شرایطی که فرهنگ و روابط دموکراتیک و امکان دیالوگ مابین گروه‌های اقلیت و حاکم ضعیف باشد به‌احتمال‌زیاد، به جوانب منفی و ایدئولوژیکی و به شدت عاطفی پرستش نژادی-زبانی و تقسیم‌بندی افراطی "ما و دیگران" متوسل می‌شود. ولی در کنار ویژه سازی "خود" و مستثنی سازی "دیگران" و استفاده مفرط از زبان عاطفی و ستایش‌انگیز در تمجید از قومیت، زبان، وطن و شخصیت‌ها و سمبل‌های اسطوره‌ای، به‌کارگیری شعارهای مثبت مربوط به وعده‌های پیشرفت اقتصادی و رفاهی و برابری و عدم تبعیض نیز جذاب می شود. چنین وعده‌هائی، به‌ویژه از جانب ناسیونالیست‌های اقلیت قومی، حتی اگر بندرت تحقق‌پذیر باشد ولی عملاً می‌تواند به بسیج سیاسی کمک کند و حتی درگیری‌های خونین و پاک‌سازی نژادی را تشدید کند.[۳۳]

وقتی ناسیونالیست‌ها به هدف استراتژیک خود یعنی تشکیل دولت مستقل برسند، آنگاه اگر خود در قدرت اجرائی نباشند، ساختاری ایجاد کرده‌اند که در آن ابزارهای نرم فرهنگی و ایدئولوژیکی، دستگاه‌های بروکراتیک و سرکوب ملی نقش اساسی بازی می‌کنند. در همین رابطه است که خواست‌ها و نیازها تعریف و بازتعریف می شوند و دستگاه‌های اداری و اقتصادی ارتش و نیروها انتظامی و دستگاه قضائی و زندان‌ها هم به‌صورت انحصاری در کنترل دولت ملی قرار می‌گیرند و نقش تعیین‌کننده پاسداری از ارزش‌هائی را به عهده می‌گیرند که مهر ملی بر آن‌ها خورده است.

ازنظر اچ کار این موج جدید ناسیونالیسم بعد از جنگ جهانی اول به مرحله سوم رشد ناسیونالیسم مربوط است که در آن عناصر انترناسیونالیسم در ایجاد تعادل از میان می‌رود و رقابت برای منافع خود حتی سوسیالیسم را ملی‌گرا می‌کند یعنی منافع اقتصادی مردم خود حتی اگر مغایر با منافع دیگران باشد در سیاست ملی جا می‌گیرد. بندیکت اندرسون با تأیید هابسبام معتقد است که کشورهای کمونیستی و جنبش‌های مارکسیستی هم به ناسیونالیست تبدیل شدند.[۳۴]

حال ببینیم که آیا موج جدید ناسیونالیسم قومی یک برگشت به قوم و قومیت است یا نه؟ آیا بین ملت و قوم و ناسیونالیسم و قومیت (قبیله‌گرائی) تفاوت ماهوی وجود دارد یا نه. در مورد قوم و قومیت هم تعاریف روشنی وجود ندارد ولی قوم تصوری است که افراد خود را در یک رابطه

خونی مثل قبیله و یا اجدادی اسطوره‌ای بهم وصل می‌کنند. قوم از رابطه داوطلبانه افراد تشکیل نمی‌شود. قومیت هم یک احساس هویت گروهی است که از ارتباطات واقعی و یا خیالی سرچشمه می‌گیرد. هرچند بعضی ناسیونالیسم را خودآگاهی قومی و یا همبستگی سازمان‌یافته فرهنگ قومی دانسته‌اند و قومیت را حالت ماقبل ناسیونالیسم.

از زاویه چنین دیدی، ملت ازنظر جنبه گروهی همان خصوصیت قومیت را دارد اما وسیع‌تر است یعنی تفاوت بین قوم و ملت؛ و تعلق قومی و ناسیونالیسم تنها جنبه کمی دارد و نه جنبه کیفی. این دیدگاه عملاً بر پیوستگی پدیده تأکید دارد که به درکی پریموردیال یا ذات‌گرایانه می‌رسد. اما همهٔ اشکال ناسیونالیسم با تعلق خونی قومی یکی نیستند ولی قومیت‌گرائی ممکن است به ناسیونالیسم قومی تبدیل شود و به دنبال عبور از مرزهای قبیله‌ای و ساختن ملت و تکمیل آن با دولت مستقل خودی باشد. باآنکه ناسیونالیسم قومی ممکن است خصوصیات مشترک عینی هم چون زبان و سرزمین و یا دین را از درون یک قوم انتخاب و بازتعریف کند تا به پروژه سیاسی او کمک کنند ولی محصول شرایط جدید است و ازنظر ماهوی با قبیله‌گرائی متفاوت است. هرچند ناسیونالیسم حاکم هم می‌تواند خصلت قومی به خود بگیرد.

البته ناسیونالیسم باآنکه محصول دوران جدید است همچون قبیله‌گرائی باگذشته رابطه‌های عاطفی برقرار می‌کند و البته بگفته‌ای دیگر به خودآگاهی می‌رسد. سپس سعی می‌شود این احساس به‌مثابه "دانش" فراگیر شود و بر مبنای آن‌یک سیاست ملی شکل بگیرد. پروسه عاطفی سازی با پروسه ساختن ما و دیگران و نیز پخش گسترده تعریف و ستایش از یک‌زبان و یا قوم و یا سرزمین و شخصیت‌های سنتی عمیق‌تر می شود. اما این روشن است که وقتی یک گروه اجتماعی چه قوم تلقی شود و چه نشود وقتی به یک باور نسبتاً عمومی برسد که ملت است، می‌تواند ملت بشود، هرچند به صورت ملتی بدون دولت. ولی بسته به شرایط و سیاسی اجتماعی، عکس آن‌هم امکان دارد، یعنی گروهی که خود را در یک مقطع ملت (بدون دولت) می‌داند در شرایطی دیگر از ملت بودن دست بکشد و عقب بنشیند.

درهرصورت ناسیونالیسم عوامل ذهنی و عینی را برای بیان مشروعیت خود به کار می‌گیرد. درحالی‌که عوامل عینی بر خصلت تغییرناپذیری و ثابت مرزهای قومی و ملی اشاره دارد ولی عوامل ذهنی تغییرپذیرند و به محتوای آن عوامل عینی اشاره دارند. هرچند گزینش و یا عدم گزینش و تعریف و بازتعریف عوامل عینی زمانی شروع می شود که ناسیونالیسم در پروسه ساختن ملت است. یعنی ناسیونالیسم از ذهن و اراده شروع می‌کند و نه اینکه وجود عوامل عینی آن را ایجاد کرده باشند؛ و جایگاهی قطعی و نهائی در نگرش ناسیونالیستی داشته باشند. عواملی که هویت یک گروه (زیرگروه‌ها) را در مرزهای قومی یا ملی جابه‌جا می‌کنند متغیرند. این بدین معنی است که حتی بعد از تشکیل یک ملت، چه به‌صورت دولت-ملت، چه به‌صورت یک جنبش ناسیونالیستی قومی وفاداری مطلق از طرف زیرمجموعه‌های آن‌ها وجود ندارد. یک گروه با توجه به منافع اقتصادی و سیاسی خود و خصلت قدرت حاکم ممکن است از یک گروه قومی زبانی ببرد و به

گروه دیگر بپیوندد و در شــرایط دیگر به همان گروه اول برگردد و یا خود را گروه قومی مســتقلی اعلام کند و این در مورد دولت-ملت‌ها هم صدق می‌کند. گزینش عنصر اصلی تعیین‌کنندهٔ هویت جمعی با توجه به شرایط معمولاً تغییر می‌کند.[۳۵] اما حتی دریک جمع نسبتاً متجانس یک هویت نه بلکه هویت‌های متفاوت و حتی متضادی عمل می‌کنند.

اما همان‌طور که در گذشــته همراه با تغییر اوضــاع و شــرایط، خصــوصــیات ملت، دولت و ناسیونالیسم تغییر کرده است طبعاً در عصر جهانی شدن هم شرایط جدیدی بوجود آمده که بر روی این پدیده‌ها اثر گذاشته است.

## جهانی‌شدن و مسائل ملت، ناسیونالیسم و "حق تعیین سرنوشت ملی"

با گسترش نفوذ سرمایه‌داری، ناسیونالیسم و دولت-ملت به مفهوم مدرن غربی خود جهانی شدند. در بســیاری از موارد بازســازی و آفرینش عوامل مزبور و یا ایجاد هویت جدید ملی مثلاً دادن پیوستگی به تاریخ و یا ایجاد وحدت در زبان با تلاش‌های مأموران استعماری به‌ویژه انگلیسی‌ها و یا فرانسوی‌ها شروع شده بود. این مأموران با استفاده از فلسفه و تجربیات سیاسی خود به تشکیل دولت‌هائی با نهادهای بروکراتیک و ارتش مدرن پرداختند. در همان حال با اتکا به مفاهیم دوران روشنگری اروپا به آفرینش و بازسازی زبان و تاریخ بسیاری از اقوام دست زدند که در موارد زیادی به صورت مواد اولیه و زمینه‌ای برای ایده‌های ناسیونالیستی محلی درآمدند. سیستم‌های آموزش مدرن که خود محصول غرب بود به پیدایش قشری از روشنفکران محلی انجامید. این روشنفکران با تکیه به دانش و ابداعات غربیان ناســیونالیســم بومی را، چه از بالا به‌عنوان الیت بروکراتیک و نظامی و چه از پائین به‌وسیله قشرهای طبقه متوسط و با جذب بخشی از توده‌های مردم، نمایندگی کردند؛ و در جهت انتخاب و سازمان‌دهی مواد لازم برای ایجاد هویت ملی واحد تلاش کردند.

اما مباحث متأخر جهانی‌شــدن برای فهم عواملی که به تضــعیف و یا تقویت ناســیونالیســم می‌پردازند و نیز فهم خصــوصــیات و میزان اعتبار و یا بی‌اعتباری ناســیونالیســم اهمیت ویژه‌ای پیداکرده است. در میان دانش‌پژوهان علوم اجتماعی از جهانی شدن درک واحدی وجود ندارد ولی برای گرایش‌های گوناگون در عرصه سیاسی سؤال اساسی این است که در عصر جهانی‌شدن دولت چه جایگاهی دارد؟ آیا پروسه جهانی شدن با تضعیف، بی‌اعتباری و غیر ضروری شدن دولت-ملت همراه است و یا کماکان وجود و قدرت دولت-ملت را تداوم بخشیده و یا حتی به آن‌قدرت بیشتری بخشیده است. ازآنجاکه هدف اساسی ناسیونالیسم تحکیم حاکمیت دست‌نخورده و یکپارچه قدرت موجود دولتی و یا عمدتاً دستیابی به یک دولت مستقل و جدیدی است بحث جهانی شدن به نکته حساس ناسیونالیسم برخورد می‌کند.

بحث‌های جهانی شدن را می‌توان با سه برداشت متفاوت از جهت‌گیری تحولات اجتماعی-تاریخی پیوند زد: واگرائی، هم‌گرائی و تحول‌گرائی. نگرش هم‌گرائی اکنون عمدتاً در سلطهٔ

دیدگاه‌های نئولیبرالیسم است که به دموکراسی و سرمایه‌داری به‌مثابه پایان تاریخ و ارزش‌های یونیورسال می‌نگرد.[۳۶] درک واگرائی هم عمدتاً با نگرش نئورئالیستی، فرهنگی و اورینتالیستی (شرق‌گرایانه) پیوندیافته است که در آن دموکراسی بیان یک تمدن در تلاطم با دیگر تمدن‌ها[۳۷] مثل اسلام است. البته در این طیف شاید بتوان شکاکان را هم جا داد که به‌کل پروسه جهانی‌شدن با دیدی انتقادی و شکاکانه نگاه می‌کنند. نگرش سوم که از آن به‌عنوان تحول‌گرائی یاد می‌شود جهانی‌شدن را مجموعه‌ای از پروسه‌هائی پیچیده، پرتضاد و ناموزون می‌بینند.

از میان این طیف‌های متفاوت که به موضوع جهانی‌شدن می‌پردازند برای طیف واگرایان به‌ویژه شکاکان جایگاه دولت کماکان اساسی است. برای طیف همگرایان پروسه جهانی‌شدن کامل است وآن‌ها جهان را هموار و یا بدون مرز می‌بینند که وجود دولت‌ها در آن اهمیت خود را کاملاً ازدست‌داده اند. در این میان طیف تحول‌گرایان باآنکه پروسه جهانی شدن را جدی می‌گیرد و به مشکلات جدی حاکمیت ملی می‌پردازد ولی برای دولت کماکان نقش قائل است.

برای طیف تحول‌گرایان جهانی‌شدن به معنای فشردگی زمان و مکان است که شامل پروسه‌های پیچیده، چندجانبه، ناهمگون و پرتناقضی است و عرصه‌های گوناگون اقتصادی، سیاسی و فرهنگی و ارتباطی را در برمی‌گیرد. در این پروسه هم‌گرائی واگرائی هردو دیده می شوند. ازنظر آن‌ها دولت‌ها تضعیف شده‌اند ولی نقش خود را از دست نداده‌اند. اما توانائی آن‌ها به این بستگی خواهد داشت که آن‌ها نقش خود را در پروسه جهانی‌شدن درک کنند و خود را در آن راستا بازسازی کنند و یا بپذیرند که حاکمیت خود را به نحوی و تا حدودی با نهادهای جهانی و منطقه‌ای تقسیم کنند. باآنکه آن‌ها به وجود و توانائی دولت تا حدودی صحه می‌گذارند ولی نسبت به نقش ناسیونالیسم و منجمله ناسیونالیسم قومی به دیده منفی نگاه می‌کنند.[۳۸]

پروسه پرتضاد جهانی شدن از یک‌جهت ناسیونالیسم و حاکمیت ملی را تضعیف و یا حتی از اعتبار می‌اندازد ولی از سوی دیگر شرایطی ایجاد می‌کند که ناسیونالیسم حیات می‌گیرد. تضعیف می‌شود ازاین‌جهت که رونق و بهبود همه به هم وابسته می‌شود، مهاجرت، مسافرت و توریسم گسترش می‌یابد، انتگراسیون اقتصادی به حاکمیت اقتصادی و خودکفائی پایان می‌دهد و توسعهٔ همه‌جانبه ارتباطات، رابطه فرهنگی و اجتماعی را بسیار نزدیک می‌کند. ناسیونالیسم در شرایط کنونی واکنشی است برخلاف این حرکت‌های کوبنده. اما از عواملی که هویت‌های محلی و منجمله ناسیونالیسم را امکان حیات می‌دهند می‌توان این‌ها را نام برد: ازنظر اقتصادی توانائی و کنترل مردم محلی بشدت ضعیف می شود، ترس از مهاجرت وورود فرهنگ به اصطلاح بیگانه با ترس از بیکاری و توزیع منابع گره‌خورده و افزایش می یابد، کنترل بیشتر نهادهای فراملی و غیر محلی موجب خصومت می‌شود. در همین راستاست که ایده‌آل‌های رمانتیک استقلال و حاکمیت و حس جدا شدن و انزوای سیاسی ناسیونالیسم قومی-زبانی هم تقویت می شوند. اما تفاوت هویت‌های ناسیونالیستی قومی-زبانی و دیگر هویت‌های گروهی مدرن در شورآتشین آن‌ها برای ایجاد

مرزهای جغرافیائی جدید و رسیدن به قدرت سیاسی مستقل است، یعنی همان مرزهائی که در شرایط کنونی مشکل‌زا شده‌اند.

شدت گیری ناسیونالیسم، قوم‌گرائی و به گفته بعضی دیگر نو-قبیله‌گرائی تشویش خاطر بسیاری از متفکران و تحلیل گران علوم اجتماعی را برانگیخته است بطوریکه استوارت هال مطرح می‌کند "ازآنجائیکه تنوع فرهنگی به‌طور فزاینده‌ای سرنوشت جهان مدرن را تعیین می‌کند و مطلق سازی مسئله قومی یک خصوصیت نگاه به عقب در مدرنیت واپسین است، بزرگترین خطر در حال حاضر از اشکال هویت فرهنگی و ناسیونالیستی که تلاش می‌کنند هویت خود را با توسل به انواع فرهنگ یا "جامعه" بسته محفوظ کنند و از دخالت در مسائل مشکل که عبارت از تلاش برای همزیستی با تفاوت‌هاست پرهیز می‌کنند، برمی‌خیزد".[۳۹]

این گفته نگرانی عمیقی را که توسل به هویت‌های قومی (غالب و مغلوب) و محدود درروند تحولات جهانی‌شدن بوجود می‌آورد توضیح می‌دهد. هویت‌های گذشته در شرایط کنونی با سرنوشت نامطمئن، گذرا و کوبنده‌ای روبرویند که بازسازی آن‌ها به معنای پذیرش دینامیسم خاصی برای تعریف و بازتعریف مداوم از "خویشتن" است. هویت‌ها ازجمله ناسیونالیسم در شرایط کنونی مفهوم گذشته خود را ازدست‌داده‌اند. جامعه مورد تصور آن‌ها تکه‌پاره شده است و این‌یک روند بی‌رحمانه‌ای است که توانائی و کارآیی ناسیونالیسم را در جهت مثبت و سازنده برای پاسخگویی به نیازهای کنونی زیر سؤال می‌برد. در شرایطی که دولت‌های موجود خود با بحران روبرو هستند هیچ حاکمیت ملی نوینی هم نخواهد توانست از چنین شرایطی بگریزد.

دانیل بل[۴۰] که به تز جوامع مابعد-صنعتی پرداخته است می‌گوید "دولت-ملت برای حل مسائل بزرگ زندگی بسیار کوچک می شود، ولی برای حل مسائل کوچک زندگی بسیار بزرگ". این دیدگاه دانیل بل از جانب محققان گوناگونی، ازنقطه‌نظر روابط بین‌الملل، در رابطه با اثرات جهانی‌شدن بر روی سیستم‌های دولتي یا همان دولت‌های مستقل نیز موردمطالعه قرارگرفته است. به‌طوری‌که بول[۴۱] جهان را در وضعیت می‌بیند که آن را "قرون وسطاسازی" جدید می‌نامد که با چهار جهت یا گزینش متفاوت مواجه است:

- تمایل دولت‌ها برای اختلاط بر اساس منطقه مانند اتحادیه اروپا
- ازهم‌گسیختگی دولت‌ها به اجزای ملیت‌ها
- پیدایش تروریسم بین‌المللی و
- اتحاد تکنولوژیکی جهانی

در همان حال بول شواهدی بر ظهور جامعه‌ای جهانی که جایگزین "سیستم دولتی" باشد نمی‌بیند.[۴۲]

انعکاس نکته نظرات بل و بول را می‌توان در دیدگاه‌های روسناو تحت عنوان آشفتگی در جهان سیاست دید. روسناو[۴۳] پنج مسئله را به‌عنوان منابع این آشفتگی نام می‌برد:

- عصر مابعد صنعتی پیشرفت تکنولوژی‌های میکروالکترونیکی را شدت می‌بخشد که موجب کاهش فواصل جهانی شده و جابجائی سریع مردم، ایده‌ها و منابع را میسر می‌کند.

- مسائل جهانی بر سراسر کره زمین سر درمی‌آورد که حل آن‌ها خارج از ظرفیت دولت‌هاست.

- کاهش قدرت دولت‌ها در حل مسائل داخلی

- ظهور زیرگروه‌های جمعی نوین و قدرتمندتر درون جوامع ملی.

- افزایش سطح تخصص، آموزش و احساس قدرت در میان شهروندان به‌طوری‌که آن‌ها را کمتر تابع اتوریته دولتی می‌کند.

همهٔ این مباحث اشاره به شرایطی دارد که موجب تضعیف و ناکارآئی هرچه بیشتر حاکمیت دولت-ملت‌ها در پروسه جهانی‌شدن و به‌طور همزمان روی‌آوری به سیاست‌های مخرب اقتصادی نئولیبرالی و ریاضتی دارد. و از درون همین ناکارآئی دولت-ملت‌های موجود است که گروه‌های قومی و یا زبانی، یا زیرگروه‌های نوین، امکان رشد یافته‌اند. و به خاطر همین مشکل دولت و سیاست ملی است که بخش وسیعی از مردم از سیستم‌های دولت-ملی، حتی در دموکراتیک‌ترین کشورها، بیگانه می شوند و اعتماد خود را نسبت سیاست رسمی و حتی پارلمان و انتخاب پارلمانی از دست می‌دهند. به‌طور همزمان گسترش جنبش‌های نوین اجتماعی و پیدایش گروه‌های وسیع ماورای ملی که در اثر گسترش رسانه‌های اجتماعی و امکانات اینترنتی حاصل‌شده است بیان روشنی از چالش‌های دیگری است که ملت و قدرت-ملی دولتی سنتی با آن روبرو است.

ازاینجا می‌توان دید که ناسیونالیسم موجود بیش از آنکه پاسخی به مسائل امروزی باشد واکنش سرخوردگی و ضعف در مقابل نامطمئنی و ناامنی فزاینده‌ای است که گسترش پروسه‌های جهانی شدن بوجود آورده است. این در حالی است که قدرت انحصاری مؤسسات اقتصادی و مالی فراملیتی افزایش‌یافته، پروسه قدرت انحصاری دولت-ملت‌ها در ساختن هویت تضعیف‌شده موجبات تضعیف مرزها از یکسو اختلاط فرهنگی و مهاجرت از سوی دیگر، را به همراه آورده است. ازاین‌جهت درک‌های جهان‌وطنی که ناسیونالیسم را برای حل مسائل امروزی جهان نامناسب و اغلب مخرب می‌بینند، حقایق مهمی وجود دارد.

در سطح دولتی، پیدایش اتحادیه اروپا با آنکه در سطحی منطقه‌ای صورت گرفته است مهم‌ترین نمونه‌ای از یک‌قدم به جلو به حساب می‌آید. در اروپا دولت‌ها به‌طور داوطلبانه‌ای بخش مهمی از حاکمیت ملی خود را به اتحادیه واگذار کرده‌اند. حتی نوع ضعیف‌تر و غیر دموکراتیک آن را می‌توان در امارات متحده عربی دید. هرچند ناامنی‌های اقتصادی و سیاسی گسترده که با بحران اقتصادی پردوام اخیر و موج گسترده مهاجرت مابعد بهار عربی به اوج خود رسید یک واکنش ناسیونالیستی غیرقابل‌پیش‌بینی به دنبال آورد.

موجی از ناسیونالیسم جدید که در بریتانیا (پدیدهٔ برگزیت) و ایالات‌متحده (پدیدهٔ ترامپ)، دو کشور با سنت نیرومند لیبرالی، برآمد کرد تکان‌دهنده بود. این خطر در بسیاری از کشورهای بزرگ اروپا من‌جمله فرانسه و آلمان که جنبش‌های افراطی راست خیلی نیرومندند هم خطری جدی است. این موج به خصومت‌های ناسیونالیستی مبتنی بر اصل رئالیستی "توازن قوا" بیشتر دامن زده است. این‌ها خود مشکلاتی است که پروسه جهانی‌شدن به همراه آورده است و در چهارچوب های تنگ ملی و اشاعه آموزش های تنگ‌نظرانه ناسیونالیستی قابل حل نیست. ناسیونالیسم افراطی در فرانسه که با بیگانه هراسی و ضد مهاجرت همراه است در این گفتهٔ مارین لوپن دیده می شود که گفته مردم فرانسه باید میان وطن‌پرستی و "جهانی سازی" بی‌رحمانه یکی را انتخاب کنند.[٤٤] همین نگرش در دیدگاه‌ها و سیاست‌های ترامپ رئیس‌جمهور آمریکا هم به‌وضوح وجود دارند. انعکاس این نگرش در میان ناسیونالیست‌های قومی مغلوب که برای آن‌ها هم خلوص قومی اساس تشکیل دولت مستقل است هم واضح است. این بدین معنا است که خالص‌گرایی چه در دولت-ملت‌های موجود و چه از طریق پیدایش دولت-ملت‌های بیشتر حتی اگر ممکن بشود بیش ازآنکه راه‌حل باشند بشدت مشکل‌زا هستند. ولی ساختارهای بسیار متمرکز قدرت، ناامنی و بی‌عدالتی و تبعیض زمینه‌ساز بسیاری از اعتراضات کنونی‌اند.
پروسهٔ جهانی‌شدن مشکلات وسیع‌تری برای تز اصل "حق تعیین سرنوشت ملی"، تاآنجا که به مسئله جدائی و حق حاکمیت مستقل ملی اصرار دارد، ایجاد خواهد کرد که در فصل حق تعیین سرنوشت به آن می‌پردازیم.

"ناسیونالیسم مانند الکل ارزان قیمت است. اول شما را مست می کند، بعد شما را کور می کند، و بعد هم شما را می کشد"
(دانیل فرید دیپلمات آمریکائی)

"کشتن فردی ناجایز است؛ بر این اساس همهٔ قاتلان سزا می بینند مگر آنکه آنها تعداد زیادی را با صدای شیپور بکشند"
(ولتر)

# ۲- مشکل ناسیونالیسم در جهان امروز

"ازآنجائیکه تنوع فرهنگی به‌طور فزاینده‌ای سرنوشت جهان مدرن را تعیین می‌کند و مطلق سازی مسئله قومی یک خصوصیت نگاه به عقب در مدرنیت واپسین است، بزرگترین خطر در حال حاضر از اشکال هویت فرهنگی و ناسیونالیستی است که تلاش می‌کنند هویت خود را با توسل به انواع فرهنگ یا "جامعه" بسته محفوظ کنند و از دخالت در مسائل مشکل که عبارت از تلاش برای همزیستی با تفاوت‌هاست پرهیز می‌کنند، برمی‌خیزد." (استوارت هال)

"پاتریوتیسم فضیلت خباثت است" (اسکار وایلد)

"ناسیونالیسم چیزی کودکانه، بیماری سرخک نوع بشر است" (آلبرت اینشتین)

دونالد ترامپ در یک تجمع انتخاباتی در تگزاس گفت: "از ما انتظار نمی‌رود که از آن عبارت [ناسیونالیست] استفاده کنیم. می‌دانید من چه هستم؟ من یک ناسیونالیستم. درست؟ من یک ناسیونالیستم". او همان‌جا به مهاجران تاخت که به "کشور ما" هجوم می‌آورند و به "گلوبالیست‌ها" که می‌خواهند جهان خوب عمل کند".[۱]

دشوار نیست که معنی این ناسیونالیسم را با در نظر داشتن دیوارکشی مرز مکزیک، جدا کردن بچه‌های کوچک از خانواده‌های مهاجران بازداشتی و تنبیه دسته‌جمعی مردم مسلمان چندین کشور بهتر درک کرد. اما ترامپ کیست؟ از جانب پدر نسلی آلمانی دارد و از جانب مادر نسلی اسکاتلندی و زنش ملانیا هم اصلی اسلوانیائی که در سال‌های اخیر به شهروندی آمریکا درآمده است. اما ترامپ به‌عنوان یک ناسیونالیست، ناسیونالیستی که خصلتی نژادی و سفید دارد، با شدت به بیگانه هراسی دامن می‌زند. این بیان روشنی از خصلت ناسیونالیسم برعلیه مهاجران خارجی و همین‌طور خطری است که جهان و حتی دموکراسی‌های غرب باآن روبرویند. حال ببینیم ناسیونالیسم چه هست؟ اما این پدیده چه خصوصیاتی دارد وآن را چگونه می‌توان توضیح داد؟

همراه با گسترش پروسه جهانی‌شدن، و بر متن ناامنی‌های سیاسی و اقتصادی و ترس از اختلاط فرهنگی و تحرک وسیع اجتماعی، ناسیونالیسم همراه با بیگانه هراسی و بیگانه ستیزی در سراسر جهان ابعاد وسیعی به خود گرفته است. بحران‌های بی‌سابقهٔ مرتبط با مهاجرت، پناهندگی و پاک سازی‌های قومی را نمی‌توان بدون مراجعه به برآمد ناسیونالیسم که بر حاکمیت ملی و تحکیم مرزها و یا کشیدن مرزهای جدید اصرار دارد توضیح داد. البته موج جدید ناسیونالیسم در خارج از پروسه جهانی شدن قرار ندارد بلکه با خصلت‌های ناموزون و تناقض‌آمیز، هم‌گرائی واگرائی، و شکاف‌های اجتماعی ناشی از خود این پروسه گره‌خورده است. باآنکه برآمد اسلام سیاسی رادیکال را، به‌ویژه در خاورمیانهٔ بزرگ، نمی‌توان جدا از چنان شرایطی توضیح داد و با ناسیونالیسم یکی شمرد ولی در موارد زیادی این دو بهم اتصال یافته و همپوشانی می‌کنند و یا

جایگزین همدیگر شده یا حتی به وحدت می‌رسند. البته در اینجا بحث موردنظر ما نه اسلام سیاسی بلکه ناسیونالیسم است.

ناسیونالیسم هر چه باشد دو موضوع ملت و دولت ملی در مرکز دغدغه‌های آن قرار دارد چه ازاین‌جهت که دولت-ملت موجود را خالص و همگون کند و چه آنکه خود به دولتی مشابه دست پیدا کند. برای ناسیونالیسم، وجود ملت بدیهی است ولی در مواردی دستیابی به دولت مستقل هدفی است که هنوز ممکن است برای تحقق آن تلاش کند. ناسیونالیسم به جنبش‌های گوناگونی اطلاق شده است اما جنبش‌های آزادی‌بخش ضد کلونیالیست را مشکل است به مفهوم دقیق کلمه ناسیونالیست و یا حداقل ناسیونالیست قومی تلقی کرد. این جنبش‌ها اغلب دارای نگرشی سیویک (مبتنی بر شهروندی یا هم‌وطنی) یا پاتریوتیستی (وطن‌پرستی) بودند تا ناسیونالیسم خالص‌گرای قومی-زبانی. گاندی، نهرو ماندلا نمونه‌هائی از رهبران جنبش‌های آزادی‌بخش ضد کولونیالیستی بودند.

به‌طور مشخص‌تر بحث ما در اینجا بر روی خصوصیات ناسیونالیسم شوونیستی مسلط و خالص‌گرای مغلوب است که ما در اینجا ازهر دو به‌عنوان ناسیونالیسم قومی یاد می‌کنیم، به‌ویژه در دوران مابعد کلونیالیسم، متمرکز است.

## ناسیونالیسم: خصوصیات و اهداف

ناسیونالیسم در کشورهای مابعد کلونیالیسم، بنا به گفته کلیفورد گریتز، از زاویهٔ مردم شناسی، دارای دو جزء رقیب و در همان حال مرتبط بهم مبتنی بر شهروندی (سیویک) و قومی است.[۲] ازنقطه‌نظر دسترسی به قدرت دولتی می‌توان این دو نوع ناسیونالیسم را از هم متمایز ساخت. اول ناسیونالیسم حاکم و مسلط است که ممکن است بر اساس تجانس و تک قومی شکل‌گرفته باشد و یا اساسی نامتجانس و چند قومی داشته باشد. چون این نوع ناسیونالیسم به قدرت دولتی، متمرکز و یا نامتمرکز، دست‌یافته است در شکل ملایم اش می‌تواند پاتریوتیسم (وطن‌پرستانه) و پولورالیستی و یا به شکل تهاجمی‌اش شوونیستی و یا قومی باشد. دومی ناسیونالیسم جنبش‌ها و یا گروه‌های قومی هستند که خود را "تحت سلطه" درعین‌حال یک کلیت ملی قلمداد می‌کنند و ایده آلشان هم دست‌یابی به دولت خودی و یا حاکمیت ملی است. این جنبش‌ها هم در خصلت خود می‌توانند پولورالیستی و یا خالص‌گرای قومی باشند. البته همه جنبش‌ها و یا احزاب سیاسی اقلیت‌های قومی ناسیونالیست نیستند و ممکن است اهداف اشان دمکراتیزه کردن و عدم تمرکز سیاسی و تحقق خودمختاری‌های محلی باشد.

ازنظر ایدئولوژیکی تفاوت بین دو ناسیونالیسم قومی مسلط و نا مسلط بسیار ناچیز است ولی ازنظر استراتژی سیاسی آن‌ها شیوه‌های متفاوتی را دنبال می‌کنند. هدف اولی ازنظر کلی حفظ و تقویت ساختار قدرت موجود که عمدتاً متمرکز و دارای اهداف همسان سازی و یا مستثنی سازی و حفظ تمامیت ارضی موجود است درحالی‌که هدف نهائی و ایده‌آل دومی شکستن ساختار قدرت موجود و جدائی و تشکیل دولت مستقل و خالص قومی-زبانی و یا دینی خویش است. البته

به‌صورت تاکتیکی ممکن است خواهان گرفتن سهم قابل‌ملاحظه‌ای از قدرت سیاسی در یک ساختار نامتمرکزباشد.

یکی از دشوارترین و اغلب تشنج‌زاترین سؤال ها برای ناسیو نالیست ها، به‌ویژه ناسیونالیست‌های قومی، از هر دو سو، در این رابطه است که ملت چیست، و یا به‌عبارت‌دیگر چه گروهی شایستگی داشتن عنوان ملت را دارد. تشنج‌زائی این سؤال ازاینجا برمی‌خیزد که یک گروه زیرد ست سیا سی و یا قومی، کوچک و یا بزرگ، اغلب با این پیش‌فرض خود را ملت قلمداد می‌کند که به حاکمیت مستقل خود تحقق ببخشد. این تحقق در عالی‌ترین شکل اش از زاویهٔ آن‌ها دا شتن دولتی مستقل است. از زاویهٔ ناسیونالیسم قومی مسلط که انکارگرا ست این تجزیه‌طلبی، ساختارشکنی و نقض تمامیت ارضی است. تقدس ملت برای ناسیونالیسم قومی اقلیت یا غیر مسلط هم با تقدس سرزمین و قوم، زبان و یا دین خود معنی پیدا می‌کند.

ملت از زاویهٔ ناسیونالیسم کلیتی برتر، مقدس و ماورای هر نوع منافع فردی و یا گروهی دیگر است. ناسیونالیسم خود را بیان منافع و ارادهٔ یکپارچهٔ ملت تلقی می‌کند که در آن شکاف‌ها و منافع طبقاتی، نژادی و جنسی یا انکار می‌شود و یا اگر انکار نشود ضرورت دارد تا از هویت برتر ملی تبعیت کند. عضویت افراد به آن ملت هم اجباری است بدین معنا که افراد در درون آن ملت زاده می شوند و به‌اصطلاح بایستی با "روح" ملی سیراب شوند و در پروسه‌ای "طبیعی"، ارزش‌های ملی را جذب، حفظ و پاسداری کنند. و ساختار روابط بین‌الملل در جهان هم به نحوی است که فرد را چه ناسیونالیست باشد و چه نباشد در ارتباط با دولت-ملت مشخصی بشناسد.

برای ناسیونالیست‌ها، به‌ویژه در شکل قومی آن، تا جائی که بخود شان مربوط است، ملت کلیتی ذاتی و داده‌شده است که آن‌ها را به مردمی ویژه و خودی تبدیل می‌کند که قابل‌تفکیک از "دیگران" است. از نظر یک ناسیونالیست ملت همیشه وجود داشته، دارد و خواهد داشت. ناسیونالیسم، به‌مثابهٔ احساس ملت‌پرستی، هم همراه ناگزیر ملت است و همیشه وجود داشته، دارد و خواهد داشت. یک ناسیونالیست برای تعریف و بازتعریف از هویت خویش، که اساساً امری ذهنی و ارادی است، در صورت لزوم تلاش می‌کند با دست‌چینی پاره‌ای از خصوصیات عینی و یا ذهنی، همچون زبان، نژاد، دین و فرهنگ، لباس و یا قهرمان تاریخی، به خود مشروعیت عینی بدهد. وقتی هم یک و یا چند عنصر عینی و یا ذهنی، به‌منظور ترسیم و تعریف مرزهای هویت برگزیده شد، آن‌ها به‌سرعت به جایگاه مقدسی ارتقاء می‌یابند. این مرز بین "خودی" و "غیرخودی" و به‌عبارت‌دیگر "ما" و "دیگران" هم‌مرزی طبیعی، تخطی ناپذیر و ابدی قلمداد می‌شود. برای ناسیونالیست‌های قومی اقلیت این مرزها مقدمه‌ای ضروری برای تکامل به آنچه مرزهای متعالی سیا سی و جغرافیائی محسوب می شوند- یعنی تشکیل دولت- ملت تلقی می‌شوند. این‌ها هم بیان روشن قوانین جبری طبیعت دیده می‌شوند که تخطی از آن‌ها نه‌تنها زیان‌بار بلکه خیانت قلمداد می‌شود.

ناسیونالیسم، به عبارات دیگر، به‌مثابه یک ایدئولوژی و یا جنبش تفاوت می‌آفریند و یا تفاوت‌های موجود را که بدیهی و طبیعی به نظر می‌رسند را بازآفرینی می‌کند و به سطح آگاهی ارتقا می‌دهد و به آن‌ها هویت سیاسی برتری می‌بخشد و سپس تلاش می‌کند وارد جغرافیای سیاسی شده و با تشکیل دولت، مرز آن‌ها را تکمیل کند. بر این اساس جداسازی ما و دیگران یا خودی‌ها و غیرخودی‌ها به‌مثابه امری طبیعی و ضروری در باورهای ناسیونالیستی دیده می‌شود. شوونیزم تفاوت‌ها را درون ملت- دولت موجود خودی انکار می‌کند و بر تفاوت‌های عمیق بیرونی با سایر دولت-ملت‌ها انگشت می‌گذارد. اما ناسیونالیست‌های قومی مغلوب بر تفاوت‌های درونی دولت-ملت حاکم متمرکز می‌شوند و بحث روی تفاوت‌های بیرونی (حداقل خارج از مرزهای مورد مشاجرهٔ آن‌ها) برایشان امری فوری نیست چون خود را صاحب ملت- قومی فاقد دولت می‌دانند. البته خصوصیات ستیزه جویانه و افراطی، از هر دو سو، اغلب در چارچوب سیستم‌های سیاسی توتالیتر بیشتر به چشم می‌خورد.

برای همهٔ ناسیونالیست‌ها توسل به فاکتورهای عاطفی اساسی است. آن‌ها مثلاً سرزمین را، حتی در شکل آرمانی‌اش آن‌طوری که برای یهودیان ماقبل تشکیل کشور اسرائیل مطرح بود، به هدف و آرمانی تبدیل می‌کنند که خود مردم فراموش می‌شوند و یا مردم صرفاً به‌صورت ابزاری دیده می‌شوند که نیازهای سرزمین را تأمین کنند. از همین زاویه از سرزمین به‌مثابه "مادر" یاد می‌شود و اغلب برای برافروختن احساسات توده‌های مردم از تجاوز و حتی تجاوز جنسی دشمنان به مادر صحبت می‌شود و این به معنای تجاوز به غیرت و ناموس آن‌هاست. در داستان‌ها، اشعار و سروده‌ها این "مادر" منطبق با سنن و فرهنگ مردم به نحوی توصیف می‌شود که باید از هر چیز و هر جای دیگر برتر، زیباتر، شجاع‌تر، باوفاتر، مهربان‌تر و یا حتی خدا دوست‌تر، باشد. بر همین اساس است که در جنگ‌ها و خصومت‌های ناسیونالیستی ملی و قومی، مسلط و غیر مسلط، با هدف خالص‌سازی‌های قومی و آسیب‌رسانی به "دیگران"، تجاوز به زنان "دیگران" به‌مثابه ابزاری برای سرکوب و له کردن هویت و تحقیر و بی‌عزت کردن آن‌ها به کار می‌رود.

فراتر از آن از نظر ناسیونالیست‌های قومی غیر مسلط، "دیگران" با سلطه خود سرزمین مادری را اشغال، ویران و ملت خودی را استثمار و به خاک سیاه و فقر بیکران کشانده‌اند که با استقلال و تشکیل دولت - ملت خودی کشوری مرفه و سرزمینی پر از آزادی و عاری از هر نوع استثمار و ستمگری می‌شود. چنین ادعاهایی که عمدتاً بر اساس تبلیغات عامیانه پسند و بدون پشتوانه شواهد علمی صورت می‌گیرد، برای بسیاری جذاب ولی عمیقاً گمراه‌کننده و توهم آفرین است. تجربیات جهانی هم نشان می‌دهد که چنین ادعاهایی نه‌تنها بندرت تحقق‌پذیر است بلکه اغلب منجر به بی‌ثباتی، سرکوبگری، تبعیض برعلیه اقلیت‌ها ناامنی اقتصادی و فقر، حتی در ابعاد وسیع‌تری از قبل شده است.

ادبیات ناسیونالیستی هم شدیداً عاطفی است. علاقه مفرط ناسیونالیست‌ها به شعر عمدتاً به‌مثابه ابزاری عاطفی -رمانتیک برای تعریف و ساختن ملت است، هرچند شعر خودبه خود

موضوعی ناسیونالیستی نیست. علاقه آن‌ها به تاریخ هم تلاشی برای آفرینش تاریخی پیوسته و مبتنی بر اسطوره و گزینش‌های سمبلیک است که برش در پروسه تحول و وجود بریدگی‌های تاریخی را انکار می‌کند و یا تنها ناشی از پنهان شدن روح ملی بداند که در اثر اشغال و تهاجم دشمن و گاه خیانت عده‌ای از خودیان رخ‌داده است. بر همین اساس چه وجود چنین بریدگی‌هایی انکار شود و چه دیده شود در هر دو حالت اش در خدمت تکمیل "خود" به کار گرفته می‌شوند. در آن حالت تاریخ از یک‌سو هم به‌صورت منظومه‌ای متکی به دانش "پیشین" در تعریف و بازتعریف وستایش و تمجید از "خود" درمی‌آید و از سوی دیگر به‌صورت ادعانامه‌ای برای بیان مظلومیت خویش، و تجاوزگری و ستمگری مداوم "دیگران"، و حمله، تحقیر و ایجاد حس نفرت نسبت به آن‌ها. از همین جهت است که هابسبام مطرح می‌کند که:

> یک نا سیونالیست متعهد سیا سی نمی‌تواند یک تاریخدان جدی روی مو ضوع ملت و ناسیونالیسم باشد؛ مگر بدین معنی که یک مؤمن معتقد به کتاب که نمی‌تواند در توسعه تئوری تکامل کمک کند، قادر است در باستان شناسی و یا زبان شناسی سامی مؤثر باشد. ناسیونالیسم نیاز به اعتقاد وسیع به آن چیزی دارد که بدیهی نیست. بگفتهٔ رنان "نوشتن تاریخ غلط بخشی از ملت بودن است". [. .......] مگر اینکه این تاریخدان [ناسیونالیست] تعهداتش را پشت سر رها کند وقتی‌که وارد کتابخانه و یا محل مطالعه می‌شود. برخی از تاریخدانان ناسیونالیست قادر نبوده‌اند اینطور عمل کنند.[۳]

جهان‌بینی‌های ناسیونالیستی قومی مغلوب، باوجود لفاظی‌های زیاد، در همه اشکال خود در جوامع مابعد کولونیالیزم هم با مبانی حقوق بشری، سازگاری ندارد. این نگرش‌ها با ابزارهای عاطفی و پوپولیستی، و دفاع از خالص‌سازی، نفرت‌انگیزی نسبت به دیگران را تا حد پاک‌سازی قومی زبانی و دینی به‌پیش می‌برند. پیوند بین نژادپرستی و ناسیونالیسم به‌طور روشنی وجود دارد. تصفیه نژادی و تصفیه زبانی و گاه تصفیه دینی همه بیان چنین دیدی است.

نگرش ناسیونالیستی به‌طورکلی آزادی و سعادت واقعی مردم را درکلیتی بنام ملت به‌مثابه اراده عمومی و برتر که ریشه در اندیشه قرار داد اجتماعی روسوئی دارد، می‌بیند. بر همین اساس است که برتراند راسل رمانتیسیسم روسوئی را یکی از سرمنشأهای خطی می‌بیند که بعد از انقلاب به حاکمیت ترور در فرانسه و در قرن بیستم به دیکتاتوری نازی در آلمان و حتی دیکتاتوری کمونیستی استالینی در روسیه ختم شد. او این خط را در مقابل خط عقل‌گرایانه و لیبرال جان لاک می‌بیند.[۴]

نا سیونالیست‌ها با بمباران تبلیغات عاطفی و عوام‌پسند معمولاً فضا را چنان اشباع می‌کنند که گویا آلترناتیوهای سیاسی دیگری همچون سوسیالیسم، لیبرالیسم وکاسموپولیتنیسم وجود ندارند. یا فراتر از آن جنبش‌های مهم اجتماعی نوین مانند فمینیسم/زنان، اکولوژیسم، جنبش‌های صلح و ضد خشونت، ضد نژادی، ضد گلوبالیزم و ضد فقر، و جنبش‌های همجنسگرایان، جنبش‌های

داوطلبانه کمک و همین‌طور حمایت از پناهندگان و غیره که در چهارچوب سیاست سنتی-حزبی و یا حتی ملی، عمل نمی‌کنند درک نمی‌شوند.

تا جائی که ناسیونالیست‌ها از این ایدئولوژی‌های سیاسی و یا جنبش‌های اجتماعی اشاره می‌کنند این‌ها را زائد و یا زائده‌های حاشیه‌ای ناسیونالیسم و یا حتی مضر و سیاست زدا به‌حساب می‌آورند. فضا از چنین برداشتی انباشته می شود که صحبت از سیاست، ملت و دولت فقط در حیطه کار ناسیونالیسم است. مشکل هر دو نوع ناسیونالیسم ترس از همزیستی در جامعه‌ای است که تنوع، مهاجرت و ناخالصی به‌طور فزاینده‌ای امکان خلوص فرهنگی و اجتماعی را غیرممکن می‌کند. ناسیونالیسم شونیستی با انکار وجود ناخالصی وجود تفاوت‌ها سعی می‌کند با سیاست‌های اجباری به یکسان سازی دست بزند تا به‌نوعی "خلوص" برسد؛ و ناسیونالیسم قومی مغلوب هم با کشیدن مرزهای محکم بین این تنوعات به دنبال خالص‌سازی اجباری قومی - زبانی و یا دینی می‌رود.

باوجود همه شباهت‌ها و فقدان مبانی عقلانی و توجیهات علمی؛ و خصلت‌های سیاسی یکسان بین ناسیونالیست‌ها واقعیاتی وجود دارد که مستقیماً به حقوق انسانی مرتبط‌اند. اول مشکل است ناسیونالیسم سیویک و پاتریونیستی را که گاه با رگه‌هائی لیبرالی درصدد ایجاد پل بین گروه‌های داخلی در چهارچوب دولت - ملت خودی است و مسئله‌اش دشمن خیالی و یا واقعی بیرونی است؛ و ناسیونالیسم شونیستی و یا قومی که ازنظر داخلی هم انکارگرا و سرکوبگرا ست هیچ تفاوتی ندید. دوم به‌احتمال‌زیاد بسیاری از اقلیت‌های قومی، زبانی و دینی حتی به‌صورت عمدی و یا غیرعمدی، به‌ویژه در کشورهای غیر دموکراتیک، موردتهاجم و ستمگری و تبعیض قرار می‌گیرند. اینجا ست که لازم می شود برعلیه این تبعیضات و ستمگری‌ها سخن گفت ولی نباید به تعهدات سیاسی این ناسیونالیست‌های قومی اقلیت، که ممکن است بی‌مهابا حقوق انسانی افراد را، حتی خودی‌ها را، در زیر عرابه کلیت مقدم و مقدس ملی - قومی له کنند، مهر تأیید زد.

بسیاری از مشکلاتی که گروه‌های قومی، به‌ویژه در موقعیت اقلیت، مطرح می‌کنند به درجات مختلفی هم واقعی است و هم جدی ولی به اتکای ایدئولوژی ناسیونالیستی و راه‌حل‌های رمانتیک نه‌تنها این مشکلات حل نمی‌شود بلکه به‌احتمال‌زیاد لایه‌های دیگری، اغلب بسیار خطرناک است، من‌جمله پاک‌سازی‌های قومی، زبانی و دینی، بر آن‌ها افزوده می‌شود. حتی در صورت تحقق استقلال و حاکمیت ملی مسائل اساسی اقتصادی و سیاسی توده مردم نه‌تنها حل نمی شود بلکه احتمالاً حدّت هم پیدا می‌کند. چنین تحققی که خود بر مبنای خالص‌سازی شکل‌گرفته است قادر نیست مسئله اقلیت‌ها و مهاجرت روزافزون را حل کند و یا مشکلات بغرنج اقتصادی را حل و در جهت رفاه عمومی سامان بدهد. درواقع تنها یک قشر الیت (برگزیده) که موفق می‌شود قدرت سیاسی و منابع اقتصادی را کنترل کند برنده واقعی خواهد بود و بهشتی را که وعده می‌دهد به تصرف خود درآورد.

## کاسموپولیتنیسم در مقابل ناسیونالیسم

البته ساده‌نگری است که قدرت و نفوذ ناسیونالیسم، ملت‌ها و دولت‌ها را جدی نگرفت ولی در همان حال نمی‌توان نسبت به نتایج ویرانگرانه ناسیونالیسم و نگرش آن‌ها به دولت و ملت بی‌تفاوت بود. دولت-ملت ها وجود دارند و همه فعالیت های غیر ناسیونالیستی هم از همان چهارچوب‌ها شروع می‌شود ولی هیچ‌کس لازم نیست در چهارچوب دولت – ملت‌های موجود ناسیونالیست باشد و به مفهوم سنتی‌اش از سیاست‌های حزب سیاسی خاصی طرفداری کند تا نیروی فعال و مؤثری باشد. در جهانی که شرایط برای نزدیکی و اختلاط فرهنگی به‌طور گسترده‌ای در حال فزونی است با دفاع از حقوق بشر، جنبش‌های نوین اجتماعی و اتخاذ موضعی کاسموپولیتن به‌مراتب بهتر می‌توان هم مسائل دشوار کنونی را توضیح داد و هم با صدای رسائی آن‌ها را محکوم کرد.

مثال‌های متعددی هست که چگونه اندیشمندان کاسموپولیتن از حقوق اقلیت‌ها دفاع کرده‌اند بدون آنکه به دام ناسیونالیسم بیفتند. در اوج نفرت نسبت به یهودیان هانا آرنت اعلام کرد من یهودیم و برتولت برشت با صدائی رسا عواقب حمایت از ستمگری را جار می‌زد. و یا اخیراً مادلین آلبرایت برای مقابله با سیاست‌های تبعیض‌آمیزی که ترامپ اعلام کرده بود که مسلمانان آمریکا را در لیست می‌گذارد، گفت که او اولین کسی خواهد بود که نام خود را به‌عنوان یک مسلمان ثبت خواهد کرد. این‌ها نمونه‌ای از تفوق انسانیت و کاسموپولیتنیسم را بر هر نوع سیاست ملی و نژادی منعکس کردند هرچند ناسیونالیست‌ها بلافاصله سعی می‌کنند این‌گونه پیام‌های انسانی را به‌صورت گمراه‌کننده‌ای تعبیر کرده وارد پروژه تبلیغاتی خود کنند.

کاسموپولیتنیسم درواقع بیانگر همان اصول اساسی حقوق بشر است. البته اگر واقعیت موجود را که ملت‌ها و دولت‌ها درصحنه جهانی وجود دارند نادیده بگیریم کاسموپولیتنیسم تنها به پروژه‌ای رمانتیک و خیالی تبدیل می‌شود. باید به این توجه کرد که دولت – ملت‌های موجود، به‌ویژه باسیاست‌های شوونیستی و ناسیونالیستی و اصرار آن‌ها بر حاکمیت مطلق ملی و اتخاذ سیاست‌هائی که با اصول اساسی حقوق بشر و همبستگی جهانی مغایرت دارد و یا مغایرت پیدا می‌کند مسائل جهانی را حل نمی‌کند.

مونتسکیو یکی از نمایندگان مهم نگرش کاسموپولیتن در انقلاب فرانسه حقوق انسانی را مقدم بر حقوق ملی می‌دید. مونتسکیو اعلام کرد که "اگر من بدانم که چیزی برای وطنم مفید است ولی برای اروپا و نوع انسان مضر است، من آن را جنایت می شمارم.... تمام وظایف ویژه‌ای که امکان تحقق اشان بدون اهانت به وظایف انسانی وجود ندارد باید رها شوند.... وظیفه یک شهروند جنایت است وقتی‌که موجب شود او وظیفه انسانی را فراموش کند".[۵]

کانت که از "زندگی کاسموپولیتن همگانی" سخن می‌گفت هم اظهار کرده بود" هر ملتی عظمت خود را در این می‌بیند.... که تسلیم موانع حقوقی بیرونی نشود، و شأن حاکم آن در قدرت او ست که هزاران تن از مردم را فرمان بدهد که خود را برای مسئله‌ای که واقعاً به آن‌ها مربوط

نیست به کشتن بدهند، درحالی‌که لازم نیست خود او با هیچ خطری ازهر نوعی که باشد روبرو شود".[٦]

این گفته کانت که مردم کا سموپولیتن همگانی "به درجات متفاوتی وارد یک جامعه جهانی شده‌اند که در آن نقض حقوق یک بخش جهان در هرکجای جهان احساس می‌شود".[٧] این گفته کانت یادآور این شعر مشهور سعدی شیرازی است که گفته بود:

چو عضوی بدرد آورد روزگار دگر عضوها را نماند قرار
تو کز محنت دیگران بی‌غمی نشاید که نامت نهند آدمی

کارل مارکس هم به نحو دیگری کاسموپولیتنیسم را مطرح کرد "مردم زحمتکش هیچ کشوری ندارند. ما نمی‌توانیم چیزی را از آن‌ها بگیریم که آن‌ها ندارند... به برکت پیشرفت بورژوازی، آزادی تجارت، بازار جهانی، و همسانی شیوه تولید و شرایط زندگی متناظر با آن، اختلافات ملی، تضادهای بین مردم به‌طور روزمره از میان می‌رود". مارکس توانست جنبه‌های مهمی از شرایط اقتصادی و اجتماعی جهان سرمایه‌داری را پیش‌بینی کند و شکاف عمیق بین پروژه ملت‌سازی و حقوق زحمتکشان را خاطرنشان کند. ولی نتوانست خصلت آینده نیروی کاروسوسیالیسم پرولتری را دریابد. و اینکه بعداً هم این سوسیالیسم در چهارچوب دیدگاه لنینی و به‌طور گسترده‌تری استالینی خصلت ناسیونالیستی به خود بگیرد.

جائی که حقوق زنان مطرح بود هم ویرجینیا ولف بود که گفت "به‌عنوان یک زن من کشور نمی‌خواهم. به‌عنوان یک زن کشور من تمام جهان است". این هم به این معناست که پروژه‌های نا سیونالیستی کاری به تحقق حقوق زنان ندارند چون حق انتزاعی ملت/کشور است که مقدس و مقدم برهمه‌چیز و همه‌کس و یا هر حق مشخص است. و یا در همان حال، این حق مرد جنگجو سلاح به دست و مجری خشونت است که هم بر مام وطن و هم بر مام خانه تسلط داشته باشد.

شاید بی‌مناسبت نباشد که در همین رابطه قسمتی از آواز معروف وآرمان‌خواهانه جان لنون از گروه بیتل را در اینجا بیاوریم:

"تصور کنید هیچ کشوری وجود ندارد
چنین تصوری دشوار نیست
چیزی برای مردن و کشتن برایش وجود ندارد
همین‌طور نه مذهبی
تصور کنید تمام بشر در صلح بسر می‌برند
شما ممکن است بگوئید من یک خیالبافم
اما من تنها یک فرد نیستم
من امیدوارم روزی شما بما بپوندید
و جهان شود یکی"

## نتیجه‌گیری

نتیجه مباحث فوق این است که باوجود حضور گستردهٔ ناسیونالیسم در جهان، ناسیونالیسم در هر شـکل اش، به‌ویژه در شـکل قومی‌اش، نه‌تنها قادر به حل مشـکلات امروزین نیسـت بلکه خود به‌مثابه یک مسـئله به تشـنجات قومی و نژادی، دینی و زبانی دامن زده و آن‌ها را به سـرحد پاک‌سـازی قومی و تخاصـم و نفرت نسـبت به مهاجران و یا غیرخودی‌ها و جنگ‌افروزی بسـیار خطرناک می‌رسـاند. در جهان امروز نمی‌توان با شـعار نه مرزها، نه دولت‌ها و نه ملت‌ها را حذف کرد ولی می‌توان با سیا ست‌های مخرب نا سیونالیستی مخالفت کرد. در مقابله با ناتوانی پروژه‌های ناسیونالیسـتی برای حل مشـکلات جهان امروز نیاز به دموکراتیزه کردن و توزیع وسـیع‌تر قدرت در جوامع، ترویج بیشـتر فرهـنگ د یالوگ، تحـمل پذیری، هم‌کاری و ات‌کا به راه حل های ماورای نا سیونالیستی و نئولیبرالی است که در آن اصول اساسی حقوق بشر با رفع ناامنی‌های اجتماعی و اقتصادی همراه باشد.

''پاتریوتیسم اساساً اعتقادی است که یک کشور خاص بهترین کشور جهان است چون شما در آن متولد شدید''.

(برنارد شاو)

# ۳- یادداشتی در مورد ناسیونالیسم، هویت و زبان[1]

تصور یک جامعه بشری بدون زبان غیرممکن است. زبان در طول تاریخ بشر همواره چه ازنظر ارتباطی و چه فرهنگی اهمیت ویژه‌ای داشته است ولی زبان خود محصول جامعه بوده و نه طبیعت. از همین جهت به‌کارگیری اصطلاح "زبان مادری" باآنکه بسیار رایج و جاافتاده است ولی چندان دقیق نیست، ازاین‌جهت که هیچ‌کس با زبان از مادر به دنیا نمی‌آید. بر این اساس زبان اولیه شاید اصطلاح دقیق‌تری باشد. زبان هم هرگز ایستا نبوده بلکه نه‌تنها ازنظر معنی و جایگاهش بلکه از جهت ساختار و گرامر و نوع و معنی واژه‌هایش دچار تحول اساسی شده است. بعضی زبان‌ها برای مدتی طولانی خود را با تحولات و نیازهای اجتماعی سازگار کرده و باقی‌مانده‌اند. بعضی تغییر کرده و به صورت لهجه زبان دیگری درآمده‌اند. بعضی هم کاملاً مرده و ازمیان‌رفته‌اند ولی مرگ یک‌زبان خاص به معنای مرگ جامعه نبوده است، هرچند به معنی مرگ یک "جامعه زبانی" خاص تعبیر شود.

برداشت از زبان برای قشرهای متفاوت اجتماعی همیشه یکسان نبوده است. درباریان و ادبای ژاپنی و کره‌ای تشخص خود را با زبان چینی بیان می‌کردند. شاهان و ادبای هند و بعضی کشورها با زبان فارسی. شاهان و ادبای ایران با فارسی و در مواردی ترکی و یا عربی. بسیاری از شاهان و ادبای اروپائی به زبان لاتین و بعد زبان فرانسوی. این‌ها بدین معنی است که نه یک هویت ملی وجود داشته و نه زبان خودی به مفهوم ملی‌آن معنی داشته است. تعریف و تمجید از یک‌زبان محدود به همان قشر ادیب بوده است که تمجیدشان درواقع به معنای تقدیس جایگاه خودشان و یا درباریان بوده است. مسلماً یک ادیب ژاپنی درآن زمان از زبان چینی تمجید می‌کرد و نه ژاپنی و یا یک ترک و یا هندی از زبان فارسی. ازنظر کلی زبان پابه‌پای تحولات مدرن، سازمانی و نیازهای پیچیده اجتماعی به‌ویژه نیازهای علمی و تکنولوژیکی و ارتباطات جهانی به‌طور ناگزیری دچار تحول می‌شود ولی نگرش نسبت به یک‌زبان مشخص همیشه با دیدگاه‌های متفاوت سیاسی تغییر می‌کند.

البته این روشن است که افراد یک جامعه، هر جامعه‌ای، در زندگی روزمرهٔ خود همیشه با یک یا چند زبان تبادل‌نظر کرده و فرهنگ و سنت‌ها را انتقال داده‌اند ولی برایشان زبان معنی امروزین را نداشته است. قشر حاکم چه از همین زبان و چه زبان دیگری استفاده کرده ولی ازآن به‌عنوان یک عامل سیاسی به‌منظور بسیج عمومی استفاده نمی‌کرده است. قشر محدودی هم سواد خواندن و نوشتن داشت چه باهمان زبان جامعه و یا زبانی دیگر و عمدتاً زبان دربار. آموزش عمومی جایگاهی نداشت و سواد تبدیل به اسراری برای حفظ جایگاه الیت باسواد شده بود. این بدین معناست که رابطه دولت/ سیاست با زبان همواره یکسان نبوده است. جایگاه و تعریف زبان در

دوران مدرن، و به همین صورت در ارتباط با پروژه‌های ملی و ناسیونالیستی مفهوم جدیدی پیدا می‌کند. یعنی زبان به یک عامل سیاسی در محاسبات ناسیونالیستی تغییر کند.

اهمیت فلسفی زبان را می‌توان در جمله معروف دکارت که "می‌اندیشم پس هستم" دریافت. اما پا به پای تحولات اجتماعی و علمی که نیازهای اجتماعی و فرهنگی پیچیده‌تر می‌شوند توانمندسازی زبان هم به امری ضروری تبدیل می‌شود تا به چنان نیازهایی پاسخ بدهد. ولی معنی و اهداف از توانمندی و به‌عبارت‌دیگر پیشرفت زبان برای همه یکسان نیست. مثلاً چگونه می‌توان به توضیح عبارت "هستی و بقای ما به زبانمان بستگی دارد" نه در عرصه فلسفی بلکه در عرصه سیاسی که بسیاری از آن سخن می‌گویند پرداخت؟ باید بگوئیم که پاسخ را می‌توان در معنی از "ما"، "زبانمان" و رابطه آن دو جستجو کرد. آیا "ما" به معنی جامعه مشخص و یا جامعه جهانی به‌طورکلی اشاره دارد و یا به یک جامعه خاص و به زبانی خاص؟ آیا "ما" یک گروه علمی است و یا یک گروه سیاسی با دیدگاه ایدئولوژیکی خاص. یک جامعه علمی به‌احتمال‌زیاد توانمندی زبانی را در ظرفیت آن زبان برای توضیح علمی و تکنولوژیکی و ارتباط با دیگر اعضای جهانی آن جامعه علمی می‌بیند. یک گروه ناسیونالیست زبان خود را در مقابل "دیگران" مطرح می‌کند و تنها به دفاع و حفظ آن می‌اندیشد، درحالی‌که یک لیبرال یا سوسیالیست ممکن است به توانائی زبان برای ارتباط و نزدیکی با گروه‌های زبانی دیگر بیندیشد. علاقه یک‌زبان شناس به یک‌زبان خاص هم عمدتاً به معنی توجه به مواد کارش برای کار و تحقیق علمی است.

در عرصه رقابت‌های سیاسی معاصر، این "ما" چه در بطن دولت-ملت‌های موجود و چه در میان گروه‌های زبانی-قومی (هرچند واکنش‌های تبعیض‌آمیز را باید در نظر داشت) اگر با دیدگاهی ناسیونالیستی در مقابل دیگران تعبیر شود آنگاه اشاره به یک‌زبان خاص، به مفهوم یک هویت مقدم دارد. در این صورت نه جنبه‌های عقلانی زبان در جهت توانائی ارتباطی و نزدیکی با جوامع دیگر بلکه حفظ زبان با ابزارهای عاطفی و در مقابل دیگران مطرح می‌شود. ازآنجاکه هدف این نوشته در رابطه با ناسیونالیسم و یا سیاست و زبان است حال به توضیح بیشتر موضوع می‌پردازیم.

## ناسیونالیسم و زبان

توصیف عاشقانه و عاطفی از زبان خودی و تمجید و ستایش از آن به‌عنوان روح هستی، تاریخی و عامل بقای جامعه/ملت و یا قوم به تحولات اجتماعی تاریخ مدرن و به‌ویژه پیدایش ناسیونالیسم زبانی مرتبط است. در دوران سرمایه‌داری است که بسیاری از زبان‌ها امکان پیدا می‌کنند از طریق صنعت چاپ خصلتی استانداردی و همگانی به خود بگیرند. بر متن چنین شرایطی است که زبان ممکن است به مبنای هویت سیاسی برگزیده شود. اما حتی برای ناسیونالیسم سیاسی زبان همیشه و از ابتدا یک عنصر ضروری برای هویت سیاسی نبوده است.

وقتی در جوامعی زبانی به جزئی از هویت و بیان تمایز خویش تعریف و تبدیل شود و با آن رابطه عاطفی بوجود بیاید از شیرینی و تمایز و برتری آن سخن می‌رود. این نگرش می‌تواند به یک

نیروی مقاومت تبدیل شود بطوریکه گروهی هستی و بقای خود را تماماً و یا به‌طور اساسی بادوام و رونق زبان خود گره بزند. این نیرو گاه به‌صورت ناسیونالیسم فرهنگی-زبانی و گاه یک ناسیونالیسم سیاسی که ممکن است دربرگیرنده ناسیونالیسم فرهنگی-زبانی هم باشد آشکار می شود. از این زاویه تعریف از مفهوم و جایگاه زبان کاملاً تغییر می‌کند و درواقع زبان خصلت ایدئولوژیکی به خود می‌گیرد. در آن صورت هدف رشد توانائی و ظرفیت یک‌زبان مشخص نیست بلکه محافظت آن زبان با نگرشی اغلب محافظه‌کارانه است. در آن صورت یک زبان صرفاً حق و موضوع انتخاب نیست بلکه تبلیغ آن به‌عنوان یک فضیلت است.

زبان که همواره وسیله بسیار اساسی رابطه گیری و شفافیت در ارتباطات و انتقال سنت و فرهنگ بوده است به یک هویت خاص سیاسی و ایدئولوژیکی تبدیل می شود. زبان از یک سو همچون یک مهارت و نیاز عقلانی برای پیشرفت شغلی به‌عبارت‌دیگر موضوع سود و زیان بلا واسطه باقی می‌ماند ولی از سوی دیگر به‌طور مقدم منبع ایدئولوژیکی و زوایای پنهان در افکار و دیدگاه‌ها تلقی می‌شود.[۲] ازنظر ادواردز بین عملکردهای سمبلیک و ارتباطی یک‌زبان می‌توان تمایز قائل شد. ازنظر سمبلیک، زبان یک سمبل و یا یک نقطه تجمع و رابطه گروهی قلمداد می‌شود و به خاطر توانایی سمبلیک آن در احساسات ناسیونالیستی و قومی نقش مهمی بازی می‌کند.

از این نقطه‌نظر زبان میراثی اجدادی، پردوام و پیوسته تلقی شده که فهم رموز پنهان آن حتی برای افراد غیرخودی که آن زبان را می‌آموزند پنهان می ماند. در پروسهٔ ارتباط ارزش های سمبلیک‌زبان، مؤلفه‌ای فرهنگی و تاریخی که در آن انباشت شده‌اند به یک پیام مفهوم مشترکی می‌دهند. ازاینجاست که گفته می‌شود وقتی‌که رابطه فرهنگی مشترک نیست این گره‌گاه‌های سمبلیک برای همه باز نمی شود و تنها آنها که درون آن جامعه زبانی رشد یافته‌اند می‌توانند به‌طور کامل وارد رابطه متقابل برای درک مکالمه بشوند.[۳]

جنبه های سمبلیک‌زبان حتی می‌توانند جدا از اهمیت ارتباطی یک‌زبان هم چنان ادامه حیات بدهند و اهمیت خود را حفظ کنند. مثلاً زبان ایرلندی که بر مبنای یک مطالعه در سال ۱۹۷۵ تنها در حدود ۳٪ کل جمعیت آن را به‌طور مرتب به کار می‌برند و بسیاری از مردم به حفظ و یا بازسازی آن علاقه کمتری دارند! ولی هنوز اهمیت زیاد سمبلیک دارد به‌طوری‌که در قانون اساسی از آن به‌مثابه هویت ایرلند ذکر می شود. درواقع ناسیونالیسم ممکن است حتی از زبانی که مرده باشد و یا در حال مرگ باشد به‌مثابه یک سمبل هویت‌سازی استفاده کند.[۴]

این‌چنین برخوردی به معنی ترسیم و تحکیم مرزهائی است که قوم‌گرائی و ملی‌گرائی بر آن تکیه می‌کنند. و این واقعیت نادیده گرفته می‌شود که تفاوت‌ها در یک‌زبان هم معمولاً آنقدر زیاد است (جغرافیائی، جنسی، طبقاتی و غیرآن) که نتوان از سمبل واحد صحبت کرد.

اما آیا زبان به‌مثابه یک سمبل حاضر و آماده و یا یک روح جاری در تاریخ مقدم بر ناسیونالیسم وجود داشته است و یا خود موقعیت سمبلیکش را از ناسیونالیسم دریافت کرده است؟ به نظر می‌رسد که ناسیونالیسم است که دست به ساختن و انتخاب سمبل می‌زند. و این به معنای

بازتعریف زبان است. وجود تفاوت بین زبان‌ها بدیهی است ولی مسئله‌ای که با ناسیونالیسم زبانی شروع می شود این است که این تفاوت چگونه تعریف شود تا به‌مثابه مرزی بین "ما" و "دیگران" قرار بگیرد. همین موضوع در مورد پیوندها و اشتراکات یک‌زبان نیز صدق می‌کند.
هرچند همهٔ زبان‌ها دارای سیستم گرامری مخصوص به خویش‌اند و ازنقطه‌نظر زبان‌شناسی نمی‌توان آنها را بهتر یا بدتر توصیف کرد اما در هر دوران بخصوص ازنقطه‌نظر پیچیدگی می‌توانند نابرابر باشند. ممکن است ظرفیت یک‌زبان مثلاً برای ارتباطات و تعاریف علمی رشد کند ولی زبان دیگر ازاین‌جهت عقب بیفتد. این همواره به معنای مرگ یک‌زبان نیست وقتی از زبان‌های دیگر اثر بپذیرد. ایده خالص بودن یک‌زبان تنها یک اسطوره و یا توهم است. بنابراین روشن است که توانایی زبان‌ها با توجه به شرایط اجتماعی و اقتصادی و سیاسی‌ای که در آن قرار دارند یکسان نیست و این شرایط آنها را برای نیازهای ویژه‌ای آماده می‌کند اما ازنظر عملکرد کلی همه آنها وسیله ارتباط‌اند ولی سطح ارتباط یکسان نیست. «خوب» بودن ذاتی یک‌زبان و برتری‌اش به زبان‌های دیگر بی‌معناست و چنین امتیازی از نفس هیچ زبانی سرچشمه نمی‌گیرد. زبان همیشه تعریف روشن و مجزائی ازآنچه لهجه (دیالکت) گفته می‌شود ندارد.

### لهجه (دیالکت):

مفهوم لهجه هم نسبی است. لهجه‌ها ممکن است اغلب همدیگر را بفهمند ولی بعضی ممکن است همدیگر را نفهمند و بعضی کمتر همدیگر را بفهمند. لهجه‌ها ممکن است گاه به خاطر شرایط سیاسی زبان تلقی شوند. یعنی دولت‌ها آنها را به "زبان" تبدیل می‌کنند. برای مثال سوئدی، دانمارکی و نروژی؛ هندی و اردو؛ دری و فارسی همه به‌صورت زبان‌های جداگانه تعریف‌شده‌اند درحالی‌که آنها لهجه‌های یک‌زبان بوده‌اند. یک دولت گاه عکس آن کار را کرده است یعنی دو زبان را که برای همدیگر غیرقابل فهم بوده‌اند مثلاً چین ماندارین و کانتونیز را به‌عنوان یک‌زبان (با دو لهجه) تعریف کرده است. در ایران حتی زبان کاملاً متفاوتی مانند ترکی هم یک لهجه زبان فارسی تلقی شده است.

مانند زبان‌ها نمی‌توان گفت که یک لهجه از لهجه دیگر بهتر و یا بدتر است و جایگاه و پرستیژ یک لهجه ثابت، طبیعی و غیر تاریخی نبوده و نیست. ازاین‌جهت قضاوت در مورد لهجه‌های متفاوت هم جنبه کاملاً ذهنی و ایدئولوژیکی دارد. در مقایسه با یک لهجه نمی‌توان گفت که آن لهجه بهتر یا شیرین‌تر یا زیباتر و مطبوع‌تر از لهجه دیگر است هرچند یک لهجه ممکن است به موقعیت ویژه و استانداردشده‌ای برسد. انگلیسی آکسفوردی ازاین‌جهت نمی‌تواند مدعی شود که از لهجه یورکشایر و یا کوکنی ... بالاتر بوده است! و نمی‌توان به این نتیجه رسید که موقعیت حاشیه‌ای یک لهجه به خاطر خصلت ذاتی زیبا شناسانه است.[5] بنابراین قضاوت‌هایی که یک لهجه را به خاطر خصلت ذاتی و زیبا شناسانه‌اش به‌موقعیت برتری می‌رسانند بی‌اساس است.

قضاوت در مورد پرستیژ و اهمیت یک لهجه بسته به پرستیژ و قدرت استفاده‌کنندگان آن لهجه دارد. در جوامع لهجه‌های خاصی به درجه بالا می‌رسند همان‌طور که سخن‌گویان آنها به بالا رسیده‌اند و این جنبه تاریخی و تصادفی دارد. وقتی آن لهجه به صورت عمومی درمی‌آید و موقعیت استانداردی پیدا می‌کند، و می‌تواند به‌موقعیت زبان برسد.

## نهضت تئوریک و زبان

یک نهضت تئوریک که سعی کرد زبان را با ناسیونالیسم، یا آنچه ناسیونالیسم زبانی است ارتباط دهد در اوایل قرن هیجدهم در آلمان شکل گرفت و بر مبنای نگرشی رمانتیک سعی کرد با ناسیونالیسم فرانسوی مقابله کند. هِردِر و بعد فیخته را می‌توان ازجمله آن‌هایی شمرد که این درک را ترویج کردند و به اینجا رساندند که زبان آلمانی‌زبانی برتر و اصیل‌تر از زبان فرانسه به شمار آورده شود (هرچند هردر چنین مقایسه‌ای را در رابطه برتری‌جویی نکرد ولی زبان و به‌ویژه زبان خود را ستایش کرد). فیخته بود که گفت "انسان به‌وسیله زبان شکل می‌گیرد و نه زبان به‌وسیله انسان".[6] همین نگرش را به‌خوبی می‌توان در کتاب شاهرخ مسکوب *"ملیت و زبان"* در مورد زبان فارسی و هویت دید. و همبولت Humbuldt شخصیت برجسته دیگری که یک فیلسوف و مردم‌شناس بود گفته بود روح ملت زبان آن است.[7]

هردر شعری گفته بود:

و شما آلمان‌ها تنها، برمی‌گردید از خارج
آیا به مادرتان به فرانسوی سلام می‌کنید؟
آن را در داخل خانه، قی کنید!
آن دام پر لجن زشت را بیرون بریزید
به آلمانی سخن بگویید، ای آلمان‌ها.[8]

البته ناسیونالیسم زبانی تنها آلمانی نبود، حتی در فرانسه هم لیموژ (Limoge) گفته بود که روح واقعی یک ملت تنها با زبان مادری بیان می شود و در فرانسه این تنها در دسترس فرانسوی‌زبان فرانسوی خواهد بود. کدوری استدلال می‌کند که بین ناسیونالیسم زبانی و نژادی تفاوتی وجود ندارد و این را در گفته‌های چارلز موراس از ناسیونالیست‌های فرانسوی که می‌گفت که هیچ یهودی و هیچ سامی‌ای قادر نیست زبان فرانسوی را مانند یک فرانسوی درک کند و به کار بگیرد و ارزش زیبائی سطور راسین را بفهمد، می‌دید.[9]

هرچند همیشه و همه‌جا زبان به‌مثابه یک عنصر اساسی برای ساختن هویت ناسیونالیستی و تعریف ملت هم بکار گرفته نشده است. هابسبام در این مورد مثال‌های متعدی ازجمله مثال فنلاند را می‌آورد که زبان فنلاندی‌ها برای ناسیونالیست‌ها، قبل از ضمیمه شدنشان به امپراتوری روسیه، مشخصه مهمی در مقابل سوئدی‌ها نبود. حتی انجمن ادبیات فنلاندی را در سال ۱۸۳۱ سوئدی‌ها ایجاد کردند. ازنظر هابسبام ادعاهای سیاسی لهستانی‌ها، بلژیکی‌ها، بالکانی‌ها برعلیه امپراتوری عثمانی و همین‌طور ایرلندی‌ها برعلیه انگلستان، برای استقلال خود هم پایه زبانی

نداشت. اما سرزمین چک که در آن جنبش‌های زبانی اهمیت داشت برایشان جدائی و یا حق تعیین سرنوشت ملی مطرح نبود.[۱۰]

خالص‌سازی زبان که به‌صورت دغدغه مهم ناسیونالسیم درمی‌آید عمدتاً از طریق ایجاد آکادمی‌های زبان صورت می‌پذیرد. ناسیونالیسم همان‌قدر که ممکن است از یک‌زبان محافظت کند ولی با درک محافظه‌کارانه و خالص‌سازی زبان می‌تواند در مقابل توانائی و رشد ظرفیت یک‌زبان موانع ایجاد کند.

همراه با ناسیونالیسم زبانی اعتقاد به خالص سازی و خالص نگهداری زبان و پاک سازی آن از لغت خارجی به‌منظور حفظ و تحکیم هویت اهمیت پیدا می‌کند. هرچند تمایل برای پاک‌سازی زبان به قبل برمی‌گردد ولی در اروپا همراه ناسیونالیسم زبانی از اوایل ۱۸۰۰ شروع می‌شود. آکادمی‌های زبان و نوشتن و بازنویسی بعضی از فرهنگ‌های لغت بیان آگاهانه و نهادی شده‌ای برای کنترل "هجوم" لغات خارجی و پاک‌سازی زبان در جهت ساختن هویت ملی عمل کرده‌اند. بازنویسی فرهنگ‌های لغات، استانداردی کردن خط، شیوهٔ انتخاب لغات، و تعیین مقررات سفت‌وسخت برای رعایت معیارهای تعیین‌شده در جهت تعریف و بازتعریف ملی بکار رفته است.

خالص‌سازی زبان اساساً اسطوره‌ای بیش نیست و بر مبنای چنین اسطوره‌ای نیاز به افراد متخصص زبان و لغت وجود ندارد بلکه بیشتر به افرادی نیاز هست که از احساس و ایدئولوژی ناسیونالیستی خود استفاده کنند. اولین آکادمی در سال ۱۵۸۲ در فلورانس ایجاد شد و بعد آکادمی فرانسه در سال ۱۶۳۵. آکادمی فرانسه قبلاً درک ملایم‌تری داشت اما بعداً تلاش آن بیشتر برای خالص‌سازی فرانسه از لغات خارجی به‌ویژه انگلیسی بود، و ایجاد اصطلاحات و کلمات عملی و تکنولوژیکی. اما حالا تااندازه‌ای آزادی بیشتری بوجود آمده و حالا و به دنبال متحدینی برای مقابله با سلطه جهانی زبان انگلیسی است. وزیر فرانسوی حتی احساس نگرانی کرده است که زبان فرانسه در معرض مرگ است و ستون پنجم داخلی آن را در معرض خطر قرار داده است.

بعد از آکادمی فرانسه و تحت تأثیر آن، آکادمی رئال اسپانیایی بود که در سال ۱۷۱۳ برای روشن‌سازی، پاک‌سازی و شکوهمند سازی زبان اسپانیایی بوجود آمد و فرهنگ لغت را در سال ۱۷۳۰ و گرامر را در سال ۱۷۷۱ بوجود آورد. نفوذ آکادمی در جهان تحت نفوذ زبان اسپادیایی به کشورهای گوناگون گسترش یافت مثلاً در سال ۱۸۷۱ در کلمبیا، ۱۸۷۵ در مکزیک و اکوادور، ۱۸۸۰ در السالوادور، ۱۸۸۱ در ونزوئلا، ۱۸۸۶ در شیلی، ۱۸۸۷ در پرو ۱۸۸۸ در گواتمالا. بعداً در قرن بیستم هم در بولیوی، کاستاریکا، کوبا، دومینیکن، هندوراس، پاناما و پاراگوئه و پورتوریکو هم‌چنین آکادمی هائی بوجود آمدند. اما اکنون بهمان دلیل ناسیونالیستی یک انجمن آکادمی اسپانیایی وجود ندارد که وحدت ایجاد کند و از یک استاندارد تاریخی پیروی نماید.

در کشورهای دیگر هم به‌طور مشابهی آکادمی ایجادشده است. در کشورهای عربی در سوریه، عراق، مصر و نیز اردن، اتیوپی نیز آکادمی هایی بوجود آمد. آکادمی سوئد در ۱۷۸۶، آکادمی

مجارستان در ۱۸۳۰ و بعد آکادمی برلین، یک آکادمی هیبرو (عبری) در ۱۸۹۰ ایجاد شدند. آکادمی روسیه در سال ۹۴-۱۷۸۹ به تهیه دیکشنری و در ۱۸۰۲ به تهیه گرامر پرداخت.

در حوزهٔ انگلیسی‌زبانان حمایت خاصی برای آکادمی‌های ملی نبوده است. دلیل آن را باید در سلطهٔ جهانی کشورهای انگلیسی‌زبان و نگرش نیرومند لیبرالی در آن‌ها دید. در انگلستان تلاش سیستماتیک و همه‌جانبه برای ایجاد آکادمی و ایجاد وحدت در زبان وجود نداشته اما تلاش‌هایی بوده است. از قرن هفدهم مثلاً کارهای وستگال Vostegal در ۱۶۰۵ و یا دفو در قرن هیجدهم و مهم‌تر از همه کار اسقف رابرت لوث Lowth و بعداً جامعه سلطنتی و بعدها هم سویفت Swift. باوجوداین نوشتن گرامر و لغتنامه در انگلستان و همین‌طور در امریکا، کار افراد باقی ماند. کار ساموئل جانسون در ۱۷۵۵ می‌تواند تا حدودی مساوی باکارهای آکادمی‌های اروپایی باشد. او درحالی‌که از ایجاد ثبات برای زبان و جلوگیری از تضعیف آن سخن می‌گفت ولی در همان حال کار آکادمی را مخالف روح لیبرالی انگلیسی بشمار می‌آورد. وبستر Webster دیکشنری آمریکایی بود که Noah Webster در ۱۸۲۷ منتشر ساخت. دیکشنری آکسفورد از سال ۱۸۵۷ شروع شد و جلد ۱۳ آن‌هم در سال ۱۹۳۴ نوشته شد.[11]

زبان‌های مدرن ساخته‌شده و مصنوعی تلاش مهمی برای ایجاد رابطه جهانی به‌دور از محدودیت‌های ملی/ ناسیونالیستی بوده است. بسیاری از این زبان‌ها به‌ویژه اسپرانتو که پرنفوذترین آن‌هاست با چنین نیتی ایجاد شد هرچند آنها ازنظر عملی نتوانستن‌اند از سدهای فرهنگی و تلاش‌های دولتی و ساختاری مقاوم ملی گذر کنند و با زبان‌های قدرتمند و شناخته‌شده رسمی-دولتی رقابت کنند. این زبان‌ها عبارت بوده‌اند از اسپرانتو Esperanto (۱۸۸۷ – زامن هوف)، Valatuk (Shleyer – 1880)، لاتینو Latino (Peano – 1903)، Ido (Beafront – 1907)، Occidental (Dwahl – 1922)، Novial (Jespersen – 1928).

چون هویت با ادامه مرزهای قومی، جغرافیائی و غیر آن، ارتباط دارد و این مرزها دائماً و بخصوص در جهان مدرن تغییر می‌کنند طبیعی است که این هویت‌ها هم دچار بحران شوند و تغییر کنند. تأثیر این تحولات و بحران‌ها روی زبان هم طبیعی خواهد بود ولی شدت و ضعف آنها بستگی دارد به این‌که زبان تا چه میزان از مؤلفه‌های تعیین‌کننده هویت باشد و یا نباشد. انتقال، افول و مرگ زبان‌ها موضوعی است که می‌تواند در همین ارتباط مورد ارزیابی قرار بگیرد.

در ارتباط با مرگ زبان‌ها یک دیدگاه وجود دارد که معتقد است زبان یک پدیدهٔ ارگانیک است و ازاین‌جهت دارای «عمر طبیعی» مخصوص به خود است که بوجود می‌آید، ریشه می‌گیرد و شکوفا می‌شود و سپس رو به اضمحلال می‌رود و می‌میرد. بر این اساس[12] زبان از قانون رقابت پیروی می‌کند و به‌تدریج می‌میرد. اما دسته‌ای دیگر می‌گویند که زبان دارای اصول زندگی داخلی نیست و همین‌طور دارای خصوصیات ذاتی نیست تا از قانون بقای اصلح پیروی کند. زندگی زبان نه به‌وسیله قانون طبیعت بلکه به‌وسیله جامعه انسانی و فرهنگ اعطا شده است بنابراین شانس

بقای زبان‌بستگی به استفاده کنندگان آن دارد. مرگ و زندگی زبان‌ها به شرایط انسان‌ها به‌عنوان استفاده‌کنندگان آنها مرتبط است. مهم‌ترین سناریو در اینجا در مورد میزان تأثیر زبان‌ها و احیاناً تضاد بین آنها است به‌طوری‌که یک‌زبان زبان دیگر را تضعیف و یا تغییر Shift می‌دهد.

مرگ یک زبان یک موضوع نادری نبوده و نخواهد بود. KLOS (۱۹۸۴) از سه نوع مرگ زبانی نام می‌برد:

- مرگ زبانی بدون انتقال زبان و این در صورتی است که یک جامعه زبانی می‌میرد (چندین سال قبل آخرین فردی که به زبان کورنیش در جنوب غرب انگلستان صحبت می‌کرد، مرد).
- مرگ زبانی وقتی رخ دهد که یک‌زبان تغییر می‌کند ولی جامعه زبانی دارای تمرکز ناحیه‌ای نیست و یا با تکنولوژی و تمدن جدید وارد خصومت می‌شود.
- مرگ صوری Nominal زبانی به حالتی گفته می‌شود که یک‌زبان استحاله می‌یابد. مثلاً یک‌زبان به سطح یک لهجه نزول می‌کند و جامعه زبانی از نوشتن آن زبان بازمی‌ایستد و شروع به استفاده از زبان دیگری، یک نوع زبان نزدیک و مرتبط می‌کند. و یا اینکه این زبان وارد یک نوع تقسیم‌بندی و انشعاب می‌شود.[۱۳]

درزمینهٔ انتقال و یا تغییر زبان پراکندگی (dispersal) و یا عدم وجود یک مکان حیاتی (hearthland) اهمیت خاصی دارند. کاهش منطقه زبانی در ایرلند مثال خوبی بوده است. هرچند طرفداران احیای زبان حفظ منطقه زبانی را حیاتی می‌دانستند ولی موفقیت زیاد نبوده و حفظ زبان اقلیت پروبلماتیک بوده است. چنانچه اقدامات مؤثر صورت نگیرد کاهش نفوذ یک‌زبان براثر فشار و نفوذ از خارج کاهش می‌یابد. ولی اگر اقداماتی درزمینهٔ اقتصادی، سیاسی انجام شود خطر آنکه به صورت جزئی و مصنوعی محصور شود و از درون و هم از بیرون تحت‌فشار قرار گیرد وجود دارد. حتی در شرایطی که یک منطقه مرکزی و حیاتی وجود دارد (ایرلند) ولی امکان دارد جامعه سخنور بیشتر در روستاها متمرکز شده درحالی‌که جمعیت شهری و صنعتی در حال رشد است (گیلیک در ایرلند). در این حالت این زبان از طرف جوامع شهری و مدرن تحت‌فشار قرار می‌گیرد. مثلاً ایرلندی‌ها دارای یک جامعه سخن شهری و متمرکز نیستند و همین‌طور دیگر زبان‌های کلتیک Celtic. داشتن یک مکان حیاتی شهری (urbanized) مهم است ولی این هم ممکن است به‌تنهایی علامت بهبودی نباشد.[۱۴] مثلاً باسک‌ها که محل حیاتی آنها ازنظر صنعتی قوی است ولی آنها براثر مهاجرت اسپانیایی‌ها که به دنبال کار به آنجا رفته‌اند تضعیف‌شده است.[۱۵]

مسئله دیگر که اشاره شد به دشمنی نسبت به پدیده‌های مدرن برمی‌گردد. در مواردی ترساندن از مدرنیسم و برگشت به سنت از خصوصیات ناسیونالیسم است و این ترس تا حدودی امکان دارد ناشی از وحدت بین مدرنیسم و قدرت‌های مسلط زبانی باشد. این ترس موجب تبلیغ به برگشت به "ریشه"، "اصالت" و "منشأ" می‌شود که معمولاً به‌عنوان "اتکاء به نفس" و "تکیه به خود" مطرح می‌شود. در این صورت امکان دارد اتکا به‌نفس بیان صرف یک نگرش

ایدئولوژیکی باشـد و مشـکلات یک‌زبان هم به نوعی توطئه خارجی محدود شـود و تمایلات درونی مردم یک جامعه زبانی در نظر گرفته نشـود. انتقال زبان مثلاً ایرلندی به انگلیسـی بدون درک تمایلات داخلی جامعه ایرلندی غیرممکن است. در انتقال زبان تمایلات پراگماتیک مردم در جهت تحرک اجتماعی و بهبود ا ستانداردهای فرهنگی و اقت صادی معمولاً از جانب طرفداران احیاء زبان فراموش می‌شـود و زمینه را برای تقویت نوعی احسـاس رمانتیک تقویت می‌کند. بدون تردید وجود هم‌سایه‌های قدرتمند و متمرکز اقت صادی از عوامل مهم افول یک‌زبان ضعیف‌تر ا ست و این موجب عدم تمایل خانواده‌ها برای انتقال زبان اولیه و یا مادری به فرزندان می شود. مثلاً زبان‌های Friulian و Sauris در شمال ایتالیا با چنین مـشکلی درونی روبه‌رو بودند. با توجه به آنچه گفته شـد در مورد مرگ زبان سـؤال می‌شـود که آیا یک‌زبان به قتل می‌رسـد و یا خود زبان دسـت به خودکشی می‌زند؟

طرح سـؤال به این صورت منعکس‌کننده تعبیرات عاطفی و عمدتاً ناسیونالیسـتی اسـت و ممکن اسـت از ابتدا مطالعات خردگرایانه و علمی از زبان‌ها را دور بزند ولی طرح آن به این شـیوه می‌تواند توجه برانگیز باشد. درحالی‌که تقریباً اغلب طرفداران احیاء و تجدد زبان از قتل زبان سخن می‌گویند و برای آن‌ها این‌یک قتل برنامه‌ریزی‌شده دیده می‌شـود. ولی افرادی هم هسـتند که به خودکشی زبان معتقدند ولی اغلب این مرگ را پیچیده‌تر دانسته و آن را پرو سه‌ای ترکیبی از قتل و خودکشی به شمار می‌آورند. قضاوت عاطفی بهر حال ممکن ا ست قا ضی را به اینجا ببرد که عامل خارجی را تحت عنوان قاتل و عامل داخلی را به‌عنوان خائن و ترسو محکوم می‌کند.

در پایان این نکته را خاطر نشان کنیم که یک زبان خود به خود، نه مبنای ضروری یک هویت سیاسی ناسیونالیسـتی اسـت و نه اینکه بیان یک شکاف در جامعه. ولی وقتی ناسیونالیسم یک زبان را مشـخصـهٔ هویت سـیاسـی قرار دهد آن را می تواند به نوعی شـکاف و مرزی عبور ناپذیربرای دیگران تبدیل کند.

"باید اولویت را به پروسه رفع تبعیضات و دموکراتیزه شدن جامعه و تحقق مشارکت مردم، مردمی که متفاوتند، در سرنوشت خود داد. حل مسئله ملت ها و حتی جدائی آنها را، جائی که بر آمد کنند، باید به مثابه جزئی از خود این پروسه جستجو کرد. بنابر این تکیه بر پروسه دموکراتیزه کردن، اگر در همه موارد به معنای تضمین وحدت سرزمینی نباشد، و لازم نیست هم باشد، ولی میتواند راههای مسالمت آمیز و سازنده را برای حل مسئله امکان پذیر سازد.[.....]اما لازم است که پروسه دموکراتیزه شدن با بعد اساسی دیگری همراه باشد. پر کردن و یا کاهش شکاف های طبقاتی و توزیع ثروت از طریق گسترش آزادی های مثبت، به معنای دیگر گسترش روابط سوسیال -دموکراتیک، لازم است تا سیستم دموکراتیک را از تعادل و ثبات کافی برخوردار کند. این بدین معناست که توسعه نا موزون بین گروههای اجتماعی، قومی، زبانی و دینی و منطقه‌ای از طریق ایجاد فرصت های مساوی برای برخورداری از منابع اجتماعی، سیاسی، فرهنگی و اقتصادی، منجمله فرصت های شغلی کاهش یابد. این نیز روشن است که سیاست های نئو لیبرالی و صرفا تکیه بر آزادی های منفی در همه جا، اما بطور خاصی در کشورهای کمتر توسعه یافته که دارای تنوعات اقلیتی و ملی-قومی هستند، دست یابی به ثباتی را که لازمه تحکیم روابط دموکراتیک وهمزیستی مسالمت آمیز باشد کند و حتی بحرانی میسازد".

(از هین کتاب)

# ۴- تز حق ملت‌ها در تعیین سرنوشت خود هم سؤال برانگیز است

## مقدمه

باوجوداینکه تصور رایج این است که تز "حق ملت‌ها در تعیین سرنوشت خود" یک اصل بدیهی، روشن، ضروری، دموکراتیک و درواقع تحقق‌پذیر است، ولی چنین برداشتی از زوایای گوناگون دارای اشکال است. تز "حق ملت برای تعیین سرنوشت خود"، به‌ویژه وقتی از مبانی رمانتیک ناسیونالیستی که فرد بدون ملت آزادی ندارد و ملت به‌مثابه هویت طبیعی، ناگزیر و یا به‌مثابه اراده جمعی مقدم و برتر از هر نوع هویت دیگری است، متابعت کند، اغلب جایگزین حقوق مردم و یا حقوق شهروندی، یا حتی حقوق دموکراتیک اقلیت‌های کوچک‌تر برای تعیین سرنوشت خود شده است. درعین‌حال بر تنوع نیازها، خصلت‌ها و شرایط تاریخی و بسیار متفاوت پیدایش گروه‌های "ملی"، سرپوش گذاشته است.

ازاین‌جهت، امکان تحقق، عواقب تحقق و یا عدم تحقق این تز، و میزان تشنج‌آفرینی آن از جوانبی است که کمتر موردتوجه قرارگرفته است و اغلب به‌صورت گمراه‌کننده‌ای در زیر ماسک‌های خیالبافانه و دیدگاه‌های پوپولیستی پنهان شده است. در اینجا منظور من از مردم[1] همان شهروند است که تبلور آزادی آنها به‌وضوح در منشور جهانی حقوق بشر مطرح‌شده است. همهٔ سازمان‌های مدنی در عرصه‌های اجتماعی، فرهنگی، حرفه‌ای، خیریه‌ای و دینی؛ و همین‌طور سازمان‌های سیاسی که متکی بر عضوگیری داوطلبانه می‌باشند تبلور آزادی و جزء ناگزیری از حق تعیین سرنوشت افرادند. آزادی افراد معنی ندارد اگر حق انتخاب از آنها سلب شود که به چه گروه و سازمان و انجمنی بپیوندند.

بین آزادی افراد و هویت‌های اجتماعی تناقضی وجود ندارد همان‌طوری که وجود فرد بدون جامعه و یا جامعه بدون فرد معنی ندارد. افراد معمولاً به‌طور هم‌زمان هویت‌های گوناگونی دارند که طی زمان و مکان تغییر می‌کنند. ملت به‌عنوان هویت جمعی تعاریف متفاوتی دارد که با هویت‌های جمعی دیگر ممکن است در تضاد قرار بگیرد. حق تعیین سرنوشت ملی از دیدگاه ناسیونالیستی، به معنای پذیرش بدیهی یک ملت است که دارای مصالحی مقدم، برتر و یا حتی مغایر با حقوق افراد باشد. هرچند دیدگاه‌های ناسیونالیستی از ملت و حق تعیین سرنوشت با دیدگاه‌های کاسموپولیتن و لیبرال متفاوت است. خصلت این تز هم همراه با تغییر در شرایط تاریخی و مفهوم ملت دچار تغییر شده است. در دوران سلطه کولونیالیزم این تز در رابطه با استقلال جوامع تحت سلطه مطرح بود و ملت تا حدود زیادی مفهومی مدنی (سیویک) داشت که درجه معینی از پولورالیسم، روابط دموکراتیک و تحمل‌پذیری را برمی‌تافت ولی در جوامع مابعد

کولونیالیزم ملت تا حدود زیادی مفهومی قومی و خالص‌گرایانه به خود گرفت و این روند حتی پس از پایان جنگ سرد نمایان‌تر شد.

با توجه به برداشت‌های متفاوت و گاه بسیار مبهم از ملت که قبلاً توضیح دادیم، این مقاله به‌طور مختصری به ارزیابی انتقادی از "تز حق تعیین سرنوشت ملی" می‌پردازد. مقاله در ابتدا به توضیح تفاوت بین حق ملت و حقوق شهروندی مردم می‌پردازد و سپس شرایط تاریخی طرح تز حق تعیین سرنوشت ملی را توضیح می‌دهد و سرانجام و به‌طور مشخص‌تری به آن دیدگاه‌های قومی بدون دولت می‌پردازد که به دنبال دستیابی به دولت مستقل خود هستند و با این اعتقاد عمل می‌کنند که بدون داشتن دولت خودی حق مردم و آزادی آنها هیچ معنائی ندارد.

## حق ملت در مقابل حقوق شهروندی

حق ملت‌ها در تعیین سرنوشت خود اغلب با حقوق مدنی مردم برای تعیین سرنوشت خود، یکسان و غیرقابل‌تفکیک دیده‌شده است. درحالی‌که اولی بر روی پروژه کلان و نتیجه تکیه دارد، دومی بر پروسه و پروژه‌های میانی. درحالی‌که اولی بر روی یک کلیت و هویت با مرزهای داده‌شده و تقریباً تغییرناپذیر تکیه دارد، دومی بر اجزاء یعنی افراد، گروه‌ها و نهادهایی که به نیازهای مشخص در راستای تحولات تاریخی متفاوت ارتباط دارند. هدف اصلی و نهائی از حق ملت‌ها در تعیین سرنوشت خود، از دید ناسیونالیستی، رسیدن به یک دولت مستقل و یا تحقق کامل حاکمیت ملی است. از این زاویه هر هویت جمعی وقتی معنی واقعی پیدا می‌کند که به امری سیاسی و سکوئی برای دست‌یابی به حاکمیت مستقل ملی تبدیل شود.

این تز برای گرایشات ناسیونالیستی، به معنای دفاع از سرنوشت تاریخی و ضروری یک ملت؛ و به‌عبارت‌دیگر استراتژی نهائی برای تمام فعالیت‌های سیاسی است. ولی از زوایای انتقادی، این‌یک امر ناگزیر نیست بلکه ساختن پروژه ملی و هم دست‌یابی آن به یک دولت متناظر، حوادثی سیاسی است. حق تعیین سرنوشت مردم به معنای مشارکت همه‌جانبه مدنی برای دموکراتیزه شدن روابط مردم، بر تغییر چهارچوب‌های موجود و گسترش عدم تمرکز قدرت سیاسی تأکید دارد. هدف بهبود حقوق بشری، حقوق اقلیت‌ها، توسعه حق شهروندی و آزادی‌های مدنی، سیاسی و فرهنگی، که اغلب خود اقلیت‌های ملی خواهان حق تعیین سرنوشت ملی به شدت از نقض آنها رنج می‌برند، در اولویت قرار می‌گیرند. حق تعیین سرنوشت مردم به معنای نفی هرگونه فشار و سرکوب سیاسی است، به هر بهانه و از هر جانبی و در هر جائی که رخ بدهد.

اما حق تعیین سرنوشت ملی برای ناسیونالیست‌ها به معنای تحقق ملت-دولت است که مردم تحت عنوان ملت به‌طور ناگزیر و حتی ناخواسته و برای تمام عمر خود به آن تعلق داشته باشند. البته حق تعیین سرنوشت وقتی بر اساس رفراندوم موردتوافق همه‌جانبه باشد پروسه‌ای دموکراتیک به خود می‌گیرد ولی چنین اتفاقی در شرایط دموکراتیک بسیار نادر است. اغلب یا همه ناسیونالیست‌های طرفدار حق تعیین سرنوشت ملی نه از طریق پروسه دموکراتیک و با ابزارهای دموکراتیک و یا اولویت دادن به ساختن دموکراسی، ملت را در مقابل تحقق روابط

دموکراتیک قرار می‌دهند. حق ملت در تعیین سرنوشت خود اگر به‌مثابه‌جزئی از پروسهٔ دموکراتیزه شدن ظاهر شود نتایج متفاوتی خواهد داشت. در این حالت ازآنجاکه تحقق حقوق مدنی مردم در اولویت بوده و به دموکراتیزه شدن جامعه کمک کرده است، راه‌های گفتگوی سازنده و حس تحمل‌پذیری و یافتن راه‌های معقول، حتی برای حق تعیین سرنوشت یک ملت تا سر حد جدائی، پذیرفتنی می‌شود.

این درواقع به معنی مهار کردن تشنجات و حس تخاصم و نفرت افکنی، از همه جوانب نیز هست. رفراندوم فرانسوی‌زبانان کبک در کانادا، رفراندوم اسکاتلند در بریتانیا و حتی رفراندوم چک‌سلواکی (البته با تأثیر از چشم‌انداز اروپائی شدن) که به دو کشور دموکراتیک چک و ا سلواک انجامید بیان روشنی از نوعی پختگی دموکراتیک و نتیجهٔ توافق هر دو جانب و یا تأثیر شرایط منطقه‌ای بود. اما هم در کاتالونیا که رفراندوم یک‌جانبه برگزار شد و هم در کردستان عراق، رفراندوم به نتایج ناگوار منجر شد. رفراندوم کاتالونیا[۲] در کشوری دموکراتیک ولی کردستان در شرایط بحران دموکراتیک و فساد گسترده برگزار شدند.[۳] اگر جدا شدن دارای مبانی دموکراتیک نیرومندی باشد و موجب دموکراتیزه شدن و تقویت حقوق انسانی نه در سطح ملی بلکه منطقه‌ای و جهانی بشود امری مثبت و سازنده است ولی چنین مواردی نادرند. هرچند ناسیونالیسم در خصلت خود با پذیرش حقوق یونیورسال بشری، تقسیم حاکمیت ملی وعدم تقدم حقوق خودی برعلیه حقوق دیگران، حل مسائل از طریق همکاری و ارتباط متقابل و نه بر اساس اصل مقابله جوئی و"توازن قوا"، در تناقض است.

## شرایط تاریخی طرح مسئله

برای درک بهتر از معنی تز حق تعیین سرنوشت ملت‌ها، توجه بیشتر به شرایط تاریخی پیدایش آن[۴]، به‌ویژه در خلال و یا بعد از جنگ جهانی اول، می‌تواند مفید باشد. این تز در بحبوحه جنگ جهانی اول، یعنی در آستانه بحران‌های ناشی از جنگ و شکاف‌های عمیق در حیطه قدرت و سلطه امپراتوری‌ها، به موضوعی مشاجره انگیز تبدیل شد. به‌مثابه یک اصل سیاسی ولادیمیر لنین، رهبر بلشویک‌ها و سپس رهبر انقلاب اکتبر ۱۹۱۷ روسیه و اندکی بعدتر، هم وودرو ویلسون رئیس‌جمهور دموکرات‌ آمریکا به فرمول‌بندی و دفاع از آن پرداختند. از همین جهت این تز اغلب در ارتباط با دو نگرش لنینی و یا ویلسونی شناخته می‌شود. تشکیل دولت - ملت‌های جدید، از هر دو جانب به‌طور خوش‌بینانه‌ای به معنای ایجاد واحدهای سیاسی دموکراتیکی بود که از درون فروپاشی و ناامنی امپراتوری‌های بحران‌زده سردرمی‌آورد. این امپراتوری‌ها، در این دوران به‌طور مشخص شامل اتریش- مجارستان، عثمانی و روسیه بودند.

نگرش مارکسیستی لنین و نگرش لیبرالی ویلسون هر دو دارای یک عنصر خردگرایانه بودند، بدین معنی که برای هر دو سرزمین امری مقدس نبود. نگرش آنها با درک ناسیونالیستی که به سرزمین نگاهی عاطفی دارد و آن را به امری مقدس تبدیل می‌کند کاملاً متفاوت بود. برای هر دو رها کردن سرزمین به خاطر ایجاد وحدت ضروری بود. برای لنین هدف تسهیل وحدت پرولتاریای

"ملت ستمگر" و "ملت ستمدیده" بود که ازنظر او تنها به‌وسیله قبول حق تعیین سرنوشت ملت ستمدیده امکان‌پذیرمی‌شد. اما برای ویلسون هدف تسهیل وحدت ملت‌ها بود. ازنظر لنین وجود دولت- ملت جدید که خصلت بورژوا دموکراتیک داشت یک هدف نبود بلکه عاملی بود که رسیدن به " سوسیالیسمِ پرولتری" را تسهیل می‌کرد. درحالی‌که برای ویلسون تشکیل دولت‌های دموکراتیک از درون فروپاشی و هرج‌ومرج امپراتوری‌ها هدفی بود که می‌توانست به شالوده یک نظم دموکراتیک بین‌المللی کمک کند.

البته بعضی از تعاریف و تمثیل هائی که از حق تعیین سرنوشت ملی هم در آن زمان می شد، تا حدود زیادی ساده‌نگرانه بود. برای مثال لنین برای عامه‌فهم کردن حق تعیین سرنوشت ملت‌ها، آن را به حق طلاق تشبیه می‌کرد، که وجود چنین حقی به معنای تبلیغ جدائی نبود. اما این تمثیل از جهاتی ساده نگرانه بود به این دلیل که مسئله طلاق امری مشخص و ملموس است که به دو فرد محدود می‌شود ولی ملت بنا به گفته بندیکت اندرسون یک "اجتماع خیالی"[۵] یا کلیت بسیار پیچیده و مشاجره انگیزی است که از ترکیب بزرگی از جمعیت شهری و روستائی و اغلب بسیار ناهمگون نه‌تنها ازنظر قومی، زبانی و دینی بلکه ازنظر منافع طبقاتی ساخته می‌شود.[۶]

تز "حق ملت در تعیین سرنوشت خود"، به‌مثابه یک اصل استراتژیک در برنامه سیاسی، از همان ابتدا مخالفان جدی داشت. در مقابل لنین مارکسیست‌هائی بودند همچون روزا لوگزامبورگ مارکسیست لهستانی-آلمانی که این تز را عبارت‌پردازی خرده بورژوائی می‌دانست و می‌گفت این "حق" مانند این است که بگویند مردم حق‌دارند در بشقاب طلائی غذا بخورند. او می‌گفت درحالی‌که بلشویک‌ها نهادهای دموکراتیک منجمله مجلس مؤسسان را منحل می‌کردند و یا از سانترالیسم افراطی تشکیلاتی دفاع می‌کردند، از حق تعیین سرنوشت ملت‌ها به‌عنوان یک اصل دموکراتیک سخن می‌گفتند. با درک مشابهی بوخارین و پیاتاکف هم در روسیه به منتقدان درک لنینی از حق تعیین سرنوشت پیوسته بودند و تحقق چنین اصلی را دشوار و یا در عصر امپریالیسم غیرممکن می‌دیدند.[۷]

اصل ویلسونی، که در ژانویه ۱۹۱۸ به صورت بیانیه ۱۴ ماده‌ای اعلام شده بود، حتی از همان ابتدا به‌وسیله وزیر کشور ویلسون رابرت لنسینگ موردانتقاد قرار گرفت. لنسینگ بیانیهٔ حق تعیین سرنوشت را خطرناک، مبنای خواست‌های غیرممکن و ایجاد آشوب و حتی حامل دینامیت می‌دید که هرگز تحقق پیدا نمی‌کند و اینکه جان هزاران فرد را می‌گیرد.[۸] طرح و پذیرش این اصل ازاین‌جهت خطرناک قلمداد می‌شد که به تشنجات دامن می‌زد و حتی همه گروه‌های قومی، زبانی و یا دینی را بالفعل و یا بالقوه تشویق می‌کرد که خود را برای رسیدن به اهداف سیاسی ملت اعلام کنند و مدعی دولت مستقل خود بشوند.

در کنفرانس صلح پاریس در سال ۱۹۱۹، و بعدتر از آن، یعنی در سال ۱۹۴۵، از وقتی‌که سازمان ملل متحد بوجود آمد، مسئلهٔ تفاوت بین "حق مردم در تعیین سرنوشت خود" و "حق ملت در تعیین سرنوشت خود" موجب ابهامات زیادی شده است. این سؤالات که مردم کی

هستند؟ این "خود" کی هست؟ "ملت" کدام است؟ و در این مورد حق به چه معنی است؟ مثلاً آیا تعیین سرنوشت شامل ایجاد دولت مستقل می شود یا نه؟ و اینکه سازمان ملل متحد چه واحدی را به‌مثابه کاندیدای واقعی برای جدا شدن به رسمیت بشناسد جواب صریح و روشنی نداشته است. در ضمن موضع مجمع عمومی سازمان ملل با شورای امنیت سازمان ملل هم یکسان نبوده است. ازآنجا هم که قطعنامه‌های سازمان ملل متحد به صراحت احترام به‌حق حاکمیت ملی دولت‌های عضو را اعلام می‌کند، هر نوع حمایت این سازمان از حق تعیین سرنوشت ملی به معنای جدا شدن هر "ملت" درون مرزهای دولت‌های شناخته‌شده عضو باآن قطعنامه‌ها تناقض پیدا می‌کند. رفراندوم حق تعیین سرنوشت ملی حتی در دموکراتیک‌ترین شکل اش واقعاً به معنای تحقق وحدت نیست چون اغلب، این وحدت طلبان، حتی اگر لیبرال باشند و یا سوسیالیست، نیستند که برگزاری رفراندوم را پیشنهاد می‌کنند بلکه اغلب ناسیونالیست‌ها هستند که آن را پیش می‌کشند، همان نیروهائی که اغلب برای جدا شدن می‌جنگند.

همان‌طور که اشاره شد مارکسیست‌ها و لیبرال‌ها نیروهای اصلی فرمول‌بندی تز حق ملت‌ها در تعیین سرنوشت خود بودند ولی این تز به ایده اساسی ناسیونالیست‌ها تبدیل‌شده است. ازنظر دید ابدگرایانهٔ (پریموردیال) یک ناسیونالیست، همان‌قدر که وجود ملت "طبیعی" است حق تعیین سرنوشت ملی هم حقی طبیعی، ضروری و حتی گریز ناپذیر است. حق تعیین سرنوشت برای یک ناسیونالیست، از زاویه استراتژیکی، اساساً و غالباً به معنای گسست و جدا شدن است و نه همکاری و اتحاد. بنا به گفته ارنست گلنر، ناسیونالیست عاشقی است که به دنبال معشوقش که همان دولت مستقل باشد می‌رود[9]. ابزارهائی که این "عاشق" برای رسیدن به این هدف به کار می‌گیرد به‌شدت عاطفی و شاعرانه و مبتنی بر ایجاد تقابل و تعمیق شکاف بین "ما" و "دیگران" است که اغلب با حس نفرت‌انگیزی، تهاجم و خصومت همراه است. البته این‌ها ابزاری است که ناسیونالیسم قومی دولتی هم تحت عنوان دفاع از "وحدت" و "تمامیت ارضی" و مقابله با "دشمن" به کار می‌گیرد. در هر دو صورت، در اغلب موارد، حقوق دموکراتیک و انسانی و حقوق اقلیت‌ها کاملاً نادیده گرفته می‌شود.

البته این را هم نباید نادیده گرفت که ناسیونالیسم از تعریف دقیقی برخوردار نیست و به‌هیچ‌وجه نگرشی همگون نبوده و نیست و خصلت‌های آن جدا از شرایط سیاسی، اجتماعی و تاریخی خود قابل توضیح نیست. برای جنبش‌های آزادی‌بخش و ضد استعماری پس از جنگ جهانی دوم ناسیونالیسم , البته اگر بتوان آنها را ناسیونالیسم نامید، هم تا حدود زیادی خصلتی مدنی و پولورالیستی داشت و آزادی سرزمین کمتر به معنای آزادی یک گروه خاص قومی، زبانی یا دینی بود. این مورد حتی در رابطه با فروپاشی نسبتاً مسالمت‌آمیز امپراتوری‌ها که از قبل در آنها جنبش ناسیونالیستی و رهائی‌بخش رشد نکرده بود و سرزمین با مرزهای تاریخی از قبل روشن بود، بیشتر صدق می‌کرد. اما خصلت ناسیونالیسم قومی- زبانی که از اواخر قرن نوزدهم شدت گرفت و بعداً در کشورهای عمدتاً مابعد کلونیالیسم رشد کرد بسیار متفاوت است.

در طیف مرتبط با بحران و فروپاشی امپراتوری‌ها، اتفاقات ناشی از اضمحلال اتحاد جماهیر شوروی و کلاً بلوک شرق در سال‌های ۱۹۹۰ نیز قرار می‌گیرد. این موج فروپاشی در شوروی و بالکان به پیدایش کشورهای جدید متعددی انجامید. بحران روسیه شوروی که به پیدایش کشورهای زیادی منجر شد تا حدودی به‌صورت مسالمت‌آمیز و با پیروی از اصول سنتی احترام به مرزهای از قبل تعیین‌شده برای جمهوری‌های از قبل استقراریافته اتحاد جماهیر شوروی، صورت گرفت. علاوه بر این در ذهن نمایندگان سیاسی این جمهوری‌ها که خود از اعضای سابق حزب کمونیست اتحاد جماهیر شوروی بودند عنصر قومی و ناسیونالیستی، حداقل در ابتدا، وزنی تعیین‌کننده نداشت. از این زاویه مشکل است دولت-ملت‌ها را در آنجا نتیجه یک جنبش ناسیونالیستی و ایدئولوژی ناسیونالیستی دانست. عامل دیگر هم این‌که در زمان یلتسین اضمحلال اتحاد جماهیر شوروی از بالا صورت پذیرفت یعنی حتی قبل از اینکه مقامات سیاسی کمونیست این جمهوری‌ها در مورد "حق ملت" خود فکر کنند و تصمیم بگیرند خود را در موقعیتی یافتند که سعی کردند از رقابت‌های بین یلتسین و گورباچف استفاده کنند و به‌عنوان جمهوری‌های مستقل، البته در مواردی از طریق رفراندوم‌های عمدتاً عجولانه و ساختگی، چاره‌ای برای موقعیت بسیار شکننده و نامطمئن خود پیدا کنند.[۱۰] البته با سرعت به خاطر رقابت‌های سیاسی و یا تلاش برای تحکیم قدرت و یا توجیه سرکوب‌های و تبعیضات داخلی، هم مقامات سیاسی جمهوری‌ها و هم رهبران گروه‌های گوناگون قومی به ناسیونالیسم روی آورده بودند. تعداد این نوع مشاجرات شناسائی شده قومی-سرزمینی به ۷۶ مورد می‌رسید.[۱۱]

باوجوداین، نه تشنجات پایان یافت و نه دموکراسی در این کشورها استقرار یافت. مسئله قره‌باغ تشنجات دامنه‌دار بین آذربایجان و ارمنستان، مسئله چچن و تشنجات بعدی مابین روسیه و اوکراین و ضمیمه کردن کریمه به‌وسیله پوتین، که هنوز ادامه‌دارند و چشم‌انداز روشنی هم برای حلشان دیده نمی شود نتایج مستقیم این فروپاشی به شمار می‌روند. اما همین موج فروپاشی بلوک شرق به بالکان کشید، جائی که جنگ و خونریزی و تخاصمات دامنه‌دار، همراه با تصفیه سازی قومی و دینی، بُعد بسیار وحشت‌آوری به خود گرفت. یوگوسلاوی فروپاشید ولی از درون تخاصمات و دشمنی‌های وحشتناک.[۱۲] هرچند بعد از کشتارهای وحشتناک و سال‌ها تشنج ویرانی به خاطر شرایط بسیار استراتژیک آنها در اروپا تا حدودی به‌نوعی ثبات دست‌یافته‌اند. در تحولات مرتبط با بلوک شرق، به‌ویژه در اروپای شرقی، تنها تقسیم مسالمت‌آمیز چکسلواکی به دو کشور دموکراتیک چک و اسلواک یک استثنا بود.

## ناسیونالیسم مغلوب قومی

تا زمانی که جدا شدن و استقلال ملت‌ها به سرزمین‌های اشغال‌شده از طرف مستعمره داران اروپایی و یا اجزای امپراتوری های بزرگ و در حال بحران و تجزیه مطرح بود تز "حق تعیین سرنوشت ملت" کمتر مورد سؤال بود. استقلال و تحقق جدائی در مورد تعداد زیادی از مستعمرات قدرت‌های سابق استعماری عملی شد، بعضی به صورت مسالمت‌آمیز و بسیاری هم به صورت غیر

مسـالمتآمیز. ولی برخلاف خوشبینیهای طرفداران اولیه حق تعیین سـرنوشـت، ارزشهای دموکراتیکبندرت در چارچوب مرزهای جدید ر شد کرد. آنجا کـه اغلب کـ شورهای آزاد شده از بند استعمار، اگر موفقیت نسبی کشورهائی مانند هندوستان را در عرصه سیاسی، و البته نه در عرصه اقتصادی و مقابله با شکافهای عمیق بین فقیر و غنی، کنار بگذاریم، بـه حق تعیین سرنوشت مردم بهویژه ازنظر سیاسـی، بیاعتنا بودند، خود به کانونهای جدیدی از سـرکوب، فشار و نقض حقوق اقلیتها تبدیل شدند.

از بطن همین ناملایمات، بعضـی از گروههای قومی و زبانی و دینی کـه قبلاً هویت سـیاسـی خود را در مقابله با اسـتعمار گران تعریف میکردند، حالا بهعنوان اقلیت همان اصل حق تعیین سـرنوشـت ملتها را مطابق با امیال خویش یافتند و با بازتعریف همان تفاوتها خود را بهمثابه ملت طرح کردند. ولی در چهارچوب نظم جهانی مسـلط در دوران جنگ سـرد، تا حدود زیادی تمایلات جدائیطلبانه آنها مهارشده بود.

اما موفقیت جنبشهای خالصگرایانه قومی و زبانی، در کشورهای اسـتقلالیافته و عضو سازمان ملل متحد، چه در خلال جنگ سرد و چه بعد از پایان جنگ سرد، برای تشکیل دولت مستقل خود، بـسیار محدود و ا ستثنائی بوده ا ست. این نوع کـ شورها تنها به اریتره، تیمور شرقی، سودان جنوبی محدود میشوند. و البته با خصوصیات و شرایط تاریخی، منطقهای و جغرافیائی متفاوتی هم ممکن ا ست از بنگلادش نام برد کـه از کـ شور ا ستقلالیافته پاکـستان کـه عـضو سازمان ملل متحد بود جدا شد. همه این کشورها از درون جنگ و تشـنجات خونین بیرون آمدند و هنوز از بیثباتی و تشنجات داخلی گستردهای رنج میبرند.

این بدین معناسـت کـه خارج از شـرایط تاریخی ویژهای کـه در آن امپراتوریهای بزرگ فروپاشـیدند و مسـتعمرات سـابق به اسـتقلال رسـیدند، مرزهای کشـورهای غیر مسـتعمراتی و یا کشورهای اسـتقلالیافته بهندرت شکسته شده و کشورهای جدیدی بوجود آمدهاند. بهعبارتدیگر وارد شدن در باشگاه سازمان ملل متحد به مفهوم ثبات و تقریباً ابدی شدن مرزها بشمار میرفت و این تا حدود زیادی هم به واقعیت تبدیلشده بود.[۱۳]

اما چرا ا صل حق ملت برای تعیین سرنو شت خویش، تا آنجا کـه به اقوام و یا ملتهای بدون دولت برمیگردد، تقریباً تحققناپذیر و همینطور پر از چالههای خطرناک و پرنشـدنی اسـت؟ در مرحله اول مشکل تحقق به ساختارهای، سـیاسـی، فرهنگی و اقتصادی موجود برمیگردد کـه پایه ایدئولوژیکی آنها بر یکپارچگی و تقدس سـرزمین و خالص سازی قومی نهاده شده ا ست، و اغلب، بهویژه در کشورهای دارای تنوع قومی، فرهنگی، زبانی و دینی، ناسیونالیسم قومی حاکم (شوونیزم) بیش ازآنکه به دموکراتیزه شدن جامعه تمایل دا شته باشد به حفظ تمامیت ارضی و توسل بهزور علاقهمند است. تمایل به دفاع از ثبات و نظم جهانی که سازمان ملل متحد با حمایت از قدرتهای بزرگ و نیز دولتهای عضو، هم عامل بسیار مؤثر پیشگیری از جدا شدن بوده است و هنوز هم هست.

اما علیرغم اظهارات گستردهٔ ناسیونالیست‌های اقلیت‌های قومی در مورد دموکراسی، آن‌ها در چارچوب محدودتر و تمایل شدیدتر به خالص‌سازی قومی، زبانی و یا دینی، و حتی انعطاف‌ناپذیرتر در مقابل "دیگران"، و بر اساس همان تقدس و تقدم سرزمین و ملت تعهدی جدی به بنای نهادها و ساختارهای دموکراتیک ندارند. ازاین‌جهت جائی هم که جدائی تحقق بیابد اغلب به تداوم تشنجات و مشکلات می‌انجامد. وقتی برای یک ناسیونالیست قومی ملت اساسی قومی، زبانی و یا دینی پیدا کند و معیار اساسی دولت‌دار شدن و مشروعیت خود را بر اساس چنین همگونگی تعریف کند، آن‌وقت منطق حکم می‌کند که صاحب واقعی دولتی که ایجاد می‌شود هم به آن تجمع خیالی تعلق داشته باشد و نه "دیگران". از همین جا بازهم پایه تبعیض برعلیه "دیگران" در چهارچوب مرزی جدید شکل می‌گیرد.

به‌احتمال‌زیاد این "دیگران" تا جائی که از زیر تیغ تصفیه دررفته باشند، حتی در چهارچوب همان مرزها، بیگانه، غیرقابل‌اعتماد، اقلیت بی حقوق و یا شهروند درجه‌دو محسوب می‌شوند. و بعد آن‌وقت است که متخاصمان سابق در آن سوی مرزهای جدید با ابزار حمایت از این اقلیت‌های جدید وارد میدان می‌شوند. حمایت از روس‌ها در کشورهای جداشده از اتحاد جماهیر شوروی، به‌وسیله روسیه، که حتی با تهدید و زور همراه است، نمونه روشنی است. در کشورهای جدید هر جا لازم باشد به اقلیت‌ها می‌گویند: "ما" مردم ریشه‌دار این خاک و بوم هستیم و تنها ملت اصیل هستیم و دولت از آن ماست بنابراین باید خفه‌خون بگیرید و یا کشوری را که به شما تعلق ندارد ترک کنید. وقتی هم کسانی از خودی‌ها هم خواهان حقوق دموکراتیک و توسعه جامعه مدنی و بهبود شرایط اقتصادی مردم بشوند آنگاه قدرتمندان حاکم می‌گویند که شما از مشکلات بجا مانده از گذشته بی‌خبرید و یکپارچگی ملی، قدرت دولتی و امنیت ملی را بنا به خواست دشمنان ضعیف می‌کنید، بنابراین شما هم دشمن و یا ستون پنجم دشمنید و مستحق سرکوب و نابودی".

ناسیونالیسم بنا به خصلت خود که در آن حقوق و امتیازات خودی بر حقوق دیگران مرجحاند قادر به حل مسائل دشوار عصر کنونی نیست. خالص‌گرائی و تأکید برریشه‌های اسطوره‌ای و حاکمیت مطلق ملی در شرایطی که درهم‌آمیزی جمعیت بسیار گسترش‌یافته و حاکمیت ملی و مرزها خود به موضوعی بحرانی تبدیل شده‌اند، تنها گامی به عقب و به معنای تشدید هرچه بیشتر این بحران است. این هم اسطوره‌ای بیش نیست که جائی یک قوم خالص و ریشه‌دار وجود داشته باشد. در طول تاریخ به‌احتمال بسیار زیاد خود این مدعیان خودی بودن و ریشه‌دار بودن مخلوط و مهاجرند وقتی چند صد سال و یا طی چند دهه به عقب برگردند ممکن است ریشه بسیاری از آن‌ها به همان بیگانگان بخورد و نه به این خودی‌های همسایه.

این "دیگرانی" که ازنظر قومی، زبانی، دینی و اعتقادی، زیر ذره‌بین می‌روند، در عصر حاضر در همه شهرها، مناطق مرزی موردادعا، به‌صورت جمعیت پرشماری حضور دارند. آن‌ها گاه اکثریت جمعیت بعضی از شهرها و یا مناطق مرزی موردادعا را تشکیل می‌دهند و گاه برای چندین نسل در آنجا ساکن بوده‌اند. بسیاری از آن‌ها هم احتمال دارد ازنظر خصوصیات قومی و زبانی و دینی با

اقلیت‌ها و یا اکثریت‌های مشابهی در ماورای مرزهای رسمی و یا دولت- ملت‌های موجود پیوند داشته باشند. اما در تعارضات ناسیونالیستی همه‌چیز به مسائل دموگرافیک محدود نمی‌شود بلکه جنبه‌های اقتصادی و جغرافیای سیاسی نظامی هم به این مشکلات اضافه می‌شود.[14] اینکه هر دو طرف اختلاف می‌گویند: "ما" نمی‌توانیم از این کوه و صحرای حتی بی‌آب‌وعلف بگذریم چون در دل این خاک، به‌صورت خیالی و یا واقعی، معادن گران‌بهای نفت و طلا و اورانیوم و غیره خوابیده است. و البته "ما" از این کوه و تپه و یا رودخانه و جزیره هم نمی‌گذریم چون ازنظر نظامی و دفاع از خود برای ما حیاتی است. در چنین فضائی به‌راحتی قابل‌تصور است که شیوه‌های بسیار خشونت‌آمیز، توطئه‌گرانه، سکتاریستی و مملو از نفرت جای مبارزه سیاسی، دیالوگ و توافقات چندجانبه و توجه به حقوق انسانی و دموکراتیک را می‌گیرد. ادعاها و ضد ادعاها تحت عنوان منافع ملی از جوانب مختلف تنش و خصومت را به اصل؛ و مصالحه و همزیستی مسالمت‌آمیز را به امری ثانوی و بی‌اهمیت تبدیل می‌کند.

باوجوداین، تز "حق ملت‌ها برای تعیین سرنوشت خود"، که البته با صراحت بیشتری به معنای جدا شدن است، اکنون هم شاید یکی از پرطرفدارترین ایده سیاسی باشد که ناسیونالیست‌های قومی اقلیت با استفاده از ابزارهای پوپولیستی و عاطفی دنبال می‌کنند. اکنون تعداد زیادی از اقلیت‌های زبانی و قومی و یا دینی خود را ملت‌های جداگانه‌ای می‌دانند که باید به دولت مستقل خود دست بیابند. تنش‌های قومی هم به میزان زیادی به نابرابری‌های اقتصادی، تبعیض، فشار و زور گوئی دولت های حاکم و عدم رشد روابط دموکراتیک در چنان جوامعی برمی‌گردد ولی به این‌ها محدود نمی‌شود.

پروسه جهانی‌شدن هم واقعیت دیگری است که به تضعیف اغلب دولت‌های چندملیتی، شکست پروسه دموکراتیزه شدن، گسترش ناامنی و سیع اقتصادی، و کاهش مشروعیت سنتی نسبت به مرزهای سابق و ساختار سیاسی سنتی، من‌جمله در اغلب دولت- ملت‌های مابعد کلونیالیزم انجامیده است. بر متن این بحران‌های سیاسی و نابرابری‌های فاحش اقتصادی است که از درون بسیاری از گروه‌های قومی و زبانی و دینی، گروه‌های سیاسی الیت در رقابت‌های درونی و بیرونی خود به دنبال بازتعریف این هویت‌ها و دادن هویت سیاسی به آنها مبادرت می‌کنند. ایجاد دولت مستقل هم هدفی است که این الیت برای رهائی از فضای نامطمئن و ناعادلانه تبلیغ می‌کند. هرچند این‌یک بازگشت دیرهنگام و خیالی به همان شرایط و چارچوب‌هائی است که دچار بحران شده‌اند. آنها درواقع لایه دیگری به همان مرزهای مسئله‌ساز و مشاجرات ناسیونالیستی می‌افزایند.

با وجود این، اکنون صدها و یا حتی هزاران اقلیت هست که ازنظر نمایندگان سیاسی اشان، آنها ملت نامیده می‌شوند و هم خواهان دولت مستقل و طبعاً مرزهای ملی و ادعاهای درست و یا نادرست، از تاریخ و سرزمین خویش‌اند. تاآستانه سال ۲۰۰۰ بنا به نوشته گیدون گوتلیب ۳۰۰۰ گروه زبانی و ۵۰۰۰ اقلیت ملی وجود داشت. ۲۳۳ گروه هم صراحتاً خواهان تعیین سرنوشت و

درواقع تشکیل دولت مستقل خود بودند. این وضع در همان سال‌های پس از فروپاشی اتحاد جماهیر شوروی هم سازمان ملل متحد را متوجه بی‌ثباتی بی سابقه‌ای کرده بود. این پروسه از ملت سازی تا حدود زیادی، حداقل ازنظر ذهنی، محصول معرفی و تقدیس اصل حق تعیین سرنوشت ملت‌ها بوده است. به‌طوری‌که پطروس غالی، دبیر کل سازمان بین‌الملل، در گزارش "یک دستورالعمل برای صلح" در سال ۱۹۹۲ آورده بود: "سازمان ملل متحد در خود را نبسته است. ولی اگر هر گروه قومی، دینی و یا زبانی مدعی دولت خود بشود، هیچ حدی برای تکه پارگی وجود نخواهد داشت و تحقق صلح، امنیت و بهبودی برای همه از هر وقت دیگر دشوارتر خواهد شد".[۱۵]

این اظهارات با آنکه متوجه دشواری عظیمی است ولی کماکان این ابهام تشنج‌زا را باقی می‌گذارد که برای کدام گروه‌ها و در چه شرایطی "در" سازمان ملل متحد باز است؟ مسلماً هر یک از این گروه‌ها مدعی می‌شود کاندیدای واقعی برای تشکیل دولت مستقل خود و پذیرش در سازمان ملل است. کماکان این مشکل که چه گروهی و بر چه اساسی می‌تواند ملت نامیده بشود و با کدام معیارها و شرایط به آن گروه حق جدائی داده شود، مسائل جدی و حل‌نشده کنونی‌اند و حق تعیین سرنوشت ملت نه‌تنها راه‌حل عملی و روشنی برای حل آنها نیست بلکه مسائل بغرنج دیگری به آنها می‌افزاید.

واقعیت این است که دولت‌های شکل‌گرفته در پروسه‌های مشابهی بر اساس خلوص قومی، زبانی و مذهبی عملاً ابعاد درد و رنج مردم را، چه ازنظر امنیتی و چه اقتصادی، نه‌تنها کاهش نداده بلکه اغلب افزایش داده‌اند. در این پروسه، چه قبل از رسیدن به دولت و چه بعدازآن، نفرت افکنی، مشاجره بر سر تعیین مرزها، مسئله اقلیت‌ها، مهاجرت‌های اجباری به‌احتمال‌زیاد به تشنج با همسایگان، ادعای ارضی و یا جنگ نیابتی و یا مستقیم می‌کشد و این مشکلات همچنان موجب توجیه تداوم نقض حقوق انسانی و دموکراتیزه شدن جامعه خواهد بود. تجربه استقلال‌خواهی و جدائی‌ها نشان می‌دهد که دولت‌هائی که به نحوی از درون جنگ و خونریزی به تحقق "دولت- ملت" رسیده‌اند خودشان اغلب به ناقضان حقوق دموکراتیک مردم خود بویژه حقوق اقلیت ها و منبع جدیدی از بی‌ثباتی، تشنج، جنگ و درگیری، نه‌تنها در داخل، بلکه با همسایگان خود تبدیل‌شده‌اند. اغلب هم فقر و بیکاری و فساد را در سطح دیگری گسترش داده‌اند.

ازاین‌جهت بعد از پایان جنگ سرد بیش‌ازپیش روشن شد که تز "حق ملت برای تعیین سرنوشت خود" واقعاً حامل دینامیت است و با توجه به تجربیاتی که هم‌اکنون هست شاید این گفته پروفسور رابرتز تا حدودی درست باشد که اصل حق ملت در سرنوشت خویش "جذاب، وسوسه‌انگیز و گمراه‌کننده" است. بنابراین باید اولویت را به پروسه رفع تبعیضات و دموکراتیزه شدن جامعه و تحقق مشارکت مردم، مردمی که متفاوت‌اند، در سرنوشت خود داد. حل مسئله ملت‌ها و حتی جدائی آنها را، جائی که برآمد کنند، باید به‌مثابه‌جزئی از خود این پروسه جستجو کرد. بنابراین تکیه‌بر پروسه دموکراتیزه کردن، اگر در همه موارد به معنای تضمین وحدت سرزمینی نباشد، و لازم نیست هم باشد، ولی می‌تواند راه‌های مسالمت‌آمیز و سازنده را برای حل

مسئله امکان‌پذیر سازد. البته عقیده جدائی حقی است که نباید از کسی و گروهی گرفت. جدا شدن در همه شرایط و خودبه‌خود امری مذموم نیست و اگر واقعاً بتواند به صلح، امنیت، رفاه و دموکراسی و همزیستی مسالمت‌آمیز و حقوق بشر در داخل منطقه و جهان کمک کند، باید بر آن ارج نهاد.

اما لازم است که پروسه دموکراتیزه شدن با بعد اساسی دیگری همراه باشد. پر کردن و یا کاهش شکاف‌های طبقاتی و توزیع ثروت از طریق گسترش آزادی‌های مثبت، به معنای دیگر گسترش روابط سوسیال - دموکراتیک، لازم است تا سیستم دموکراتیک را از تعادل و ثبات کافی برخوردار کند. این بدین معنا ست که توسعه ناموزون بین گروه‌های اجتماعی، قومی، زبانی و دینی و منطقه‌ای از طریق ایجاد فرصت‌های مساوی برای برخورداری از منابع اجتماعی، سیاسی، فرهنگی و اقتصادی، ازجمله فرصت‌های شغلی کاهش یابد. این نیز روشن است که سیاست‌های نئو لیبرالی و صرفاً تکیه‌بر آزادی‌های منفی در همه‌جا، اما به‌طور خاصی در کشورهای کمتر توسعه‌یافته که دارای تنوعات اقلیتی و ملی-قومی هستند، دستیابی به ثباتی را که لازمه تحکیم روابط دموکراتیک همزیستی مسالمت‌آمیز باشد کند و حتی بحرانی می‌سازد.

## نتیجه‌گیری

همان‌طور که نشان دادیم "حق تعیین سرنوشت ملت‌ها" تزی پر چالش و اغلب مشکل ساز است که جایگزین حقوق روشن و ملموس مردم در تعیین سرنوشت خود شده است. تأکید ناسیونالیسم بر روی ملت در کشورهای استقلال‌یافته هم اغلب موجب نقض حق حاکمیت مردم شده، و بر تخاصمات داخلی و خارجی، ناامنی اجتماعی و اقتصادی، و نقض فاحش حقوق بشر همچنان دامن زده است. شواهد هم نشان می‌دهد که حق تعیین سرنوشت مسالمت‌آمیز یک ملت، در کشورهای استقلال‌یافته و عضو سازمان ملل متحد، تنها به‌طور استثنائی امکان‌پذیر بوده است. حتی در کشورهای پیشرفته دموکراتیک، تحقق سرنوشت ملی امری بسیار نادر و دشوار بوده است. در کشورهای غیر دموکراتیک ازاین‌جهت که هیچ‌یک از طرفین به نهادهای سیاسی و مدنی رشد یافته دموکراتیک مجهز نبوده‌اند، علیرغم اظهارات و تمایلات خود، به‌ویژه به‌وسیله بعضی از گروه‌های اقلیت، آنها نه به روابط دموکراتیک التزام عملی داشته و نه به تشویق آن پرداخته‌اند. ازاین‌جهت پای بندی و اتکای آنها به دیالوگ و یافتن راه‌حل معقول دوجانبه و یا چندجانبه به‌مثابه یک اصل اساسی بسیار ضعیف و شکننده و اغلب بی‌معنی بوده است.

خواست‌ها و اعتراضات اقلیت‌ها، چه به‌عنوان ملت یا قوم و یا اقلیت مذهبی، را که نابرابری، تبعیض و فشار را در چهارچوب مرزهای پذیرفته‌شده بین‌المللی تجربه کرده‌اند به‌هیچ‌وجه، نه می‌توان نادیده گرفت و نه می‌توان بی‌اهمیت شمرد. ولی تجربیات نشان می‌دهد که حل چنین مشکلی در تقدم و تأکید بر حق تعیین سرنوشت ملت/ قوم نیست بلکه عمدتاً در دست‌یابی به حقوق شهروندی مردم است. حمایت از "حق تعیین سرنوشت ملی" به‌مثابه یک اصل مقدم و

استراتژیکی به توسعه روابط و حقوق دموکراتیک کمک نمی‌کند بلکه جایگزین پروسه گسترش روابط و ارزش‌های دموکراتیک شده و به تقویت ناسیونالیسم قومی خالص‌گرایانه، از هردو جانب، می‌انجامد.

در یک جامعه دموکراتیزه شده و غیرمتمرکز که با گسترش آزادی‌های مثبت همراه باشد تحقق حقوق اقلیت‌ها تا میزان زیادی میسر می‌شود. ولی در چنان شرایطی اگر درخواست رفراندوم برای حق تعیین سرنوشت ملی مطرح شود، ممکن است بر اساس توافق دوجانبه و یا چندجانبه در فضائی باز خصلتی دموکراتیک به خود بگیرد و جدائی هم به صورت مسالمت‌آمیزی امکان‌پذیر گردد.

# ۵- یادداشت‌های انتقادی درباره امپریالیسم لنین[۱]

شاید بتوان گفت که جزوهٔ "امپریالیسم به‌مثابه آخرین مرحلهٔ سرمایه‌داری" لنین (امپریالیسم لنین) که در سال ۱۹۱۶ به تحریر درآمد ازنظر سیاسی یکی از پرنفوذترین نوشته‌های قرن [بیستم] بوده باشد. این جزوه برای یک دوران ۷۰ ساله منبع تئوریک اغلب جنبش‌های ناسیونالیستی و چپ، به‌ویژه در کشورهای جهان سوم، برای اتخاذ سیاست در قبال مسائل بین‌المللی بود. حتی در سنت چپ سوسیال دموکراتیک و کارگری در کشورهای پیشرفته غرب دیدگاه‌های موجود در این جزوه تا اوایل سال‌های ۷۰ غیرقابل‌تردید، و به صورت یک "دگم" بزرگ قرن، دیده می شد.[۲] بطوریکه یکی از متفکران مارکسیست مانند لوچیو کولتی تا همین اواخر آرزو داشت که شکاف‌های جنبش کمونیستی بتواند با پیدایش آثار پرنفوذی مانند "امپریالیسم" لنین از میان برداشته شود.[۳]

اما نفوذ و شهرت این نوشته مانند اغلب نوشته‌های لنین ناشی از موج ایدئولوژیکی بود که انقلاب اکتبر به رهبری لنین آفرید و لنین را برای یک دوران طولانی به چهره‌ای خدایی و اشتباه ناپذیر برای اکثریت بزرگی از انقلابیون چپ و حتی ناسیونالیست تبدیل کرده بود.

نفوذ این اثر لنین البته از این واقعیت نیز ناشی می‌شد که سازگاری ویژه‌ای داشت با ذائقه ناسیونالیست ها و جنبش های آزادی‌بخش به‌مثابه عمده‌ترین و پرنفوذترین نیروهای ضد امپریالیستی قرن بیستم. ازاین‌جهت بود که "امپریالیسم" لنین به صورت کتاب مقدس بسیاری از روشنفکران و دانشجویان آتشین‌مزاج "ضد امپریالیست" درآمد که رهایی از امپریالیسم را سرمنشأ حل معضلات اساسی جامعهٔ خویش به شمار می‌آوردند. نقش رهبری این قشر متوسط در آفرینش، سازمان‌دهی و نیز هدایت جنبش‌های ناسیونالیستی- ضد امپریالیستی تقریباً موضوعی انکارناپذیر بود.

تعبیر عامیانهٔ مارکسیستی از نقش "نیروهای مولده" به‌مثابه زیربنای اقتصادی و تعیین‌کننده مجموعهٔ عوامل روبنایی (پیوند اکونومیسم و فتالیسم)، نیز عملاً به اینجا منجر می‌شد که امپریالیسم لنین همچون آخرین توضیح "علمی" از حقیقت اقتصاد سرمایه‌داری جهانی تلقی شود. به‌عبارت‌دیگر کلید و رمز فهم "علمی" از شرایط زیر بنایی برای اتخاذ استراتژی و سیاست "علمی" (مسائل روبنایی به‌طورکلی) برای موفقیت تاریخاً اجتناب‌ناپذیر "سوسیالیسم علمی" آن چیزی است که در این کتابچه به آن پرداخته‌شده است. به‌عبارتی‌دیگر "امپریالیسم" لنین استراتژی انقلاب و یا به‌نوعی دستور حمله به سرمایه‌داری امپریالیستی بود که تصور می‌شد با انقلابات ناشی از جنگ، درآستانهٔ نابودی قرار داشت. اما ازنظر لنین رفرمیسم و اشرافیت کارگری در کشورهای امپریالیستی مانع اساسی‌ای در پیش پای انقلاب سوسیالیستی در غرب بودند و از همین رو این حمله عمیقاً متوجه آنها نیز بود.

"امپریالیسم" لنین درواقع یک تلاش برای پاسخ اقتصادی به چند سؤال اساسی بود تا در پرتو این پاسخ "رویزیونیزم" و تز "اولترا امپریالیسم" کائوتسکی، به‌مثابه موانع وقوع انقلاب سوسیالیستی–پرولتری در آن برهه تاریخی نفی و راه برای انقلابی که از نگاه او هم ضروری و هم "اجتناب‌ناپذیر"، بود باز شود. در همین راستا، تئوری امپریالیسم لنین در جهت پاسخ به چند سؤال مهم پرداخت که عبارت بودند از: چرا جنگ جهانی اول به وقوع پیوست؟ چرا انترناسیونال دوم شکاف برداشت و طبقه کارگر کشورهای امپریالیستی به حمایت از "جنگ امپریالیستی" برخاستند و درنتیجه به مانعی جدی در جهت تبدیل جنگ به انقلاب جهانی درآمده بودند؟ و اینکه چگونه امپریالیسم که به باز تقسیم مستعمرات و تداوم اشغال دست می‌زد، و آن را مستقیماً به مسئلهٔ اساسی جنبش‌های آزادی‌بخش، ملت‌های مستعمره و ناسیونالیسم تبدیل می‌کرد.

پاسخ شتاب‌زدهٔ لنین، با توجه به مطالعات کوتاه‌مدت و نیز استفاده یک‌جانبهٔ او از پاره‌ای منابع آلمانی، درواقع با یک برداشت اکونومیستی از توضیح تاریخ آغشته بود. محدودیت نظریهٔ "امپریالیسم" لنین در توضیح او از مکانیسم سرمایه‌داری جهانی نبود بلکه در این بود که لنین به‌عنوان هدف این جزوه تأکید همه‌جانبه‌ای بر نوعی جبرگرایی تاریخ و اجتناب‌ناپذیری "سوسیالیسم علمی" و یا پرولتری گذاشت. و از همین جهت بود که لنین امپریالیسم را مرحلهٔ "نهایی"، آخرین و یا "بالاترین" مرحلهٔ سرمایه‌داری قلمداد نمود. ازنظر او این شرایط سرمایه‌داری را به "آستانهٔ انقلاب اجتماعی پرولتاریا" کشانده بود.[٤]

با این هدف بود که او تلاش نمود ثابت کند که منطبق بر اصل اساسی مارکسیستی، تضاد بین مالکیت اجتماعی تولید و مالکیت خصوصی دیگر به مرحله‌ای بسیار بحرانی رسیده بود. ازنظر لنین "به‌هم‌پیوستگی" سرمایه‌داری همان "اجتماعی شدن تولید" بود و اینکه "مناسبات اقتصادی خصوصی و مناسبات مالکیت خصوصی پوسته‌ای است که دیگر با هسته خود مطابقت نداشته و اگر دفع آن مصنوعاً به تأخیر انداخته شود ناگزیر خواهد گندید". ازنظر او ممکن بود مداوای این "دمل گندیده" برای مدتی تأخیر پیدا کند ولی "با تمام این احوال به‌طور حتم دفع خواهد گردید".[٥]

در اینجا دیده می‌شود که لنین تا چه اندازه و با چه "ایمانی" از این نوع تضاد و نتایج آن سخن می‌گفت. می‌توان گفت "امپریالیسم" برای لنین مرحله بحرانی شدن "تضاد اصلی" در ساختار سرمایه‌داری بود. برای او سرمایه‌داری نه‌تنها بیش‌ازحد برای "انقلاب سوسیالیستی" رسیده بود بلکه از آن فراتر رفته و کل سیستم را به‌صورت گندیده و طفیلی درآورده بود.

حالا در زیر به شرایط، اهداف، و شیوه‌های تحقیق لنین به‌طور انتقادی برخورد می‌شود.

## لنین و اقتصاد سیاسی امپریالیسم

تئوری امپریالیسم قبل از لنین به‌وسیله هابسون، (۱۹۰۲) که لنین او را یک لیبرال انگلیسی می‌خواند، و بعداً در سنت مارکسیستی به‌وسیله هلیفردینگ (۱۹۱۰) و سرانجام بوخارین (۱۹۱۵) فرمول‌بندی شده بود. ازاین‌جهت، برخلاف بسیاری از برداشت‌های ناصحیح پیروان لنین، اثر لنین در مورد امپریالیسم به‌هیچ‌وجه اصالت ندارد و خود لنین هم‌چنین ادعایی نداشت و آن را یک

"رساله عامه‌فهم" نامید. لنین درواقع نظریات هلفردینگ و بوخارین را (در سنت مارکسیستی) به‌صورت تبلیغی و عامه‌فهم درآورده بود.[۶]

هابسون امپریالیسم را یک مرض علاج ناپذیر و یک مرحلهٔ نهایی در تکامل سرمایه‌داری نمی‌دانست بلکه او آن را در پیوند با تز کم‌مصرفی توضیح می‌داد و به‌منظور رفع امپریالیسم او خواهان حل مسئلهٔ کم‌مصرفی بود. لنین تز خود را از امپریالیسم بر پایه تز کم‌مصرفی هابسون بنا کرد ولی آن را با نگرش فلسفی سیاسی خود در مورد عاقبت سرمایه‌داری پیوند داد.[۷] هلفردینگ در فرمول‌بندی مارکسیستی امپریالیسم سهم اساسی داشت و بوخارین و لنین هر دو از او تأثیر پذیرفتند. هلفردینگ بر سلطه سرمایه مالی (سرمایه بانکی) در آخرین مرحله توسعه سرمایه‌داری که بر انحصار و "حفاظت" متوسل شده بود تأکید داشت.[۸] بوخارین با تکیه‌بر تزهای هلفردینگ بر جنبه جهانی‌شدن سرمایه و تضاد آن با چهارچوب ملی پرداخت.

از دید لنین امپریالیسم مرحلهٔ "انحصاری" سرمایه‌داری در مقابل مرحلهٔ "رقابت آزاد" است که در آن پنج خصوصیت باهم ترکیب شده‌اند و صفت مشخصهٔ آن نه سرمایه‌داری صنعتی بلکه "سرمایه مالی" است. او با آنکه از "اهمیت مشروط و نسبی" همه تعریف‌ها آگاه بود، می‌گوید:

باید برای امپریالیسم آنچنان تعریفی داشت که متضمن پنج علامت اساسی زیرین باشد:

۱. تمرکز تولید و سرمایه که به آنچنان مرحله عالی‌ای از تکامل رسیده که انحصارهایی را که در زندگی اقتصادی نقش قاطعی بازی می‌کنند به وجود آورده است.
۲. در هم آمیختن سرمایه بانکی با سرمایه صنعتی و ایجاد الیگارشی مالی بر اساس این "سرمایه مالی".
۳. صدور سرمایه که از صدور کالا متمایز است اهمیتی بسیار جدی کسب کرده است.
۴. اتحادیه‌های انحصاری بین‌المللی سرمایه‌دارانی که جهان را تقسیم نموده‌اند پدید می‌آید.
5. تقسیم ارضی جهان از طرف بزرگترین دول سرمایه‌داری به پایان می‌رسد.[۹]

## تمرکز و انحصار

لنین امپریالیسم را مرحله‌ای از رشد سرمایه‌داری می‌داند که در بین سال‌های ۱۸۷۰ تا ۱۹۱۴ شکل گرفت. ازنظر او مجموعهٔ عوامل پنج‌گانه بالا تقریباً در این دوره شدت گرفت، باهم پیوند یافت، و امپریالیسم را به وجود آورد. با آنکه لنین متوجه انحصار چندگونه Oligopoly بود و از همین جهت نظر کائوتسکی درباره اولترا "امپریالیسم" را نفی می‌کرد. اما وقتی لنین "انحصار" را به معنای نفی رقابت می‌دید به نحوی به همان Monopoly برمی‌گشت.

اما آیا در دورانی که لنین دوره شکل‌گیری امپریالیسم می‌داند مسئلۀ انحصار، حتی به مفهوم چند انحصاری خود، در کشورهای اصلی سرمایه‌داری تحقق‌یافته بود؟ بسیاری از آمار و ارقام واقعیات آن دوره نشان می‌دهند که این انحصارات نه در کشورهای پیشرفته یعنی بریتانیا و فرانسه بلکه برعکس در کشورهای ضعیف‌تر شکل‌گرفته بودند. یعنی این نوع انحصارات در آلمان و آمریکا به وجود آمده بودند جایی که سرمایه‌داری از توسعه کمتری برخوردار بود و سیاست‌های حفاظتی نیرومندی برای دفاع از بازار داخلی‌شان به وجود آمده بود. بنابراین چگونه می‌توان "انحصارات" موجود در کشورهای ضعیف‌تر را که ناشی از مکانیسم رشد داخلی و یا بالا رفتن میزان بارآوری و ترکیب ارگانیک نبود بلکه در پیوند با سیاست حفاظتی و دخالت سیاسی شکل‌گرفته بود مبنای امپریالیسم قرار داد و آن را به کشورهایی نیرومندتر تعمیم داد؟[10]

ولی می‌دانیم که لنین هم درجاهایی اشاره می‌کند که انحصارات در آلمان و آمریکا نتیجه حفاظت گمرکی بود. حتی خود لنین هم در مورد توسعه انحصارات در فرانسه و بریتانیا اطمینان کامل نداشت. باوجوداین ازنظر لنین جنگ نتیجه امپریالیسم بود و امپریالیسم هم سرمایه‌داری انحصاری. اگر امپریالیسم بر این اساس تعریف شود در میان کشورهای درگیر جنگ، پاره‌ای امپریالیست بودند و پاره‌ای هم هنوز نه. با چنان تعریفی آلمان امپریالیست بود چون انحصارات در آن شکل‌گرفته بودند و آمریکا هم همین‌طور، ولی فرانسه و انگلستان نه، چون در آنها تقریباً انحصارات هنوز به وجود نیامده بودند. پس بر اساس تز لنین جنگ در آن زمان چگونه می‌توانست "امپریالیستی" تعریف شود؟ با توجه به خصوصیات مشترکشان چرا آلمان و آمریکا متحد نشدند؟ با توجه به این چرا، چگونه امپریالیسم می‌توانست نتیجه بالاترین پیش رفت سرمایه‌داری باشد؟

لنین نیز معتقد بود که یکی از خصوصیات بی‌نهایت مهم سرمایه‌داری در عالی‌ترین مرحله خود عبارتست از ترکیب یعنی در یک بنگاه جمع شدن رشته‌های مختلفی از صنایع که همه مراحل پیاپی تولید از مواد خام تا محصول نهائی را در برمی‌گیرد.[11] در ادبیات مارکسیستی وجود گرایش به‌سوی تمرکز و تراکم در سرمایه‌داری قبلاً به‌وسیله خود مارکس و نیز انگلس توضیح داده‌شده بوده ولی آنها از آن، "مرحله" ویژه‌ای درروند تکامل سرمایه‌داری استنتاج نکرده بودند. درحالی‌که لنین این انحصارات را به‌مثابه عالی‌ترین مرحله در رشد سرمایه‌داری قلمداد می‌کرد. باآنکه بعداً تمرکز و تراکم به مرحله حتی بالاتری رسید و انحصارات به معنای اولیگوپولی گسترش یافت و همچنان تمایل انحصارات به کند کردن رشد فنی و تکنولوژیکی، وجود داشت. ولی ازنظر عملی پیشرفت قابل‌ملاحظه و نسبتاً سریع تکنولوژیکی هم چنان ادامه داشت.

## سرمایه مالی

اما آیا واقعاً سرمایۀ مالی و یا انحصاری در این دوران از پیوند بین سرمایه صنعتی و بانکی به وجود آمده بود؟ در این رابطه هم آمار و ارقام نشان می‌دهند که رابطه بین سرمایه صنعتی و بانکی نه در کشورهای فرانسه و بریتانیا، بلکه در آمریکا و آلمان شکل‌گرفته بود یعنی جایی که سرمایه ضعیف‌تر و از قدرت رقابت کمتری برخوردار بود. این پیوند هم به گفته بیل وارن[12] ناشی از

رابطه‌ای بود که صدور سرمایه در کشورهای ضعیف به‌منظور دفاع و توسعهٔ صدور کالا انجام می‌داد. بنابراین در این مورد هم یک تعمیم ضعیف از سیاست خاص کشورهای بزرگ اما ضعیف‌تر سرمایه‌داری به وجود آمده بود.

او سرمایه‌داری "امپریالیستی" را متکی بر بورس، رباخواری و غارت می‌دانست درحالی‌که رباخواری و غارت با خصلت اساسی سرمایه‌داری به‌مثابه یک رابطه اجتماعی مولد خوانائی نداشت. اما لنین با برشمردن این خصوصیات و حرکت از یک ایده فتالیستی در مورد اجتناب‌ناپذیری سوسیالیسم – به‌ویژه در بالاترین مرحله سرمایه‌داری به طفیلی‌گری سرمایه‌داری، و نیز احتضار و گندیدگی آن رسیده بود. ازنظر لنین امپریالیسم در تمام جهان به شکل ساده "کوپن چینی" غارت می‌نماید."[۱۳] او صحبت از خصلت ضد دموکراتیک امپریالیسم، و از تقسیم "غنیمت" بین "درنده‌ها" می‌کند.[۱۴] لنین در جای‌های متفاوت کشورهای سرمایه‌داری امپریالیستی را به‌عنوان" تنزیل بگیر" یا "کشور رباخوار" توصیف می‌کند.[۱۵]

علاوه بر این ازنظر منطقی لنین به‌طور اتفاقی دوران "ر سیدگی" سرمایه و طفیلی گری آن را با ع صر پایان تق سیم ارا ضی هم‌زمان می‌بیند. چرا چنین هم‌زمانی‌ای رخ می‌دهد؟ چه منطقی این رابطه هم‌زمان را توضیح می‌دهد؟

## صدور سرمایه

صدور سرمایه ازنظر لنین خ صلت ا صلی امپریالیسم ا ست. لنین می‌گوید: " صدور کالا صفت مشخصه سرمایه‌داری سابق بود که در آن رقابت آزاد تسلط کامل داشت. صفت مشخصهٔ سرمایه‌داری نوین که در آن سیادت با انحصار است صدور سرمایه است". این برداشت لنین هم از انتقاد مبرا نیست. چون اولاً لنین مازاد سرمایه را که به گفته او به صدور سرمایه منجر می‌شود به‌طور مستقیم از کاهش نرخ سود که حاصل افزایش ترکیب ارگانیک سرمایه باشد نتیجه نمی‌گیرد. او انح صارات را که به دنبال " سود مافوق" اند و مح صولات خود را به قیمت بالاتر از ارزش متوسط می‌فروشند مسئول "رکود" و "فقر توده‌ها" در بازار داخلی می‌داند.

لنین در مورد ضرورت صدور سرمایه "مازاد" توضیح می‌دهد[۱۶] که "آنچه ضرورت صدور سرمایه را به وجود می‌آورد این است که سرمایه‌داری در معدودی از کشورها"بیش‌ازحد نضج یافته" و عرصه به کار انداختن سرمایه سودآور (در شرایط عقب‌ماندگی کشاورزی و فقر توده‌ها) تنگ‌شده است".[۱۷] آنچه در اینجا می‌بینیم این است که لنین از تز اولیه خود که تولیدگرایانه است فاصله می‌گیرد و به‌سوی تز کم‌مصرفی چرخش می‌کند.

ازنظر لنین صدور سرمایه ناشی از سرمایه مازاد در شرایط تنگی بازار است که به‌نوبت خود این شرایط نتیجه فقر توده‌ها و عقب‌ماندگی کشاورزی از صنعت می‌باشد. لنین تا آنجا پیش رفت که اعلام کرد اگر سرمایه‌داری پیشرفته یا همان امپریالیست‌ها قادر به حل فقر توده‌ها در کشور خودشان و نیز حل عقب‌ماندگی کشاورزی از صنعت بودند آن موقع سخنی از سرمایه‌داری نمی‌توانست در میان باشد. او این‌طور نوشت:

بدیهی است که اگر سرمایه‌داری می‌توانست کشاورزی را که در این موقع در همه‌جا به‌طور فاحشی از صنعت عقب‌مانده بود بسط دهد و اگر می‌توانست سطح زندگی توده‌های اهالی را که در همه‌جا باوجود ترقیات سرگیجه‌آور تکنیک در حال نیمه گرسنگی و فقر به سر می‌برند ارتقا دهد آنگاه از سرمایه اضافی سخنی هم نمی‌توانست در میان باشد... در چنین صورتی [در صورت ارتقاء سطح زندگی توده‌ها و رفع کشاورزی عقب‌مانده] سرمایه‌داری دیگر سرمایه‌داری نبود... مادامی‌که سرمایه‌داری به حالت سرمایه‌داری باقی است. سرمایه اضافی به مصرف ارتقاء سطح زندگی توده‌های کشور معین نرسیده [زیرا این موجب تنزل سود سرمایه‌داران می‌شود] بلکه به مصرف ترقی صدور سرمایه به خارج یعنی به کشورهای عقب‌مانده خواهد رسید. در این کشورهای عقب‌مانده سطح سود معمولاً بالاست زیرا سرمایه‌ها اندک است. بهای زمین نسبتاً نازل است و سطح دستمزد پایین است و مواد خام ارزان است.[۱۸]

## غلبهٔ حوزه گردش بر حوزه تولید

لنین در مطالعات اولیه‌اش مثل "توسعه سرمایه‌داری در روسیه" (۱۸۹۹) و "خصلت نمایی رمانتیسیسم اقتصادی سیسموندی و سیسموندیست‌ها" (۱۸۹۷) به‌صورت قاطعی به تز کم‌مصرفی در توضیح تحقق "ارزش اضافی" و ضرورت وجود بازار خارجی حمله نمود. او نظریه ناردنیک‌ها را که معتقد بودند پروسهٔ توسعهٔ سرمایه‌داری در روسیه "تصنعی" است که به "قیمت افلاس" هرچه و سیع‌تر توده‌های کشاورز و نتیجتاً به تحلیل رفتن بازار داخلی تمام می شود موردانتقاد قرارداد. ازنظر ناردنیک‌ها "تنگ شدن بازار داخلی" روسیه تحقق ارزش اضافی را بدون دست‌یابی به بازار خارجی غیرممکن می‌نمود ولی رو سیه که دیر درراه تو سعه سرمایه‌داری قدم گذاشته بود درهای بازار خارجی را به روی خود بسته می‌دید. درنتیجه برای توسعه سرمایه‌داری روسیه پایه و اساسی دیده نمی‌شد.
لنین همهٔ این استدلالات را مبنی بر "مفروضات ناصحیح" و ناشی از "تعصبات رمانتیکی ناردنیک‌ها" می‌دید که به نظر او مطلب را به‌طورکلی چنان مطرح می‌کنند که گویا "مقصود از تولید سرمایه‌داری نه انباشت، بلکه مصرف بوده است".[۱۹] لنین حتی کشاندن پای بازار خارجی را در "توضیح تحقق ارزش اضافی" به دلایل کم‌مصرفی و تنگنای بازار داخلی احمقانه می‌دید به‌طوری‌که مطرح کرد "آیا واقعاً در کشاندن پای بازار خارجی به مسئله تحقق یک جو عقل به‌کاررفته است...؟"[۲۰] او به دیدگاه‌های بارانفسکی و دیگر تئوریسین‌های ناردنیکی حمله کرد و اعلام داشت که پروسهٔ خلع ید از دهقانان، خود همان پروسه پیدایش تشکیل بازار داخلی است و تضاد بین کشش نامحدود به گسترش تولید و مصرف محدود تضاد درونی سرمایه‌داری است که نبایستی به اینجا ختم شود که گفته شود دیگر سرمایه‌داری دارای خصوصیت مترقی در مقایسه با سیستم‌های اقتصادی گذشته نیست.

در همان‌جا لنین اعلام داشت که برای کاپیتالیسم به دست آوردن بازار خارجی "به‌وسیله قانون تحقق محصول اجتماعی تعیین نمی شود بلکه نا شی از این حقیقت ا ست که سرمایه‌داری به‌مثابه نتیجه گردش کالایی کاملاً پیش رفته از مرزهای دولتی فراتر می‌رود. بنابراین غیرممکن است ملت سرمایه‌داری‌ای را تصور نمود که دارای بازار خارجی نباشد و در واقعیت هم، چنین ملتی وجود ندارد".[۲۱]

این دیدگاه "تولیدگرا یا نه" لنین نه‌تنها برعلیه ناردنیک ها بلکه برعلیه دیدگاه های روزا لوگزامبورگ[۲۲] هم بود. روزا لوگزامبورگ هم مسئله تحقق را با بازار خارجی به‌ویژه بازار ماقبل سرمایه‌داری پیوند می‌داد. یعنی روزا لوگزامبورگ و تئوریسین‌های ناردنیکی هم چون بارانفسکی در صف "گردش" گرایان قرار داشتند. لنین حدود ۱۷ سال بعد به‌صورتی آرام و بدون رجوع به نظر گذشته خود به صفوف کسانی پیوست که "یک جو عقل" هم در سر نداشتند. او همان تز کم‌مصرفی و تنگی بازار داخلی را مبنای فرمول‌بندی "امپریالیسم به‌مثابه آخرین مرحله سرمایه‌داری" و ضرورت صدور سرمایه قرار داد.

به‌عبارت‌دیگر در حوزه اقتصادی سرانجام مدافعان "حوزه گردش" و یا نئواسمیستی بر مدافعان "حوزه تولید" و یا نئوریکاردوئی در توضیح علل رشد و عقب‌ماندگی غلبه یافتند. در این مورد جهت‌گیری لنین در نظریهٔ "امپریالیسم" به‌سوی مدافعان حوزه گردش به‌وضوح آشکار است.

ازاینجا می‌توان گفت که ازنظر لنین اولاً منشأ سرمایهٔ اضافی کم‌مصرفی بازار داخلی ا ست. دوماً هدف صدور سرمایه کشورهای جهان سوم‌اند. شاید گفتن این نکات در آن زمان دشواری چندانی به وجود نمی‌آورد ولی در حال حاضر (اواخر قرن بیستم)، همان کشورها که هنوز به‌صورت امپریالیستی وجود دارند، توانسته‌اند به‌طور نسبی فقر توده‌ها وهم عقب‌ماندگی کشاورزی از صنعت را در کشورهای خودشان تا حدودی حل کنند.

نتیجهٔ منطقی این دیدگاه نیز این خواهد بود که کشورهایی که دارای انحصارات قوی‌تر بودند می‌بایست دارای سرمایه فراوان‌تری برای صدور بوده با شند و بنابراین طبعاً کشورهایی که دارای چنین انحصارات اقتصادی نبودند نبایستی چنان سرمایه مازادی دا شته با شند. به‌عبارت‌دیگر دو کشور آمریکا و آلمان می‌بایست دارای سرمایه برای صدور بوده باشند و نه فرانسه و بریتانیا، درحالی‌که عکس آن صادق بود. یعنی آمریکا و آلمان دارای سرمایه ناچیزی برای صدور بودند و یا حتی خود به ورود سرمایه احتیاج داشتند و تنها فرانسه و بریتانیا دارای سرمایه صادراتی قابل‌ملاحظه‌ای بودند.

صدور سرمایه به کشورهای عقب‌مانده و یا جهان سوم هم با فکت‌های غلطی همراه بود. حتی درزمانی که لنین منبع سود مافوق ناشی از صدور سرمایه را در کشورهای جهان سوم می‌دید[۲۳] دچار این اشتباه شده بود که کشورهای زلاندنو استرالیا را جزو کشورهای آسیایی و جهان سوم به‌حساب آورد. آنگاه با این مخلوط سازی مناطق و ارقام، صدور سرمایه به آسیا به‌مثابه صدور سرمایه به کشورهای عقب‌مانده دیده می‌شد.

مجموعهٔ آمار و ارقام برای سال‌های متمادی به‌ویژه در عصر جدید نشان می‌دهد که کشورهای جهان سوم، حداقل از زاویه حجم سرمایه، هیچ‌وقت مقصد اصلی صدور سرمایه نبوده‌اند. صدور سرمایه عمدتاً بین خود کشورهای سرمایه‌داری صنعتی انجام می شده است. اگر صدور سرمایه اساساً از منبع "سود مافوق" ناشی از دستمزد پایین، مواد اولیه و زمین ارزان و... باشد پس چرا بیشتر سرمایه عملاً به کشورهایی صادر می‌شده است که در آنجا دستمزدها بالا، مواد اولیه و زمین هم گران بوده است. کشورهای جهان سوم ازنظر واقعی نه به خاطر صدور سرمایه امپریالیستی بلکه از عدم وجود و یا عدم صدور سرمایه کافی رنج می‌برده‌اند ولی این چیزی است که از جانب بخش مهمی از جنبش‌های ناسیونالیستی و ضد امپریالیستی و طرفداران تئوری وابستگی که به "بازی مجموعه صفر" (برد- باخت) معتقدند انکار می‌شود. هرچند این واقعیت ازنظر لنین متفاوت و حتی برعکس تئوری وابسته بود، چراکه ازنظر او صدور سرمایه موجب کاهش رشد در کشورهای متروپل و رشد سرمایه در کشورهای جهان سوم می‌شد.
نتایج اجتماعی صدور سرمایه امپریالیستی هم اهمیت ویژه‌ای برای لنین داشت چراکه او از این زاویه به توضیح پیدایش تز اشرافیت کارگری و شکاف در انترناسیونال دوم به دو جبهه انقلابی و "رویزونیستی" می‌پرداخت.

## اشرافیت کارگری

در توضیح علل شکاف در انترناسیونال سوم لنین به تز "اشرافیت کارگری" تکیه می‌کرد. بر مبنای دیدگاه لنینی "امپریالیسم" منبع پیدایش اشرافیت کارگری و اشرافیت کارگری منشأ تباهی و فساد ایدئولوژیک و بورژوایی شدن طبقه کارگر و درنتیجه دوری او از انقلاب در کشورهای امپریالیستی بود. منشأ این اشرافیت در سرازیری سود فوق‌العاده به کشورهای متروپل بود که امپریالیست‌ها از کشورهای عقب‌مانده منجمله مستعمرات به دست می‌آوردند. بنابراین غرب امپریالیستی بر مبنای این منطق نقش خود را درصحنه انقلاب سوسیالیستی از دست می‌داد. معنای دیگر این تز هم این می‌توانست باشد که انقلاب نتیجه فقر همه اقشار طبقهٔ کارگر است و نه بهبود زندگی طبقه کارگر و یا قشر مهمی از آن، و یا به معنای دیگر پیشرفت سرمایه‌داری متروپل نه‌تنها مبنای ضروری انقلاب نبود بلکه مانعی در جهت وقوع آن بود. گسترش اشرافیت کارگری در کشورهای امپریالیستی هم مبنای پیدایش احزاب پاسیفیست و رفورمیست کارگری در کشورهای امپریالیستی، من‌جمله آلمان بود. بنابراین انقلاب کارگری به‌جای دیگری منتقل می‌شد، یعنی روسیه و شرق، جایی که طبقه کارگر یا وجود نداشت و یا خیلی ضعیف بود.

این تجدیدنظر برای مارکسیسم درواقع سرمنشأ یک جهت‌گیری به سوی شرق، به سوی نوعی گرایشات "ناسیونالیستی" و پوپولیستی و بنا به گفته بیل وارن به‌سوی اندیشه‌های "خرده بورژوا مآبانه پرودونیستی" و دوری از اندیشه های لیبرال و باز استوارت میل بود. ارزیابی امپریالیسم در نگرش اولیه مارکسیستی با تکیه‌بر دو دیدگاه متفاوت انجام می‌گرفت. اول دیدگاهی که بر خصلت تاریخی، ترقی‌خواهانه سرمایه‌داری تکیه می‌کرد و قهر شیوهٔ تولید عالی‌تر برعلیه

شیوه تولید عقب‌مانده‌تر را به رسمیت می‌شناخت. دوم دیدگاهی فلسفی که بر نگرش هگل تکیه داشت که در آن خصلت ایستای "شیوه تولید آسیایی" و یا به‌عبارتی‌دیگر بارباریسم ابتدایی شرق به‌وسیله تمدن پویای غرب مقهور می‌شد هرچند این درک اکنون به‌مثابه نگرشی اورینتالیستی و یا اروپا مدارانه موردانتقاد بسیاری از محققان است.

با تکیه به ارزیابی لنینی، "امپریالیسم" برخلاف درک سنتی مارکسیستی[۲۴] که بیل وارن آن را "پیشاهنگ سرماه داری" می‌نامید، به یک عبارت زشت و تبهکارانه مبدل شد و مارکسیسم را در اشکال "مارکسیستی- لنینیستی" و یا بعداً "مائوئیستی" و... با یک جنبش وسیع ضد امپریالیستی و ناسیونالیستی در هم آمیخت و تقریباً غیرقابل‌تمایز ساخت. این پروسه نزدیکی و امتزاج از طریق کنگره باکو (۱۹۲۰) و بعداً کمینترن در سال ۱۹۲۸ شتاب گرفت[۲۵] و سرانجام به‌صورت سیستماتیکی با "تئوری وابستگی" گره خورد.

چپ لنینی بسوی نوعی ارزیابی غلوآمیز از گسترش روابط سرمایه‌داری و میزان رشد و توانائی طبقه کارگر در کشورهای جهان سوم رسید همان‌طوری که آنها در روسیه هم با چنین دیدگاهی نقش خود را در انقلاب تعریف کرده بودند. این بی‌اعتمادی نسبت به طبقه کارگر در غرب، به‌مثابه طبقه‌ای اشرافی، عملاً شکاف بین لنینیسم و سوسیال‌دموکراسی غرب را عمیق‌تر ساخت.

لنین توضیح می‌داد که وجود اشرافیت کارگری هم به وجود استعمار بستگی داشت. منشأ گسترش رویزیونیسم و پشت کردن طبقه کارگر، در کشورهای مستعمره دار، از خصلت طبقاتی ذاتاً انقلابی خود با فساد و رشوه‌دهی به قشر رهبری طبقهٔ کارگر توضیح داده می‌شد.

## استعمار

در نظریه لنینی استعمار بخش لاینفکی از امپریالیسم است، به‌طوری‌که امپریالیسم "اقتصادی" بدون استعمار یا تقسیم و اشغال واقعی ارضی وجود ندارد. تقسیم و کنترل ارضی جهان ازنظر لنین موفقیت انحصارات را برای دست‌یابی به مواد خام ارزان تضمین می‌کرد. برای لنین قابل‌پذیرش نبود که امپریالیست‌ها بتوانند مواد خام را از بازار آزاد به صورت ارزان تهیه کنند. واو کائوتسکی را که دست‌یابی به مواد خام ارزان را در بازار آزاد ممکن می‌دید مسخره می‌کرد. لنین مطرح کرد که رفرمیست‌های بورژوا بخصوص کائوتسکیست‌ها این موضوع را که داشتن مستعمره به‌تنهایی کامیابی انحصار را در مقابل هرگونه پیش‌آمدی در مبارزه با رقبا کاملاً تضمین می‌نماید نادیده می‌گرفتند[۲۶]. و اینکه به هراندازه سرمایه‌داری در مرحله بالاتری از رشد خود باشد، و به هراندازه کمبود مواد خام شدیدتر احساس شود، رقابت و تلاش برای دستیابی به منابع مواد خام تمام جهان حادتر باشد، به همان اندازه میزان مبارزه درراه به دست آوردن مستعمرات شدیدتر می‌شود. ازنظر لنین این‌که بگویند مواد خام را به‌طورکلی ممکن است از طریق بهبود "ساده" شرایط کشاورزی به میزان هنگفتی افزایش داد، استناداتی بود که جنبه دفاع از امپریالیسم و آرایش آن را داشت. زیرا در آنها مهم‌ترین خصوصیت سرمایه‌داری یعنی انحصار فراموش می‌شود.

لنین استدلال می‌کرد که بازار آزاد به گذشته برمی‌گردد، سندیکاها و تراست‌های انحصاری هرروز بیشتر عرصه را برآن تنگ می‌کنند. بهبود "ساده" شرایط کشاورزی منجر به بهبود وضعیت توده‌ها و افزایش دستمزد و تقلیل سود می‌شود. اما به "جز مغز خیالباف رفرمیست‌های چرب‌زبان کجا می‌توان تراست‌هائی یافت که بتوانند به‌جای تصرف مستعمرات درباره وضع توده‌ها بیندیشند".[27] علیرغم شکاف‌های طبقاتی و ناموزونی در رشد اقتصادی وجود فقر نسبی با توجه به واقعیت‌های امروزین سیستم استعماری کاملاً درهم‌شکسته است و مواد خام تقریباً در بازار آزاد به دست می‌آید. آیا این بدین معنی نیست که کائوتسکی و رفرمیست‌ها به صورت واقع‌بینانه‌تری از لنین به موضوع می‌نگریستند؟ موضوع دیگر مسئلهٔ مستعمرات در رابطه با ناگزیری جنگ در میان امپریالیست‌های مستعمراتی و اهمیت اساسی رهائی ملی و تز حق تعیین سرنوشت ملت‌ها بود.

## امپریالیسم، جنگ و رهائی ملی

در عصر امپریالیسم، ازنظر لنین "اتحادیه‌ها"ی زمان صلح تنفس‌های بین جنگ‌ها می‌باشند و درواقع مقدمات جنگ را فراهم می‌کنند.[28] ازنظر لنین جنگ‌های جهانی نتیجه این رقابت‌ها برای باز تقسیم ارضی جهان به‌وسیله انحصارات بود. رقابت‌های امپریالیستی و جنگ جهانی اول هم به‌منظور باز تقسیم جهان‌بین قدرت‌های بزرگ ارزیابی می‌شد.

هرچند رقابت شدید بین کشورهای مستعمره دار نمی‌توانست با جنگ بی‌ارتباط باشد ولی در مورد جنگ جهانی اول لنین نتوانست توضیح بدهد که چرا صف‌آرایی نیروهای امپریالیستی در جنگ جهانی اول به نحوی نبود که لااقل کشورهای ضعیف‌تر را در مقابل قوی‌تر یا کشورهای دارای مستعمرات را در مقابل کشورهای دارای مستعمره کمتر قرار بدهد و بالعکس. مثلاً آمریکا (کشوری ازنظر مستعمره بسیار ضعیف) با بریتانیا و فرانسه و روسیه (کشورهای مستعمره دار بزرگ) متحد شد. و یا روسیه که ازنظر اقتصادی کشوری عقب‌مانده بود در صف این کشورهای پیشرفته در مقابل آلمان، ایتالیا، و ژاپن، قرار گرفت. چرا آمریکا وارد صفوف کشورهای دسته دوم نشده بود؟ و چرا کشورهای قدرتمند که تضادهای اقتصادی و استعماری آنها باهم بیشتر بود از جدال ضعیف‌ترها در مقابله باهمدیگر استفاده نکردند تا صف مقابل را بشکنند؟

تقسیم اقتصادی جهان به‌وسیله تراست‌ها آن‌طوری که لنین طرح می‌کند هم سؤال‌برانگیز بود. اگر سیاست تقسیم اقتصادی جهان با سیاست تقسیم ارضی جهان منطبق باشد دیگر طرح آن به‌صورت جداگانه اهمیت ندارد، چون طرح آن تقسیم ارضی و نقش دولت‌ها را به یک مقوله ساده اکونومیستی تنزل می‌دهد. ولی اگر تقسیم اقتصادی تنها مسئله کارتل‌ها باشد درآن صورت چه تضمینی برای هماهنگی عمل کارتل‌ها با عمل دولت‌ها که مسئله تقسیم ارضی را مطرح می‌کنند وجود داشت.

لنین در عصر امپریالیسم برشدت نقض حق تعیین سرنوشت ملی و "الحاق اراضی دیگران" یا به‌عبارت‌دیگر "تشدید ستمگری ملی" تأکید می‌نماید. باوجوداین لنین که در عصر امپریالیسم تحقق "حق تعیین سرنوشت" ملت‌ها را، به‌مثابه یک امر صرفاً سیاسی، مشکل می‌دید، اما آن را

نه‌تنها ممکن بلکه ضروری می‌دانست.[۲۹] در برخورد با "حق تعیین سرنوشت ملی" در عصر امپریالیسم، در آن زمان، دو دیدگاه وجود داشت. بوخارین و پیاتاکوف معتقد بودند که در عصر امپریالیسم به دلایل اقتصادی و سیاسی تحقق حق تعیین سرنوشت ملت‌ها امری غیرممکن است. برخلاف این نظر، لنین معتقد بود در عصر امپریالیسم تحقق "تعیین سرنوشت" بسیار مشکل ولی بازهم امکان‌پذیر است و ازاین‌جهت دیدگاه بوخارین و پیاتاکوف را که با نظر روزا لوگزامبورگ نزدیک بود، کاریکاتوری از "اکونومیسم امپریالیسم" نامید. اما واقعیت این است که هر دو امر تحقق را تقریباً ناممکن می‌دیدند. بنابراین برای لنین و همین‌طور بوخارین و پیاتاکوف استعمار و تقسیم مستعمراتی امری بود که در عصر امپریالیسم و یا اساساً سرمایه‌داری به پایان خود نمی‌رسد بلکه شدت پیدا می‌کند و درست زمانی به پایان می‌رسد که امپریالیسم سرنگون می شود. آن‌وقت کشورهای مستعمره به سوی نظام سوسیالیستی جذب می شوند و در قطب سوسیالیستی و به کمک کشورهای سوسیالیستی، از طریق راه رشد غیر سرمایه‌داری خود را به سوسیالیسم می‌رسانند.

بعد از انقلاب اکتبر مسئلهٔ مستعمرات بیش از هر چیزی عاملی برای تقویت توازن قوا و امتیاز گیری اتحاد جماهیر شوروی درآمده بود. خصلت نیروها، خواست‌ها و برنامه‌های جنبش‌های ضد مستعمراتی برای رهبران شوروی اهمیتی نداشت بلکه این مهم بود که آنها چه امتیازی از قدرت‌های مسلط امپریالیست و در رأس آنها بریتانیا می‌توانستند بگیرند. ازآن به بعد و با تأکید بیشتر روی حق ملت‌ها در سرنوشت خود، جنبش‌های جدیدی روبه گسترش نهاد که خود را بر اساس یکپارچگی قومی و یا زبانی تعریف می‌کرده‌اند.

اما استعمار پس از جنگ جهانی دوم تقریباً به پایان خود رسید یعنی تقسیم واقعی و جغرافیایی جهان‌بین چند قدرت امپریالیستی از میان رفت و حال که این اتفاق افتاده است آیا امپریالیسم به مفهوم لنینی آن به پایان نرسیده است؟ اما اگر اینطور باشد آیا این امر به معنای پایان یافتن جنگ‌های جهانی است؟ درآن صورت چگونه جنگ‌های جهانی بر سر تقسیم ارضی به پایان می‌رسند درحالی‌که امپریالیسم هنوز وجود خواهد داشت. اگر جنگ‌های امپریالیستی هنوز می‌توانند وجود داشته باشند ازآن به بعد چه عوامل مشخصی موجب آن جنگ‌ها خواهند شد؟

## نتیجه‌گیری

صرف‌نظر از نفوذ سیاسی تز "امپریالیسم" لنین (با توجه به نفوذ لنین و انقلاب اکتبر)، این تز بر مبنای خصوصیاتی تعریف می شود که اول: ازنظر درونی باهم دارای ارتباط منطقی نیستند. دوم: بعضی از این خصوصیات از روی فکت‌های نادرستی تعیین می شوند. سوم: از خصوصیات منفرد در این یا آن کشور و یا در این یا آن مرحله یک تعمیم نادرستی ارائه می شود. چهارم: حتی اگر این تز در ابتدا صحیح بوده باشد اکنون با توجه به شرایط جهانی مبانی خویش را ازدست‌داده است. پنجم: پیش‌بینی‌های این تز از پروسه بعدی سرمایه‌داری جهانی– هم در کشورهای پیشرفته و هم عقب‌مانده موفق نبوده است.

تعاریف و مفاهیم نیز نشان می‌دهند که درک لنین از امپریالیسم هم تا حدودی مبهم، ناروشن و گاه متضاد است برای مثال از یک‌سو گفته می‌شود که امپریالیسم به‌مثابهٔ سرمایه انحصاری قطعیت یافته است و دارای خصوصیات رکود، طفیلی‌گری، احتضار است، ولی از سوی دیگر از همین خصوصیات "به‌مثابه گرایش" در انحصار نام می‌برد و "گرایش" به سوی رکود را در مقابل "رشد" می‌گذارد. درحالی‌که او عمدتاً از خصوصیات منفی امپریالیسم سخن می‌گوید ولی چندین بار از امپریالیسم به‌مثابه عامل رشد سرمایه‌داری و گسترش آن به سرا سر جهان اشاره می‌کند. نگرش کاملاً منفی از امپریالیسم مبنای پیدایش تئوری وابستگی بود که کشورهای متروپل را عامل عقب رفت کشورهای وابسته می‌دیدند. اما اکنون هم تز امپریالیسم لنینی (و البته نه امپریالیسم) و هم تئوری وابستگی از اعتبار افتاده‌اند.

از آن زمان تحولات زیادی رخ‌داده است بلشویسم لنینی با فروپاشی روسیه شوروی از اعتبار افتاده است. سرمایه‌داری هنوز حکم می‌راند ولی با خصوصیات متفاوتی. این شیوه تولید با پیشرفت تکنولوژی و گسترش صنایع طراحی اتوماتیک کامپیوتری و تکنولوژی مبتنی بر اطلاعات و نیز عوامل دیگر به مرحله دیگری رسیده است از فوردیسم یا شیوه تولید انبوه به عصر مابعد فوردیسم رسیده است. خصوصیات این سرمایه‌داری را می‌توان در تولید انعطاف‌پذیر، زنجیره تولید کوتاه مبتنی بر مهارت چندگانه، ازنظر مکان شدیداً غیرمتمرکز، متکی به تولید محصولات متنوع، سازمان‌دهی متکی به تیم، و مدیریت توزیع "کاملاً به‌موقع" دید. در این میان، به‌ویژه در بخش تولید، خصلت کار ازنقطه‌نظر مهارت، رابطه بین مدیریت و نیروی کار، ساختار مالی و یکپارچگی درونی و رابطه با تأمین‌کنندگان مواد خام و قطعات با تحولات اساسی همراه بوده است. البته این تحولات عظیم در سیستم مدیریت و سازمان‌دهی را نمی‌توان به معنای نابودی و تضعیف انحصارات ازنقطه‌نظر میزان کنترل سرمایه دید.

مؤسسات بزرگ و غول‌آسا ساختار خود را منطبق با تکنولوژی جدید بازسازی کرده‌اند ولی باوجود همه خصوصیات عدم تمرکز کنترل نهایی همه واحدها را برای برنامه‌ریزی در دست دارند. در ضمن آنها بیشتر به‌صورت مؤسسات ماورای ملی درآمده‌اند. البته این شرایط یعنی وجود اطلاعات ارزان و موجود در بازار و نیز وجود تکنولوژی بسیار پیشرفته اتوماتیک کامپیوتری به گرایشات جدیدی منجر شده است که به مؤسسات کوچک در بخش‌های مانند تکنولوژی کامپیوتری امکان داده است تا با استفاده از این امکانات و با بهره‌وری و راندمان بسیار بالادست به رقابت با مؤسسات بزرگ بزنند. اما علیرغم بعضی از دیدگاه‌ها این گرایش هنوز آنقدر نیرومند نیست که بتوان برای آن جای خیلی مهمی باز کرد و آن را جایگزین انحصارات چندگانه نیرومند دانست.

اقتصاد جهانی و ارتباطات فرهنگی و اجتماعی به‌طور غیرقابل قیاسی از دوران جنگ جهانی اول جهان را به دهکده کوچکی تبدیل کرده‌اند ولی شکاف‌های بین فقر و ثروت، وجود فشار و سرکوب در بسیاری از نکات جهان، کماکان مسائلی اساسی و حل‌نشده‌اند.

بر پایه مجموعه تجربیات گذشته و حال می‌توان دید که استدلالات لنین دارای بار ایدئولوژیکی نیرومندی بود که بر عمق تئوریک این جزوه سایه می‌افکند. این نظریه لنین هم با بار ایدئولوژیکی‌ای که با خود حمل می‌کند سرمایه‌داری را مرحله نهایی و درنتیجه فاقد هرگونه "راه خروج" می‌بیند. از این تحلیل خود لنین نتایج سیاسی نسبتاً روشن و قاطعی در آن مقطع بحرانی ا ستخراج می‌کند. ولی باوجوداین تئوری مارکسیستی را در عر صه تحلیل اقت صادی، اجتماعی و حتی سیاسی، در بن‌بست قرار می‌دهد و مشکلات اولیه تئوری مارکسیستی را دوچندان می‌سازد. بعضی از نتایج این تئوری دامن زدن به ملی‌گرائی و ناسیونالیسم از یکسو فاصله‌گیری هر چه بیشتر از دیدگاه‌های لیبرال در مورد دموکراسی بود و ازاین‌جهت از تئوری‌های کلاسیک مارکسیستی نه‌تنها در مورد مبارزه طبقاتی و همبستگی جهانی نیروی کار بلکه سوسیال‌دموکراسی فاصله بیشتری گرفت. با توجه به تحولات بعدی بود که محققان از عصر مابعد امپریالیسم، امپریالیسم عصر جهانی شدن، امپراطوری و عصر مابعد فوردیسم سخن گفته‌اند.

"برخلاف امپریالیســم، امپراتوری یک مرکز ســرزمینی از قدرت ایجاد نمی‌کند و به مرزهای ثابت یا موانع تکیه نمی‌کند. امپراتوری یک دستگاه فرمانروائی تمرکز زدا و ســرزمین زدا اســت که به‌طور فزاینده‌ای ســراســر جهان را به درون مرزهای باز گســترش یابنده خود می‌کشــد. امپراتوری به مدیریت هویت‌های هیبرید، سلســله‌مراتب‌های انعطاف‌پذیر و تبادلات متکثر از طریق کنترل شــبکه‌های فرماندهی، دست می‌زند. رنگ‌های متمایز ملی در نقشــه امپریالیســتی جهان به‌هم‌پیوسته و در رنگین‌کمان امپراتوری جهان ترکیب می‌شوند".

(هارت و نگری)

# ۶- ملت و حق تعیین سرنوشت ملت‌ها در روسیه و شوروی-۱

## مقدمه

بعد از گلاسنوست و پروستریکای گورباچف و سرانجام فروپاشی اتحاد جماهیر شوروی شرایطی به وجود آمد که در آن جوانب مهمی از پراتیک شوروی در برخورد به مسئله ملی بعد از انقلاب اکتبر، مجدداً مورد ارزیابی قرار گیرد. بعد از فروپاشی شوروی مسئله ملی حدت یافت و مجدداً این سؤال را مطرح کرد که آیا شوروی هم مانند روسیه تزاری "زندان ملت‌ها" بود؟ آیا بحران و فروپاشی شوروی به خاطر مسئلهٔ ملت‌ها بود و یا بحران عمیقاً اقتصادی و ساختاری شوروی بود که در شرایط تاریخی دیگری مسئله ملی را بوجود آورد؟ هرچند برای درک سرمنشأ و خصلت تضادهای ملی در شوروی نمی‌توان تنها به اعتراضات بعدی که در شرایط دیگری رخ دادند رجوع کرد ولی رابطه تاریخی آنها را نمی‌توان نادیده گرفت.
بررسی این موضوع ازآن‌جهت دارای اهمیت ویژه‌ای است که نارسایی‌های موجود در فهم مکانیکی از عنصر اقتصادی و نیروهای مولده را در توضیح ملت، به صورتی که در شوروی شکل‌گرفته بود بیشتر آشکار خواهد ساخت، هرچند این به معنای صحه گذاشتن بر جایگاه وزن عنصر فرهنگی و روحی در پروسه شکل‌گیری مسائل ملی نخواهد بود. تجربه روسیه این را هم نشان می‌دهد که خصوصیت مکانیکی و جبرگرایانه انتگراسیون اقتصادی در شوروی نتوانسته بود عناصر روحی و فرهنگی جدیدی را به وجود آورد که به صورت نیروی مؤثر و "فراملیتی" در حفظ یکپارچگی شوروی نقش بازی کنند.

این‌که الگوی شوروی از حل مسئله ملی اکنون و یا از ابتدا بی‌اعتبار بوده و یا در شرایط تاریخی خود موفق بوده است موضوع بسیار مهمی است.[1] هدف اولیه این نوشته این بود که شکاف‌های درونی بلشویک‌ها را در توضیح و پاسخ به مسئله ملی باز کند. مطالعه ضعف‌ها و قوت‌ها و تضادهای سیاسی و تئوریک نگرش حاکم بر شوروی در برخورد با مسئله ملی ممکن است اکنون از اهمیت افتاده باشد ولی حدود ۳۰ سال بعد که این نوشته برای انتشار ادیت می شود مسئله ملی و ناسیونالیسم حتی باقوت بیشتری موضوع بحث و مشاجره است. باآنکه فروپاشی شوروی ار بالا بلافاصله با درد و رنج فراوان فروپاشی از پایین در بالکان همراه نبود ولی بعدازآن تشنجات مداوم ناشی ازآن فروپاشی همچنان ادامه دارد.

---

[1] ولی بخش عمدهٔ این نوشته زمانی تهیه‌شده بود که شوروی از هم نپاشیده بود.

اکنون با اندکی تغییر، هدف این نوشته آن است که به بررسی تاریخی از "مسئله حق ملت‌ها در تعیین سرنوشت خویش" در روسیه بپردازد. این نوشته اساساً به جنبه‌های کلی تئوریک آن علاقه‌مند بوده و تلاش می‌کند پیدایش و توسعه این موضع را در روسیه تا مرگ لنین بررسی نماید. نوشته سعی می‌کند نارسایی‌ها، ابهامات و تضادهای بلشویک‌ها و نیز مجادلات بین بلشویک‌ها و دیگر گروه‌های چپ را بر سر مسئله ملی در روسیه و سپس شوروی نشان بدهد. با آنکه در پرتو اسناد و مطالعات بعد از فروپاشی شوروی برخورد عملی دولت و حزب در شوروی نسبت به مسئله ملت‌ها از اهمیت اساسی برخوردار است این در توان نویسنده نیست که به این مسئله مهم بپردازد. با روشن کردن پاره‌ای از تضادها و ابهامات در اعتقادات مربوط به بلشویک‌ها بهتر می‌توان به جنبه‌هایی از ریشه تاریخی مشکلات بعدی تا حدودی پی برد.

## مسئله ملی قبل از بلشویسم

قبل از آنکه برخورد به مسئله ملی را در میان گروه‌های چپ و مارکسیستی روسیه دنبال کنیم لازم است، در این مورد، به برداشت‌های متفاوت مارکسیستی ماقبل بلشویک‌ها بیشتر آشنا شویم.

مارکس و انگلس در مانیفست کمونیست اعلام نموده بودند که "کارگران میهن ندارند".[۱] آنها توسعه سرمایه‌داری را در جهت الغای انزوا و خودکفایی منطقه‌ای و ملی می‌دیدند که جای خود را به وابستگی و ارتباط همه‌جانبه ملت‌ها می‌دهد. درزمینهٔ معنوی هم آنها بر این باور بودند که سرمایه‌داری یکسونگری و محصور ماندن در لاک ملی را نابود می‌سازد و آن را به سوی پیدایش یک "ادبیات جهانی" می‌برد.[۲]

ازنظر مارکس مبارزه پرولتاریا علیه بورژوازی، اگرچه در آغاز ازنظر شکل ملی است ولی ازنظر محتوا بین‌المللی می‌باشد.[۳] اینکه پرولتاریا ناگزیر است به تصرف قدرت سیاسی بپردازد و به مقام طبقه رهنمون ملت ارتقا یابد تا چهارچوب‌های تنگ ملی را از میان بردارد. این بدین معنی بود که پرولتاریا به یک‌شکل ملی روی می‌آورد تا محتوای ملی را نابود کند. با آنکه مبارزه پرولتاریا در آن مرحله هنوز خصلت ملی دارد، ولی این بدان معنا نیست که بورژوازی از این واژه درمی‌یابد.[٤]

ازنظر بنیان‌گذاران مارکسیسم، ملت به‌مثابه یک محصول "بورژوایی" با مسئله بازار و سازمان‌دهی اقتصاد سرمایه‌داری ارتباط دارد. ولی بازار جهانی و خصلت جهانی تولید و مصرف نه‌تنها صنایع را از بنیاد ملی خود محروم می‌کنند بلکه پایه‌های خود ملت را که در مراحل ابتدایی خویش آن را آفریده بودند سست می‌کنند.[٥] این تعابیر مارکس از ملت، نقش "ملی" پرولتاریا و پیدایش یک ادبیات جهانی در فرهنگ مارکسیستی روسیه که تحت عنوان مارکسیسم – لنینیسم عمل می‌کرد، معنای ویژه‌ای یافتند.

بعضی از منتقدان معتقدند که مارکس و انگلس در ارتباط با جوانب گوناگون مسئله ملی به‌طور حاشیه‌ای سخن گفته‌اند و "ملت"، "ملیت" و "ناسیونالیسم" برای آنها دارای مفاهیم روشن و دقیقی نیست.[٦] یا آنکه نوشته‌های آنها در این مورد بیشتر با فعالیت‌های ژورنالیستی آنان مربوط است و فاقد یک بررسی سیستماتیک و نظری از این مسئله می‌باشد.[٧] در ضمن موضع آنها اغلب

روشن نیست و دارای تضاد است. مارکس و انگلس اساساً بر عینیت و ارتباط مسئله ملت با سطح تکامل نیروهای مولده تأکید داشتند. در نظر آنها وابستگی جهانی متقابل ملت‌ها و نابودی پایه‌های ملی صنعت به‌وسیله جهانی‌شدن سرمایه تحقق می‌یابد و بر این مبنا موانع و تضادهای ملی از میان برداشته می‌شوند.

میشل لوی متدولوژی آنها را در بررسی مسئله ملی دارای گرایش اکونومیستی می‌داند زیرا آنها معتقد بودند که اختلافات ملی بیان ساده‌ای از اختلاف در پروسه تولید است.[8] ازنظر مونک، موضع اولیه مارکس و انگلس بیشتر از یک زاویه "اروپا مداری"[9] بود به این معنا که آنها ملت‌های سرمایه‌داری اروپا را ترقی‌خواه دانسته و در مقابل امپراتوری تزاریسم به‌عنوان ارتجاع و فئودالیسم، قرار می‌دادند.

ازاینجا، بنیان‌گذاران مارکسیسم به استخراج یک فرمول دوقطبی می‌پرداختند. درحالی‌که از ملت‌های کوچک‌تر برعلیه روسیه تزاری دفاع می‌کردند، ملت‌های مدافع روسیه را محکوم می‌نمودند. آنها از جدایی لهستان به این خاطر دفاع می‌کردند که روسیه تزاری عقب‌مانده و فئودال را تضعیف می‌ساخت ولی از چک‌ها که متحد روسیه بودند برای جدایی از آلمان دفاع نکردند و یا درحالی‌که از سرکوبی کروات‌ها به‌وسیله مجارستان دفاع می‌کردند، خواهان رهائی لهستان از ستمگری روسیه بودند.[10] البته باید دقت کرد که اغلب وقتی از ملت صحبت می‌کردند همان طبقه حاکمه و یا دولت را در نظر داشتند.

انگلس بر مبنای یک تقسیم‌بندی هگلی از "غیر تاریخی" بودن و یا تاریخی بودن ملت‌ها از تصرف و الحاق ملت‌های "غیر تاریخی" حمایت می‌کرد. انگلس باسک‌ها، بریتون‌ها، اسکاتلندی‌ها و غیره[11] را غیر تاریخی می نامید که ازنظر او از بقایای ملت هایی بودند که به‌شدت درهم‌شکسته‌اند. ازنظر هگل این‌ها ملت‌هایی هستند که موفق به ایجاد دولت نشده و یا دولت آنها مدت‌ها قبل نابودشده بود. ازنظر آنها ملت‌های غیر تاریخی محکوم‌به نابودی بود.

از زاویه این دیدگاه، حداقل برای یک دوره، انگلس از ترور به‌مثابه یک عنصر تاریخی برعلیه ملت‌های مغلوب و به‌نفع تمدن بشری دفاع می‌کرد. برای مثال او از یانکی‌هایی که کالیفرنیا را از چنگ "مکزیکی‌های تنبل" آزاد می‌کردند ستایش کرده و آن را به معنای گشایش واقعی اقیانوس آرام به روی تمدن می‌دید. علاوه بر آن، انگلس تصرف الجزایر را به‌وسیله فرانسه به معنای "پیشرفت تمدن" می‌دید.[12] شاید در آن شرایط تاریخی چنین استدلالی قابل توجیه بود ولی اکنون به‌مثابه درک‌های اروپا مدارانه موردانتقادند.

به نظر می‌رسد که مواضع بعدی مارکس و انگلس در مورد ایرلند یک تجدیدنظر در مواضع قبلی آن‌هاست به‌طوری‌که مارکس در ۲۹ نوامبر ۱۸۶۹ به انگلس نوشت که:

> بیش‌ازپیش متقاعد شده‌ام و باید آن را در میان طبقه کارگر انگلستان اشاعه دهم که طبقه کارگر انگلستان قادر نخواهد بود هیچ‌گونه عمل اساسی انجام دهد مگر آن زمان که سیاست طبقه حاکمه را در ایرلند رها کرده و همراه با ایرلندی‌ها وارد مبارزه

مشترکی گردند و حتی خود در ابقاء اتحادیه تأسیس‌شده در سال ۱۸۰۱ و جایگزین نمودن آن با یک رابطه فدرال آزاد پیش‌قدم گردد.[۱۳]

در نامه دیگری به مورخه ۱۰ د سامبر ۱۸۶۹ مارکس به انگلس به موضع ا شتباه خود مبنی بر تقدم آزادی کارگران انگلستان بر جدایی ایرلند اشاره کرد و نوشت:

مدت‌ها معتقد بودم که می‌توان رژیم ایرلند را از طریق به قدرت رسیدن کارگران انگلیسی سرنگون ساخت همیشه این نظریه‌ام را در (روزنامه) نیویورک تریبون مطرح کردم مطالعات عمیق‌تری عکس آن را به من در حال حاضر ثابت کرده ا ست. طبقه کارگر انگلستان هیچ‌گاه قادر نخواهد بود چیزی به دست آورد قبل از این‌که مسئله ایرلند را از جلوی پای خود بردارد.[۱۴]

این موضع بعداً به صورت قطعنامه‌ای از جانب انترنا سیونال اول به تصویب رسید. ازنظر مارکس این جدایی و ایجاد یک رابطه فدرال که به معنای به رسمیت شناختن ایرلند به‌مثابه یک ملت آزاد و برابر بود می‌توانست طبقه حاکمه انگلستان را از یکی از مهم‌ترین منابع ثروت و قدرت روحی که برای تسلط بر کارگران انگلیسی ضروری بود محروم می‌ساخت.[۱۵]

انگلس نیز در این رابطه موضع مشابهی داشت و از فدراسیون ایرلند و انگلستان دفاع می‌کرد. مجموعه این انتقادات از یک بنیان تجربی نیرومندی برخوردار نیست و ازاین‌جهت باید به دیده احتیاط دیده شود. این دیدگاه‌های انتقالی واکنش‌هایی است به آنچه "اروپا مداری" و "اکونومیسم" مارکس دیده می‌شد. علاوه بر این موضع مارکس و انگلس در مورد ایرلند، برخورد به یک ملتی است که خود بورژوا شده است بنابراین برابری میان دو ملت بورژوا مطرح است. این بدین معناست که تعمیم مورد ایرلند به مناطق مستعمراتی شرق و آفریقا، حداقل تا نیمه اول قرن بیستم، چندان دقیق نباشد.

ازآنچه گفته شد به‌هیچ‌وجه نمی‌توان نتیجه گرفت که نگرش مارکس و انگلس یک نگرش یکپارچه و خالی از تضاد و شکاف دیده شود، آن‌طوری که معمولاً لنین سعی می‌کرد آن را جلوه بدهد. اما روشن است که نگرش مارکس و انگلس "ترقی‌خواهانه" بود و معیار شیوه تولید در هسته ارزیابی آنها قرار دا شت و در ضمن حق تعیین سرنوشت ملی در نظر آنها هرگز به‌مثابه یک ا صل سیاسی و یا برنامه‌ای ا ستراتژیک نبود بلکه یک تاکتیک سیاسی و یا یک موضوع حادث بود که قبول و یا نفی‌اش به شرایط خاص تاریخی و اجتماعی برمی‌گشت.

## مسئله ملی پس از انگلس و مارکس

پس از مارکس و انگلس سه نگرش کلی در مورد مسئله ملی رشد کرد که به جنبه‌های عینی و ذهنی و یا ترکیبی از آن توجه داشتند.

با توجه به اهمیت مسئله ملی در امپراتوری‌های روسیه، اتریش- مجارستان؛ و لهستان، به‌عنوان مستعمرۀ اروپائی، می‌توان گفت که این سه کشور زمینه‌های اجتماعی و سیاسی پیدایش سه گرایش متفاوت را در خود داشتند. می‌توان این سه گرایش را گرایشی اتریشی- آسترو مارکسیستی، گرایش لهستانی- روزا لوگزامبورگ، و گرایش روسی-لنینی که در روسیه ولی بر

مبنای درک‌های کائوتسکی رشد کرد؛ نام‌گذاری نمود. هر سه گرایش در چارچوب عمومی تئوری مارکسیستی به وجود آمدند. ولی ازآنجاکه هدف اصلی این مقاله بررسی مسئله ملی در شوروی است بنابراین فقط به‌طور مختصری به دو گرایش اتریشی و لهستانی که تا حدودی مقدم بر رشد گرایش روسی بودند اشاره می‌کنیم. چون گرایش روسی اساساً از طریق بررسی و برخورد با این دو گرایش توسعه یافت.

تئوری آسترو مارکسیستی که به مرکز مجادله و بحث بعدی جریانات مختلف مارکسیستی تبدیل شد از اولین مباحث مربوط به مسئله ملی است. "مسئله ملی و سوسیال‌دموکراسی" که در سال ۱۹۰۷ به‌وسیله اوتو باوئر نوشته شد مهم‌ترین اثر این جریان در رابطه با مسئله ملی است. هرچند اثر کارل رنر "دولت و مسئله ملی" هم در سال ۱۸۹۹ به تحریر درآمده بود. این دیدگاه که ازنقطه‌نظر هر دو گرایش روسی و لهستانی به گرایش "راست" معروف بود از جهاتی به‌عنوان گرایش مبتکرانه مارکسیستی تلقی می شد. مثلاً کولاکوفسکی در این رابطه نوشت که مقاله باوئر "بهترین مقاله‌ای است که درباره این مسائل در ادبیات مارکسیستی دیده می‌شود و به‌طورکلی یکی از مهم‌ترین محصولات تئوری مارکسیستی می‌باشد".[۱۶]

میشل لوی بین رنر و باوئر تمایز قائل است و می‌گوید باوئر به‌طور استواری، بر اساس ماتریالیسم تاریخی و استفاده از متد تاریخی گرایی به بنای تئوری خویش می‌پردازد. میشل لوی می‌گوید تعریف این گرایش از مسئله ملی اساساً یک تعریف فرهنگی روانی است که بر مبنای عوامل تاریخی، روانی و اجتماعی شکل می‌گیرد. ازنظر باوئر ملت یک سرنوشت مشترک تاریخی است و ازنظر او سوسیالیسم به همه مردم سهمی در فرهنگ ملی اعطا می‌کند. او معتقد است که سوسیالیسم چندگونگی و اختلافات ملی و فرهنگی را در میان جوامع تقویت می‌کند. به‌عبارت‌دیگر سوسیالیسم ملیت را تحقق می‌بخشد و نه این‌که آن را نابود سازد. او و کارل رنر با توجه به این خصلت سوسیالیسم اعطای "خودمختاری فرهنگی" را به‌مثابه موضع استرومارکسیست‌ها اعلام کردند. باوئر موضع خود را به این صورت جمع‌بندی کرد:

> تحول انسان به‌وسیله تولید سوسیالیستی به‌طور ضروری به سازمان‌بندی بشریت به‌صورت جوامع ملی منجر می‌شود. تقسیم بین‌المللی کار ضرورتاً به وحدت جوامع ملی در یک ساختار عالی‌تری می‌کشد. همه ملت‌ها برای تسلط بر طبیعت متحد خواهند شد اما این کلیت در جوامع ملی‌ای سازمان خواهد یافت که برای توسعه مستقلانه و بهره‌گیری آزادانه از فرهنگ ملی تشویق خواهند شد. چنین است اصل سوسیالیستی ملیت.[۱۷]

این موضع آسترو مارکسیست‌ها با این دید که یک متافیزیک فرهنگی، سیاست زدا و فاقد ارتباط با مبارزه طبقاتی بود و یا آنکه به ملی کردن سوسیالیسم تمایل داشت موردانتقاد دیگر مارکسیست‌ها و ازجمله لنین و دیگران بوده که بعداً به آن اشاره خواهد شد.[۱۸] در اینجا باید اشاره شود که نگرش "گروه بوند" در روسیه به‌طور اساسی بر درک آسترومارکسیست‌ها تکیه داشت و اولین مشاجرات مارکسیست‌های روسی در مورد مسئله ملی هم ازآنجاآغاز شد.

گرایش لهستانی که بانام روزا لوگزامبورگ همراه است به یک گرایش چپ موسوم است ولی ازاین جهت با گرایش آسترو مارکسیستی مشترک است که "حق تعیین سرنوشت ملت ها" برای جدا شدن را به رسمیت نمی شناسد. اما آنها از دو زاویه متفاوت به مسئله نگاه می کردند. آسترومارکسیست ا سا سا به مسئله ملی به مثابه یک سرنوشت روانی و فرهنگی می نگریستند ولی روزا لوگزامبورگ ازنقطه نظر "انترناسیونالیستی" به رد و نفی اساس حق تعیین سرنوشت ملی می پرداخت.

روزا لوگزامبورگ که در سال ۱۸۹۳ حزب سوسیال دموکرات پاد شاهی لهستان (SDKD) را در مقابل حزب سوسیال دموکرات لهستان (PPS) بنیاد نهاد با شعار استقلال لهستان مخالف و بر روی رابطه نزدیک کارگران روسیه و لهستان تکیه می نمود و خودمختاری منطقه ای را برای حل مسئله ملی مطرح می کرد. روزا لوگزامبورگ حتی به تقسیم کنگره انترناسیونال دوم مبنی بر پذیرش حق تعیین سرنوشت ملت ها در سال ۱۸۹۶ به مخالفت برخاست. مبانی تئوریک موضع او در تز دکترای او قرار دا شت که آن را در سال ۱۸۹۸ تحت عنوان "توسعه صنعتی لهستان" نوشته بود.

ازنقطه نظر روزا لوگزامبورگ به دلایل انتگراسیون اقتصادی لهستان در روسیه، رشد صنعتی لهستان به خاطر بازار روسیه و عدم وجود انزوا بین لهستان و روسیه لهستان پایه های استقلال خود را ازدست داده بود. و بنابراین درخواست استقلال ازنظر او یک موضع خیالبافانه بود. او چنین خواستی را، درحالی که بورژوازی هم خواهان چنین جدایی نبود، خواست فئودال های لهستان می دانست.

روزا لوگزامبورگ جدایی چکسلواکی، ایرلند، آلزس و لورن را نیز خیالبافی می خواند. او تنها جدایی ملت های بالکان را از امپراتوری ترکیه که به معنای جدایی بورژواها از فئودال های مسلط می دید، قبول داشت. او در مقالات ۱۹۰۸ خود تحت عنوان "مسئله ملی و خودمختاری" نوشت که حق تعیین سرنوشت یک حق متافیزیکی و انتزاعی مانند حق "به اصطلاح کار" می باشد که به وسیله اتوپیست ها در قرن نوزدهم مطرح می شد. و یا مانند حق هر فرد برای خوردن غذا در بشقاب طلایی است.[۱۹] او به قدرت اقتصاد وسیعاً باور داشت تا آنجا که مطرح کرد نزدیکی روسیه و لهستان به وسیله نیروی آهنین ضرورت تاریخی، ا ستقلال و جدایی لهستان را یک خوا ست اتوپیک می سازد. برای او ملت یک مسئله غیر طبقاتی و غیرواقعی بود که برایش نمی توان "سرنوشتی" قائل شد.

روزا لوگزامبورگ در پاره ای از نوشته هایش ازجمله "جزوه یونیوس" در سال ۱۹۱۵ و نیز در مقدمه ای بر "مسئله لهستان و جنبش سوسیالیستی" در سال ۱۹۰۵ انعطاف بیشتری در مورد حق تعیین سرنوشت لهستان نشان داد. ولی او هم چنان موضع قبلی خود را حتی در سال ۱۹۱۸ حفظ کرد و درک بلشویک ها را بعد از انقلاب اکتبر هم شدیداً موردانتقاد قرار داد.

ازنظر روزا لوگزامبورگ "حق تعیین سرنوشت ملت‌ها" چیزی جز یک جمله‌پردازی پوچ و مزخرف خرده بورژوازی نبود.[۲۰] ازنظر او این شعار مانند خنجری بود که به دشمن اعطا می‌شد تا در قلب انقلاب روسیه فروکند و نیز از تقویت جنبش ناسیونالیستی به‌مثابه بزرگترین خطر برای سوسیالیسم غافل بود.[۲۱] روزا لوگزامبورگ در جزوه "انقلاب روسیه" در انتقاد به بلشویک‌ها مطرح کرد که "بلشویک‌ها به‌جای آنکه از همبستگی امپراتوری روسیه به‌عنوان سرزمین انقلابی با چنگ و دندان دفاع نمایند و به‌جای آنکه بر همبستگی و جدایی‌ناپذیری زحمتکشان همه کشورهای منطقه انقلابی، به‌عنوان عالی‌ترین محتوای سیاست در مقابل کلیه فعالیت‌های ناسیونالیستی دفاع کنند، شیفته جمله‌پردازی‌های ناسیونالیستی شدند".[۲۲]

بنابراین دیده می‌شود که روزا لوگزامبورگ علی‌رغم آنکه بلشویک‌ها را شدیداً در ارتباط با نقض دموکراسی در شوروی به باد انتقاد شدید گرفت ولی قبول حق تعیین سرنوشت ملت‌ها ازنظر او نه جزئی از این دموکراسی بلکه نقض آن بود. اعتبار و نفوذ روزا لوگزامبورگ بین سوسیالیست‌ها در صحنه بین‌المللی ازاین‌جهت بیشتر شد که نظریات او در روسیه نیز گرایش مشابهی را به وجود آورده بود که با اسامی افرادی همچون دزرژینسکی، بوخارین و پیاتاکف ارتباط داشت.

پایه‌های اساسی استدلال روزا لوگزامبورگ در دو سطح اقتصادی و سیاسی همچنان برای آنان اعتبار داشت. پایه اقتصادی عبارت از این بود که اقتصاد درهم‌تنیدهٔ سرمایه‌داری استقلال را به یک اتوپی تبدیل کرده است. در سطح سیاسی هم استدلال به این صورت بود که در یک جامعه طبقاتی، که ملت به طبقات بورژوازی و پرولتاریا تقسیم می شود جایی برای حق تعیین سرنوشت یک ملت وجود ندارد. ناگفته نماند که شرکت‌کنندگان لهستانی حتی در کنگره سال ۱۹۰۳ حزب سوسیال‌دموکرات روسیه (ح.س.د.ر) خودمختاری فرهنگی ملی را مطرح کرده بودند که اساساً از استرومارکسیست‌ها اخذ شده بود.

درمجموع می‌توان گفت که دیدگاه روزا لوگزامبورگ تقریباً مانند دیدگاه مارکس اساساً یک‌پایه شیوه تولیدی دارد یعنی سرمایه‌داری از فئودالیسم برتر است بنابراین حق با سرمایه‌داری است و سوسیالیسم از هر دو برتر است بنابراین حق با سوسیالیسم است، حتی اگر مدافعان شیوه تولید عالی‌تر از زور برای حفظ تسلط خود استفاده کنند.

در آن زمان اغلب تحلیلگران سیاسی مسئله ملی، چه با درک عینی و یا ذهنی، پیدایش ملت را در دوران مدرن امری ناگزیر و بدیهی می‌دیدند. ازاین‌جهت بخش مهمی از آنها حل مسئله را به‌مثابه یک اصل برنامه‌ای پذیرفته بودند. آسترومارکسیست‌ها مدافع خودمختاری فرهنگی بودند تا نیازهای روحی و روانی ملت حل شود ولی مدافعان لنینی-استالینی اصل حق تعیین سرنوشت ملی را به‌مثابه یک اصل وارد برنامه سیاسی کردند تا حداکثر خودمختاری و حتی جدا شدن را تأمین کند. این درک به‌روشنی در مقابل درک‌های استرومارکسیستی و بوندیست‌های داخل روسیه و همین‌طور روزا لوگزامبورگ بود که او شعار حق تعیین سرنوشت را بی‌معنی تلقی می‌کرد.

در روسیه لنین و همین‌طور استالین این برداشت‌های مارکس را از ملت سرمایه‌داری که در پیوند نزدیکی با رشد نیروهای مولده و توسعه روابط و مناسبات سرمایه‌داری قرار داشت، جنبه‌های مشخص روسیه را در عصر "امپریالیسم" گنجاندند. ازنظر آنها هم ملت همچنان یک مقوله بورژوایی، انتقالی و در ارتباط با نفوذ روابط بورژوائی بازار ارزیابی می‌شد. یعنی در تعریف از ملت و ناسیونالیسم تأکید عمدتاً بر عنصر اقتصادی و عینی و گاه ترکیبی از ذهنی و عینی (روحی، حساسیت و فرهنگ) بود.

استالین در کنگره دوازدهم حزب کمونیست، در ماه آوریل ۱۹۲۳، که بدون حضور لنین برگزار شد گوشزد کرده بود که "در نظر ملل ستم دیده باختر و خاور اتحاد شوروی نمونه حل مسئله ملی و نابود ساختن ستم ملی است".[۲۳] بدین ترتیب انقلاب اکتبر سرآغازی برای انحلال "ملت‌ها" و ایجاد وحدت بین‌المللی به شمار رفت و استالین اعلام کرد که شوروی الگویی است که همهٔ ملت‌های ستمگر برای حل مسائل خود باید از آن پیروی کنند. از آن به بعد این باور و سیعاً به وجود آمده بود که شوروی بهترین الگوی حل مسئله ملی بود و اکثر جنبش‌های ناسیونالیستی هم‌زمان و همراه با "مارکسیسم لنینیسم" شوروی این ایده را پذیرفتند.

## مسئلهٔ ملی و بلشویسم

شرایط عینی روسیه تزاری مارکسیست‌های روسیه را تقریباً از همان ابتدای حضور سیاسی‌اشان با مسئله ملت‌ها روبرو کرده بود زیرا در سرزمین پهناور روسیه سرزمین‌ها، اقوام و ملت‌های بسیار متنوعی را در خودگرد آورده بود به‌طوری‌که در همان زمان روسیه "زندان ملت‌ها" نامیده می‌شد.

انعکاس ذهنی آن شرایط را می‌توان در لنین تعقیب نمود که خیلی زود خود را موافق مصوبه انترناسیونال در کنگره سال ۱۸۹۶ لندن می‌دید که پذیرش حق ملت‌ها در سرنوشت خویش را به تصویب رسانده بود. در همین کنگره تاریخی روزا لوگزامبورگ با این تز به مخالفت برخاست ولی به اکثریت دست نیافت. در آن زمان ملت عمدتاً مفهومی سیاسی و سرزمینی (سیویک) داشت تا خصلتی قومی.

حساسیت نسبت به مسئله ملی در مجامع مارکسیستی روسیه، به‌جز بوند، تا سال ۱۹۰۳ چندان جدی نبود و تنها در آن سال بود که پذیرش حق تعیین سرنوشت ملت‌ها به‌مثابه بند نهم در برنامه حزبی سوسیال‌دموکرات‌های روسیه گنجانده شد. با آنکه این تز نتیجه ابتکار مارکسیست‌های روسی نبود و قبلاً به‌مثابه یک موضع رسمی از جانب انترناسیونال دوم پذیرفته شده بود ولی تأکید بعدی مارکسیست‌های روسیه از یکسو، و قدرت گیری بعدی بلشویک‌ها در روسیه از سوی دیگر، به این تز خصوصیت و دورنمای ویژهٔ روسی داد. درواقع بلشویک‌ها تا اندکی قبل از جنگ جهانی اول دارای درک تئوریک روشن و همه‌جانبه‌ای در ارتباط با مسئله ملی نبودند و تنها موضع انترناسیونال دوم را در برنامه خود کپی می‌کردند.

مشاجرات بلشویک‌ها در ابتدا اساساً به ساختمان داخلی حزب سوسیال‌دموکرات روسیه محدود می شد. سو سیال‌دموکرات‌های غیر بوندی، به‌ویژه بلشویک‌ها، پذیرش هرگونه فدرالیسم تشکیلاتی را مردود می‌دانستند و با حرارت از یک سانترالیسم نیرومند سازمانی به نام "سانترالیسم دموکراتیک" دفاع می‌کردند.

حال به‌منظور درک از تکامل دیدگاه روسی از مسئله ملی ضروری است به یک بررسی همه‌جانبه‌تر تاریخی درزمینهٔ مشاجرات و مواضع گروه‌های گوناگون چپ و مارکسیستی در روسیه اشاره شود.

## مشاجرات حزب سوسیال‌دموکرات روسیه و گروه بوند

در تصمیمات کنگره اول حزب سو سیال‌دموکرات رو سیه (ح.س.د.ر.) در سال ۱۸۹۸، به صورت فرعی در بند ۸ اعلام‌شده بود که "حزب حق هر ملیت را برای تعیین سرنوشت خویش به رسمیت می‌شناسد"[۲۴] ولی تا کنگره دوم حزب سوسیال‌دموکرات کارگری روسیه مسئله ملی جایگاه ویژه‌ای در مباحث نداشت. هرچند با نزدیک شدن کنگره دهم ح.س.د.ر.، نشریه ایسکرا که توجه خویش را روی مسائل تشکیلاتی متمرکز کرده بود، در ژانویه و فوریه ۱۹۰۳ دست به انتشار مقالاتی به قلم لنین زد که در آنها به نگرش فدراسیون تشکیلاتی بوندیست‌ها حمله شده بود و در آستانه برگزاری کنگره هم سرمقاله ایسکرا به مسئله ملی در برنامه حزب حساسیت نشان داد و آن را به یک موضوع موردبحث تبدیل کرد که در زیر بیشتر به آن خواهیم پرداخت.

قبل از کنگره دوم حزب سوسیال‌دموکرات کارگری روسیه، گروه بوند و نیز سوسیال‌دموکرات‌های قفقاز که از دیدگاه آسترومارکسیستی تأثیر پذیرفته بودند نسبت به مسئله ملی حساسیت نشان داده و آن را به یک موضوع مورد مشاجره درآورده بودند. حتی کنگره اول ح.س.د.ر در سال ۱۸۹۸ در برخورد تشکیلاتی خود، خودمختاری تشکیلاتی بوند را پذیرفته بود و اعلام کرده بود که اتحادیه سراسری کارگران یهود روسیه و لهستان "به‌عنوان سازمان خودمختار وارد حزب می‌شود".[۲۵]

گروه بوند قدیمی‌ترین سازمان سوسیال‌دموکرات روسیه بود و در برگزاری کنگره اول حزب سوسیال‌دموکرات روسیه نقش اساسی داشت. بوند که خود را نماینده کارگران یهود معرفی می‌کرد موضع خود را از موضع اقلیت اسلاوهای جنوب در کنگره برون، در سال ۱۸۹۸، اتخاذ کرده بود. موضع بوند مبنی بر "خودمختاری فرهنگی" به‌زودی به‌وسیله سوسیالیست‌های بیلوروسی، حزب فدرالیست سوسیالیست گرجستان و جنبش داشناک‌ها در ارمنستان پذیرفته شد.[۲۶]

موضع فدراسیون تشکیلاتی بوند قبل از آن از طرف سو سیال‌دموکرات‌های اتریش در کنگره ۱۸۹۷ پذیرفته شده بود. کنگره بعدی حزب سوسیال‌دموکرات اتریش در سال ۱۸۹۹ نیز قطعنامه‌ای در مورد "فدراسیون ملیت‌ها" گذرانده بود. پس‌ازآن بود که کارل رنر و اوتو باوئر در مورد طرح خودمختاری ملی فرهنگی مطالبی نوشتند.[۲۷]

بوندیست‌ها قبل از کنگره دوم ح.س.د.ر در کنگره چهارم خود اعلام کرده بودند که چون روسیه از ملیت‌های نامتجانس ترکیب یافته بود می‌بایست در آینده به یک فدراسیون ملیت‌ها با خودمختاری کامل هرکدام تبدیل شود. آنها همین‌طور اعلام کرده بودند که "کنگره مفهوم ملیت را برای مردم یهود هم قابل‌پذیرش می‌داند".[۲۸]

نظریات بوند در مورد مسئله ملی دارای دو عنصر اساسی بود. اول، عنصر فدرالیسم تشکیلاتی، که در آن فدراسیون احزاب کارگری ملت‌های مختلف و ازجمله، "ملت یهود"، به‌صورت واحدهای مستقل وارد مناسبات حزبی می شدند. بوند می‌خواست به‌عنوان نماینده کارگران یهود در فدراسیون تشکیلاتی پذیرفته شود. دوم، روی عنصر فرهنگی- ملی تأکید داشت که به اعتقاد آنها هر ملت آزادی خود را از طریق سازمان‌دهی مستقل فرهنگی به منصه ظهور می‌رساند. این دیدگاه متأثر از نظریات آسترومارکسیست‌ها بود که ازنظر آنها ملت یک مقوله انتقالی نبود بلکه مقوله‌ای بود که با پیدایش سوسیالیسم رشد و توسعه می‌یابد. در این رابطه ملت اساساً یک مقوله فرهنگی دیده می‌شود و نه یک مقوله زبانی-منطقه‌ای. ازاین‌جهت آنها با مسئله ملت برخورد تاکتیکی نداشتند. در کنگره دوم حزب سوسیال‌دموکرات کارگری روسیه در سال ۱۹۰۳، دو گروه از بوند شرکت کرده بودند که دو نفرشان از کمیته مرکزی بودند. فدراسیون تشکیلاتی در مرکز مشاجرات کنگره اول قرار داشت و بوندیست‌ها از شرکت‌کنندگان فعال و ازنظر تئوریک توانای این کنگره بودند.

در کنگره دوم ح.س.د.ر در بند ۹ برنامه "حق تعیین سرنوشت برای تمام ملیت‌هایی که بخشی از کشور را تشکیل می‌دهند" اعلام شد. بحث روی این بند برنامه جای بسیار کمی را اشغال نمود. گلدبلات از اعضای نمایندگی کمیته خارجی بوند و لیبر از کمیته مرکزی بوند در این مبحث شرکت کردند. بوندیست‌ها در این بحث خواستار "آزادی کامل توسعه فرهنگی" ملیت‌ها و یا "حق توسعه فرهنگی" در چهاچوب کشور شدند.[۲۹] ولی خواست‌های بوندیست‌ها از جانب اکثر شرکت‌کنندگان کنگره ناسیونالیستی قلمداد شد و به تصویب نرسید. حجم مباحث و استدلالات غیربوندیست‌ها جایگاه کم‌اهمیت این مباحث را نشان می‌دهد که خطوط گوناگون مربوط به مسئله حق ملت‌ها در تعیین سرنوشت خویش، حداقل در میان غیر بوندیست‌ها، چندان شناخته‌شده نبود. آنچه به‌طور اساسی موردبحث بود مسئله فدرالیسم تشکیلاتی بود. در کنگره دوم حزب درحالی‌که "وجود زبان رسمی" مورد تأیید قرارگرفته بود ولی حق ملیت‌ها برای استفادهٔ برابر از زبان خودشان هم پذیرفته‌شده بود.

با توجه به آنکه بوندیست‌ها از خواست خود مبنی بر فدرالیسم تشکیلاتی دست نکشیدند خودبه‌خود از کنگره که سانترالیسم تشکیلاتی را از ابتدا مبنای کار خود قرار داده بود، خارج شدند. بوندیست‌ها معتقد بودند که کنگره نتوانسته بود پاسخ قانع‌کننده‌ای به این سؤال آنها بدهد که چرا و به چه دلیل فدرالیسم تشکیلاتی نمی‌تواند مؤثر باشد.

از این مباحث روشن می‌شود که گروه بوند از همان ابتدا نسبت به خطوط متفاوت تئوریک و سیاسی مسئله ملی آگاهی داشت و همین موقعیت بوندیست‌ها در جنبش سوسیال‌دموکراسی روسیه موجب شد که مسئله ملی در مباحث همهٔ سوسیال‌دموکرات‌ها و ازجمله بلشویک‌ها جای بیشتری پیدا کند.

## سانترالیسم بلشویسم

روح یکپارچگی و سانترالیسم، که موردعلاقه بعضی از فعالان کنگره دوم ازجمله لنین بود بر کل کنگره سایه افکنده بود. در کنگره بر ضرورت پیوستگی تمام پرولتاریای همه ملیت‌ها در یک حزب واحد کارگری سوسیال‌دموکرات تأکید شده بود.[۳۰]

بنا به نوشته‌ای. اچ کار، لنین قبل از این کنگره هم دارای گرایش ضد فدرالیستی بود. لنین معتقد بود که ساخت فدرالیستی حزب بر اساس خطوط ملی، شکاف ایجاد می‌کند و نیز معتقد بود که دولت فدراتیو هم همان مشکلات را به وجود می‌آورد. او قبل از سال ۱۹۰۳ یک گروه سوسیال‌دموکرات ارمنی را که خواهان "جمهوری فدرال" بود مورد سرزنش قرار داده بود.[۳۱] پس از پایان کنگره دوم بود که لنین طی مقاله‌ای تحت عنوان "آخرین کلام ناسیونالیستی بوندیستی" به بوندیست‌ها حمله برد. به دنبال آن‌هم یکپارچگی حزب با سرعت شکاف برداشت و حزب به دو طیف بلشویک و منشویک تقسیم گشت. در این میان منشویک‌ها که بر جنبه‌های سانترالیستی کمتر تکیه می‌کردند و مورد تأیید روزا لوگزامبورگ قرار داشتند، لنین را سانترالیست افراطی می‌خواندند.

جناح بلشویک‌ها به رهبری لنین مجدداً در کنگره سوم خود طی قطعنامه‌ای که در آوریل ۱۹۰۵ صادر شد موضع ضد فدرالیستی خود را در تشکیلات تأیید نمود ولی هیچ قطعنامهٔ ویژه‌ای در مورد "ملیت‌ها" صادر نکردند. ولی برخلاف بلشویک‌ها، در همان سال سوسیالیست‌های انقلابی (اس آرها) در کنگره اول خود خودمختاری فرهنگی ملی را پذیرفتند.[۳۲]

پس از آن، در کنگره چهارم که به کنگره وحدت موسوم بود و از ۲۵-۱۰ آوریل سال ۱۹۰۶ در استکهلم برگزارشده بود قطعنامه‌ای راجع به ادغام سوسیال‌دموکرات‌های لهستان و لیتوانی از یک‌سو، و بوند از سوی دیگر صادر شد که در آن‌یک ساخت تشکیلاتی تقریباً فدرالیستی پذیرفته‌شده بود. ازآنجاکه بلشویک‌ها در این کنگره در اقلیت قرار داشتند به‌شدت برعلیه مصوبات آن دست به مقاومت زدند. وقتی لنین برای این کنگره سه اشتباه برشمرد، ولی "فدرالیسم تشکیلاتی" مصوبه کنگره را جزو این اشتباهات نیاورده بود. ولی این کنگره نیز به سرعت بی‌نتیجه ماند و پراکندگی وسیع‌تری کل صفوف سوسیال‌دموکرات‌ها را فراگرفت. علاوه بر این سوسیال‌دموکرات‌های قفقاز نیز در سال ۱۹۰۶ خواست‌هایی مشابه با خواست‌های بوندیست‌ها مطرح کردند.[۳۳]

در کنفرانس چهارم (سراسری سوم) حزب که از ۱۲-۵ نوامبر ۱۹۰۷ در هلسنیکی برگزار شد بلشویک‌ها اکثریت داشتند. در این کنفرانس فراکسیونیسم در داخل حزب رد شد و اعلام گشت

که برای وحدت سازمان‌های ملیت‌ها با واحدهای محلی ح.س.د.ر در سطح محلی هر کوششی به عمل آید.

در سال ۱۹۱۲، کنفرانس وین که در ۲۰-۱۲ آگوست از جانب نیروهای غیر لنینی به رهبری تروتسکی برگزار شد قطعنامه‌ای صادر نمود که در آن خودمختاری ملی-فرهنگی که سازمان‌های قفقاز آن را پیگیری و اعلام کرده بودند پذیرفته‌شده بود. این کنفرانس اعلام نمود که طرح خواست خودمختاری ملی-فرهنگی با بند برنامه حزب در مورد به رسمیت شناختن حق هر ملیتی در تعیین سرنوشت خویش، به معنای دقیق آن بند، مغایر نیست.[۳۴] پس‌ازآن، کمیته مرکزی جریان لنینی در فاصله بین ۲۶ دسامبر سال ۱۹۱۲ و اول ژانویه ۱۹۱۳ در کراکو نشستی برگزار نمود که طی آن قطعنامه مفصلی درباره سازمان‌های سوسیال‌دموکرات ملیت‌ها به تصویب رسید. در این مصوبه مجدداً اصول تشکیلاتی فدرالیستی به‌مثابه مظاهر "ناسیونالیسم افراطی مرتجعین" موردحمله قرار گرفت و بر روی ادغام و یکپارچگی کلیه کارگران ملیت‌ها در ح.س.د.ر تأکید به عمل آمد. تمایز ملی در سازمان‌دهی کارگران ازاین‌جهت، برای جریان لنینی، خطرناک تلقی می‌گشت که ازنظر آنها تعرض برعلیه تزاریسم و بورژوازی ملیت‌ها را کاهش می‌داد.[۳۵]

ازاینجا ملاحظه می‌شود که تا اواخر سال ۱۹۱۲ "مسئلهٔ ملیت‌ها" برای گروه لنینی هنوز دارای بعد تئوریک نبود به‌طوری‌که کورمیک معتقد است که بلشویک‌ها –ازجمله لنین، از مباحث تئوریک مربوط به مسئله ملی تا سال ۱۹۱۲ آگاهی چندانی نداشتند. می‌توان گفت که مطالعات سیستماتیک جریان لنینی روی مسئله ملی پس‌ازاین نشست آغاز شد. از همان زمان، یعنی از اواخر سال ۱۹۱۲ و اوایل سال ۱۹۱۳ استالین مأموریت یافت تا در این زمینه دست به مطالعاتی بزند و در این رابطه بود که استالین پس از مطالعه در وین جزوه "مارکسیسم و مسئله ملی" را به تحریر درآورد. جریان لنینی موضع اساسی خود را در مورد مسئله ملی در نشست کمیته مرکزی در فاصله ۲۲ سپتامبر تا اول اکتبر ۱۹۱۳ که در پوزنن در نزدیکی کراکو برگزار شد اتخاذ نمود. این قطعنامه تا آن زمان صریح‌ترین و مفصل‌ترین موضع این جریان را در مورد مسئله ملی در برداشت.[۳۶]

در این قطعنامه بود که به‌طور وضوح، برابری کامل حقوق ملت‌ها به این نحو خواسته می‌شد که وجود یک‌زبان رسمی اجباری لغو شود، امتیازات ویژه یک ملت بر سایر ملت‌ها ممنوع گردد. همین‌طور خودمختاری محلی وسیع و حکومت‌های خودگردان محلی و کاملاً دموکراتیک به وجود آیند، مرزهای نواحی توسط جمعیت محلی بر اساس شرایط گوناگون تعیین شود. خودمختاری ملی-فرهنگی نیز مضر اعلام شد چون‌که منافع طبقه کارگر نیازمند سازمان‌های واحد سیاسی- صنفی، تعاونی و آموزشی کارگری است که تقسیم‌بندی ملی در آنها قابل‌پذیرش نیست. حق تعیین سرنوشت ملت‌ها به‌مثابه حق جدایی ملت‌ها اعلام می‌شد که می‌تواند به امر تشکیل دولت‌های مستقل منجر شود و حزب "بدون هیچ قید و شرطی از این حق دفاع می‌کند". ضمناً اعلام شد که "مسئله پذیرش حق تعیین سرنوشت ملت‌ها" نباید با مسئلهٔ مقتضی بودن جدایی توسط هر یک از ملیت‌ها اشتباه شود. حزب سوسیال‌دموکرات روسیه باید در مورد مسئله مقتضی بودن جدایی در

هر مورد مشخص به‌طور مستقل و از دیدگاه منافع توسعه اجتماعی و مبارزه طبقاتی پرولتری برای سوسیالیسم تصمیم بگیرد.[۳۷]

همان‌طوری که قبلاً اشاره شد مطالعات سال ۱۹۱۳ مبنای تئوریک چنین قطعنامه مفصلی را تشکیل می‌داد. در سال ۱۹۱۳ مطالعات سیستماتیک لنین روی مسئله ملی نیز آغاز شده بود و او در این راستا – و با توجه به گسترش مواضع فدرالیستی در میان سوسیال‌دموکرات‌ها- در ژانویه آن سال دست به سخنرانی‌هایی دراین‌باره زد ولی خود او معتقد بود که در این رابطه "فقط اندکی "تحقیق کرده" است و می‌خواست به این موضوع سخت بچسبد. لنین در نامه‌ای به شانومیان در ۲۳ نوامبر (۶ دسامبر) سال ۱۹۱۳،[۳۸] این نکات را مطرح کرد و گفت که مشتاق است از رفقایی مشورت بگیرد که "مسئله را با عمق بیشتر و برای دوره طولانی‌تری مطالعه کرده‌اند". همه این‌ها نشان می‌دهد که لنین تا سال ۱۹۱۳ چندان به جوانب تئوریک مسئله ملی نپرداخته بود و یا حتی آگاهی زیادی در مورد آن نداشت.

لنین در اواخر سال ۱۹۱۳ مقالاتی در مورد "خودمختاری فرهنگی ملی" نوشت که در آنها به دیدگاه‌های اتو باوئر و رنر حمله نمود و آنها را "ارتجاعی" خواند.[۳۹] بعدازاین او به انتشار جزوه مختصری تحت عنوان "ملاحظات انتقادی درباره مسئله ملی" پرداخت که بازهم دیدگاه آسترومارکسیست‌ها را موردحمله و انتقاد قرار می‌داد. در سال ۱۹۱۴ او "درباره حق ملل در تعیین سرنوشت خویش" را نوشت که در آن به گرایش موسوم به چپ یعنی گرایش لهستانی- روزا لوگزامبورگ حمله برد. این نشان می‌دهد که لنین چنان به جنبه سیاسی این موضوع علاقه‌مند بود که به عمق تئوریک آن نمی‌اندیشید.

آغاز جنگ جهانی اول مباحث مربوط به "دفاع ملی" و "سرزمین پدری" را شتاب بیشتری داد. این نیاز بین‌المللی به‌طورجدی لنین را وادا شت تا در فاصلهٔ بین سال‌های ۱۹۱۳ تا ۱۹۱۶ بیشترین مطالب مربوط به مسئله ملی را ارائه نماید که اغلب به‌صورت مشاجره‌ای سیاسی بود. "کاریکاتوری از مارکسیسم و اکونومیسم امپریالیستی"، "انقلاب سوسیالیستی و حق تعیین سرنوشت ملت‌ها" (ژانویه –فوریه ۱۹۱۶)، "ترازنامه مباحثی پیرامون حق ملل در تعیین سرنوشت خویش" (جولای ۱۹۱۶)، "درباره جزوه یونیوس" (۱۹۱۶)، و تعداد مقالات دیگر. این مطالب همراه با "مارکسیسم و مسئله ملی" استالین مبانی تئوریک مسئله ملی همه جریاناتی را تشکیل داده بود که خود را به‌مثابه مارکسیسم لنینیسم قلمداد نموده و یاآنکه با تکیه به چنان دیدگاهی خواستار حل مسئله ملی از طریق نزدیکی با بلوک شوروی بودند.

## دیدگاه‌های استالین در مورد مسئله ملی قبل از سال ۱۹۱۷

استالین در این رابطه اساساً با جزوهٔ "مارکسیسم و مسئله ملی" شناخته می‌شود. ویژگی این جزوه درآن است که به‌صورت سیستماتیکی به تعریف و توضیح مبانی تئوریک مسئله ملی می‌پردازد. در این جزوه ملت و یا ملیت و ناسیونالیسم به‌صورت مشخص‌تری تعریف می‌شوند. این اولین جزوهٔ مفصلی است که دیدگاه‌های تئوریک گروه بلشویکی-لنینی را نسبت به مسئله ملی

رو شن ساخت. اما ا ستالین در نو شته‌ای در سال ۱۹۰۴، تحت عنوان "چطور سو سیال‌دموکرا سی مسئله ملی را درک می‌کند؟" نوشته بود که "در دوره‌های متفاوت مسئله ملی به منافع متفاوتی خدمت می‌کند و منافع طبقه هم بر اساس شرایطی که این مسئله مطرح می‌شود تغییر می‌کند".[۴۰]

لنین که خود بعد از نگارش این جزوه به مطالعه جدی‌تری در رابطه با مسئله ملی پرداخته بود، در تشویق و ترغیب استالین برای نوشتن این جزوه نقش داشت. اچ کار می‌نویسد که لنین استالین را واداشت تا در وین به مطالعه مسئله ملی بپردازد و تزهای آسترومارکسیست‌ها را رد کند.[۴۱] قبل از انتشار نوشته‌های استالین، لنین در نامه‌ای به گورکی از استالین به‌عنوان "یک گرجی فوق‌العاده" یادکرده بود که دست به تهیه اسناد و مدارک مفصلی در رابطه با مسئله ملی زده بود. پس از انتشار این مطالب لنین در مقاله خود، "درباره برنامه ملی حزب سوسیال‌دموکرات روسیه" در دسامبر ۱۹۱۳، اعلام کرد که اکنون موضوع و اساس برنامه سوسیال‌دموکراسی روشن شد و در این میان مقاله استالین مقام اول را احراز می‌کند. این گفته لنین ثابت می‌کند که برخلاف درک میشل لویی، لنین بعداً هم این مقاله استالین را بسیار با اهمیت می‌دانست که به‌احتمال‌زیاد به‌طور اساسی با دیدگاه‌های خودش انطباق داشت.

اما کسانی، ازجمله تروتسکی معتقدند که این مقاله استالین باراهنمایی لنین نوشته شد و بعداً به‌تمامی، سطر به سطر، به‌وسیله لنین حک و اصلاح شده بود. بنا به گفته میشل لوی این اظهارات تروتسکی به‌و سیله پاره‌ای از محققان ازجمله ایزاک دویتچر موردتردید واقع شده ا ست.[۴۲] به نظر می‌رسد حق با دویتچر باشد چون لنین تا آن زمان روی مسئله ملی دارای مطالعه جدی نبود و در نامه به شائومیان در سال ۱۹۱۳، لنین خود را در این رابطه مبتدی می‌داند و به این ا شاره می‌کند که او دراین‌ارتباط دارای مطالعه طولانی و تجربه کافی نیست.

حال از عوامل دخیل در پرو سه کار ا ستالین روی مسئله ملی بگذریم و اندکی به محتوای جزوه او بپردازیم. ا ستالین در جزوه خود این‌گونه به تعریف ملت می‌پردازد: "ملت ا شتراک ثابتی ا ست از افراد که در اثر عوامل تاریخی ترکیب یافته و بر اساس اشتراک زبان، سرزمین، زندگی اقتصادی و ساختمان روحی که به شکل ا شتراک فرهنگی منعکس می شود".[۴۳] ا ستالین همان‌جا اعلام می‌کند که "فقدان یکی از این خصوصیات کافی است که یک ملت دیگر ملت نباشد". ازاین‌جهت او دیدگاه باوئر را که می‌گوید "ملت عبارت از جملگی افرادی است که آنها را اشتراک اخلاق بر زمینه اشتراک سرنوشت با یکدیگر متصل نموده باشد" نفی می‌کند و برخلاف آسترومارکسیست‌ها و بوندیست‌ها اعلام می‌کند که یهود به خاطر ندا شتن سرزمین مشترک و زبان مشترک یک ملت نیست.

استالین سعی می‌کند در تعریف ملت دو عنصر فرهنگی و اقتصادی را بر اساس شرایط تاریخی و فراتر از آن جغرافیایی و زبانی ترکیب کند. اما اگر مجموعه عناصر موردنظر استالین به‌دقت بررسی شوند دیده می‌شود که درنهایت در عصر سرمایه‌داری که یک پدیده تاریخی-جهانی است و اقتصاد سرمایه‌داری مسلط است، اشتراک دو عنصر زبان و سرزمین تعیین‌کننده می شوند،

یعنی دو عنصری که می‌توان گفت ازنظر تاریخی خصلت ثابت‌تری دارند. از این زاویه عنصر روحی و فرهنگی بر متن تاریخی خود هیچ نقشی نخواهند داشت. اختلاف‌نظر اساسی بین باوئر و رنر و نیز بوندیست‌های روسی با بلشویک‌ها در این است که گروه اخیر بر عنصر ذهنی و روحی بیش از عنصر عینی در تعریف ملت تأکید دارد. گفته می‌شود که استالین تعریف کائوتسکی و تعریف باوئر و نیز مدم تئوریسین بوندیست را باهم ترکیب نمود. کائوتسکی سه عامل از چهار عامل موردنظر استالین را برای تعریف ملت به کار برد و استالین با به‌کارگیری این عناصر و گرفتن "عنصر روحی" از تعریف باوئر تعریف خود را از ملت بنا نمود ولی مبانی کائوتسکیستی نگرش خود را اعلام ننمود[44]. هدف سیاسی برای نقد بوند که دیدگاه‌هایشان در میان سوسیال‌دموکرات‌های قفقازی نفوذ کرده بود استالین را واداشت تا نقد چپ‌گرایانه استراسر را برعلیه باوئر به کار بگیرد.[45]

استالین نوشت که "ملت یک سنخ ساده تاریخی نبوده بلکه سنخ تاریخی عهد معین یعنی عهدی است که سرمایه‌داری رو به اوج می‌رود و سیر انحلال فئودالیسم و تکامل سرمایه‌داری درعین‌حال سیر گردآمدن مردم به شکل ملت می‌باشد".[46] بنابراین ازنظر استالین مسئله ملی یک مسئله زودگذر در دوران انتقال از فئودالیسم به سلطه کامل سرمایه‌داری می‌باشد. ازاین‌جهت است که بر مبنای این دیدگاه استالین استقرار کامل سرمایه‌داری و سپری شدن فئودالیسم به معنای نابودی ملت نیز به شمار می‌رود. علاوه بر این دیده می شود که ازنظر استالین اشتراک دو عنصر زبان و سرزمین در مرحله‌ای از تکامل اقتصادی که تولید کالایی سرمایه‌دارانه نیاز جدی به بازار پیدا می‌کند روح ملی را به وجود می‌آورند. ازاینجا این نتیجه عاید می‌شود که عامل تعیین‌کننده نهایی در پیدایش ملت یک عامل اقتصادی یعنی مسئله بازار و تولید کالایی سرمایه‌داری در مراحل اولیه جدایی خود از فئودالیسم می‌باشد و عوامل سرزمین و زبان هم به عوامل ضروری تشکیل ملت تبدیل می‌شوند.

درباره مضمون طبقاتی جنبش‌های ملی استالین معتقد بود که جنبش ملی "همواره یک مبارزه بورژوایی است که به‌طور عمده برای بورژوازی مقبول و مناسب می‌باشد".[47] ازنظر استالین با استقرار کامل حاکمیت بورژوازی و "دموکراسی آن" جنبش ملی اساساً از میان می‌رود.[48] اما استالین همان‌طوری که اشاره شد در سال ۱۹۰۴ گفته بود که مضمون طبقاتی جنبش ملی به طبقات برپادارنده آن جنبش و شرایط طرح آن جنبش وابسته است درحالی‌که ارزیابی بعدی او از خصلت طبقاتی جنبش ملی و ناسیونالیسم در رابطه با مارکسیسم این بود که "مارکسیسم با ناسیونالیسم ناسازگار است حتی با 'صحیح‌ترین'، 'خالص‌ترین' و صاف‌ترین ناسیونالیسم متمدن. مارکسیسم در مقابل هر نوع ناسیونالیسمی، انترناسیونالیسم را پیش می‌کشد که به معنای پیوند ملت‌ها در اتحاد عالی‌تری است".[49]

دیدگاه استالین از مسئله ملی گذشته از سیاست عملی استالین در برخورد به مسئله ملت‌ها بعد از اکتبر ۱۹۱۷، مورد انتقادات دامنه‌داری نیز بوده است. میشل لوئی می‌گوید که استالین به تئوری خود خصلت دگماتیک، خشک و متحجری می‌بخشد. میشل لوئی تلاش کرده است بین

دیدگاه‌های ا ستالین و لنین یک خط مرز بک شد و ازاین‌جهت او اظهار می‌دارد که خ شک‌اندی شی و تحجر فکری استالین در لنین وجود ندارد. میشل لوئي معتقد است که درک لنین در تعریف از ملت با درک استالین متفاوت است چون لنین عنصر "اشتراک روحی" را یک عنصر باوئری می‌دانست و به شدت با آن مخالف بود.[۵۰] ازنظر دیویس هم ا ستالین عواملی را برمی شمارد و فقط وجود آنها را م ستلزم وجود یک ملت می‌داند و او برخلاف لنین هم بین دو ملت ستمگر و ستمدیده تفاوتی قائل نبود.[۵۱]

تروتسکی نیز در تاریخ روسیه نیز درک‌های استالین را به باد استهزاء گرفت و گفت ازنظر ا ستالین ا ستقرار بورژوازی به حل کامل م سئله ملی می‌انجامد و ازاین‌جهت ا ستالین م سئله ملی را بیشتر با فئودالیسم مرتبط می‌دانست.[۵۲]

هدف ا ستالین، بنا به گفته خود او، در حمله به نا سیونالی سم به‌مثابه یک "بیماری همه‌گیر" است و این‌که از مبارزه طبقاتی در مقابل ناسیونالیسم دفاع کند. چون در مقابله با نزدیک شدن موج ناسیونالیسم می‌خواست صدای سوسیال‌دموکراسی درراه برادری وحدت پرولتاریای تمام ملیت‌های روسی بلندتر می شد و می‌بایستی به‌طور ثابت‌قدمی با غبار ناسیونالیسم از هر طرفی که پدیدار می‌شد یکدل و یک‌جهت به‌طور خستگی‌ناپذیری مبارزه می‌نمود.[۵۳] برخورد استالین خشن ا ست اما باوجوداین با لنین در موارد زیادی اتفاق‌نظر دا شت. هر دو در آن سال‌ها (۱۹۱۷-۱۹۱۲) خود را طرفداران حق تعیین سرنوشت ملت‌ها می‌دانستند.

اما دستگاه حاکمیت استالین خود بیش از هر چیزی به یک سیستم سرکوب بسته و ناسیونالیستی تبدیل‌شده بود. حال مباحث را در فصل بعدی ادامه می‌دهیم.

# ۷- ملت و حق تعیین سرنوشت ملت‌ها در روسیه و شوروی-۲

## دیدگاه‌های لنین در مورد حق تعیین سرنوشت ملت‌ها در سال‌های نزدیک به انقلاب اکتبر

همان‌طوری که قبلاً گفته شد لنین بررسی سیستماتیک مسئله ملی را از سال ۱۹۱۳ شروع کرد. او از طریق مشاجره با دو گرایش آسترومارکسیستی و لهستانی روزا لوگزامبورگ به این تئوری پرداخت. قبل از هر چیز او مشاجره خود را با آسترومارکسیست‌ها شروع کرد و به نفی نکته اصلی سیاست آسترومارکسیست‌ها یعنی "خودمختاری ملی و فرهنگی" پرداخت و تقریباً اندکی پس‌ازآن دیدگاه روزا لوگزامبورگ را که شعار "حق تعیین سرنوشت ملت‌ها" را بی‌معنی می‌دید، موردنقد قرار داد. نوشته‌های بعدی لنین در سال ۱۹۱۶ بیشتر برعلیه گرایش "چپ" در خود روسیه متمرکز شد که آنها هم با دیدگاه روزا لوگزامبورگ نزدیکی داشتند و اساساً از جانب بوخارین و پیاتاکوف و بوش نمایندگی می‌شدند.

لنین روی مسئله ملی پس از نوشتن جزوه استالین مطالعه جدی‌تری را آغاز نمود و او هم مانند همتای گرجی خود بر دیدگاه کائوتسکی از مسئله ملی اتکاء داشت که آن را یک استنتاج "تاریخی-اقتصادی" و دیدگاهی انترناسیونالیستی می‌نامید. او این دیدگاه را در مقابل دیدگاه اتو باوئر به‌مثابه یک دیدگاه ناسیونالیستی و "روان‌شناسانه" قرار می‌داد. لنین معتقد بود که:

> تمام دوران پیروزی نهایی سرمایه‌داری بر فئودالیسم با جنبش‌های ملی توأم بوده است. پایه اقتصادی این جنبش‌ها در این قرار دارد که برای پیروزی کامل تولید کالایی بازار داخلی باید به دست بورژوازی تسخیر گردد و باید اتحاد دولتی سرزمین‌هایی که اهالی آنها به زبان واحدی تکلم می‌نمایند عملی گردد.[1]

بنابراین ازنظر لنین محرک اقتصادی جنبش ملی به مسئله تشکیل بازار و ارتباطاتی بستگی دارد که تولید کالایی در مرحله‌ای از تکامل خود می‌آفرینند. ازنظر لنین جنبش ملی یک هدف بورژوایی به شمار رفته و ازنظر محتوای طبقاتی خود بورژوا-دموکراتیک است. جالب است که او جود یک‌زبان مشترک را مبنای تشکیل چنین بازار مشترک ونیز واحد سیاسی ملی می‌بیند. و این برداشت متأثر از درک کائوتسکی یک عنصر عینی را وارد مشخصات ملت نمود.

در ضمن، لنین اگر چه دیدگاه "چپ" های متکی به تئوری روزا لوگزامبورگ که بعداً زیمروالدیست‌های چپ نامیده می‌شدند را درمجموع انترناسیونالیستی به شمار می‌آورد، ولی از موضع ملی آنها به‌مثابه یک موضع خرده بورژوایی و "پرودونیستی" یاد می‌کند. چون به عقیده لنین چپ‌ها تحت عنوان "انقلاب اجتماعی" جنبش‌های ملی را از یاد می‌برند.[2] لنین این "چپ" ها را

به خاطر "تضاد" مواضع شان مورد سرزنش قرار می‌دهد و می‌گوید آنها از یک سو با الحاق مخالفت می‌کنند ولی از سوی دیگر حق تعیین سرنوشت ملت‌ها را نمی‌پذیرند. هرچند موضع لنین از طرف مخالفانش مبهم و عملاً ناتوان از حمایت فعال از سوسیالیست‌های ملت مغلوب می‌شد.

اهمیت و نقش اقتصاد در پروسهٔ انتگراسیون ملی برای لنین آن‌قدر بالاست که می‌گوید: اقتصاد در شرایط دموکراتیک و مناسب از روانشناسی قوی‌تر است و زبان واحد روسی را ضروری خواهد ساخت. بنابراین ضرورتی به راه‌حل‌های پلیسی نمی‌دید.[۳] ازاینجا روشن می شود که پروسه وحدت برای لنین از درون یک پروسه تجزیه ملی که درعین‌حال آن را پروسه ملت زدایی می‌دید، می‌گذرد.

لنین بر یک نکته همیشه انگشت می‌گذاشت که حق تعیین سرنوشت یک ملت دارای ارتباط گسست ناپذیری با مسئله مرزکشی ملی و نیز تشکیل دولت مستقل دارد و از این زاویه او "گروه‌بندی‌های فرهنگی سوسیالیستی" را گنگ و نارسا ارزیابی می‌کرد.[۴] ازنظر لنین حق تعیین سرنوشت ملت‌هایک امر سیاسی است و تحقق آن در عصر سرمایه‌داری و امپریالیسم به همان میزان امکان دارد که تحقق هر خواست دموکراتیک دیگر مانند جمهوری و حق انتخاب و غیره. بنابراین او این استدلال را که سرمایه‌داری امپریالیستی و یکپارچه مسئله حق تعیین سرنوشت را به یک خیالبافی تبدیل کرده است یک تئوری اکونومیستی می‌خواند و پیاتاکوف و بوخارین را به‌مثابه طرفداران اکونومیسم امپریالیستی موردحمله قرار می‌داد. ازنظر لنین تحقق این خواست اگرچه مشکل است ولی به‌هیچ‌وجه غیرممکن نیست.[۵]

لنین می‌گوید که احزابی که چه قبل از پیروزی و چه بعدازآن برعلیه بردگی ملت‌های تحت ستم نمی‌جنگند و با آنان مناسبات را بر شالوده اتحاد آزاد، که بدون "حق جدا شدن" عبارت دروغینی است، قرار نمی‌دهند به سوسیالیسم خیانت خواهند کرد.[۶]

در رابطه با حق ملت‌ها در تعیین سرنوشت خود، لنین ازنقطه‌نظر تکامل تاریخی سه گونه کشور در جهان می‌بیند، اولاً کشورهای پیشرفته سرمایه‌داری اروپا و ایالات‌متحده که در آنها عصر جنبش‌های ملی-مترقی به پایان رسیده است. دوم اروپای شرقی، اتریش، بالکان و به‌ویژه روسیه که در قرن جاری جنبش‌های ملی بورژوا-دموکراتیک در آنها توسعه یافته است ولی هنوز این اصلاحات کامل نشده است. سوم کشورهای نیمه مستعمره نظیر چین، ایران و ترکیه که در آنها جنبش‌های دموکراتیک کمتر شروع‌شده‌اند و یا از کامل شدن هنوز فاصله بسیار دارند.[۷]

همان‌طوری که از مطالب فوق روشن می‌شود، لنین ناسیونالیسم را به ناسیونالیسم ملت ستمگر و ناسیونالیسم ملت ستمدیده تقسیم می‌کند و اعلام می‌کند که هر جنبش ناسیونالیستی یک ملت ستم‌کش دارای عناصر دموکراتیک عمومی بر ضد ستمگر می‌باشد ولی او ناسیونالیسم ملت ستمگر (شونیزم) را ارتجاعی و غیرقابل‌دفاع می‌بیند.[۸] این تقسیم‌بندی ازنظر عملی به‌صورت مانعی درآمد که لنین را از تحلیل خصلت اعتراضی و روابط و مناسبات حاکم بر "ملت تحت ستم" باز

داشت. و همین دیدگاه انترناسیونالیسم را به سمتی برد که از نیروهای فئودالی به‌عنوان ضد امپریالیست دفاع می‌کرد.

لنین اعلام می‌کند که وحدت ملت‌ها و گریز از تشکیل دولت‌های کوچک ازهرجهت پسندیده است ولی پروسه وحدت از طریق قهر و ستمگری بر ملت‌های کوچک دشوارتر می‌شود. بنابراین حق ملت‌ها در تعیین سرنوشت خویش به آنها امکان می‌دهد که به صورت یک عضو برابر روابط خود را تعیین کنند. این برابری هم تنها با پذیرش حق جدایی می‌تواند تحقق بپذیرد. او می‌گوید که حق تعیین سرنوشت با خواست جدایی، پاره سازی و تشکیل دولت‌های کوچک مساوی نیست، این خواست فقط بر بیان روشن مبارزه برعلیه هر نوع ستمی دلالت دارد. هرچند سیستم دولتی دموکراتیک به آزادی کامل جدایی نزدیک‌تر باشد تمایل معمول و شدید برای جدایی در عمل کاهش خواهد یافت چون دولت‌های بزرگ هم ازنقطه‌نظر پیشرفت اقتصادی و هم منافع توده‌ها بدون تردید برتری دارند و بیش از این، این منافع با رشد سرمایه‌داری فزونی می‌یابد. ازنظر او شناسایی حق تعیین سرنوشت با شناسایی فدراسیون به‌مثابه یک اصل مترادف نیست.[۹] این‌که ملت به‌مثابه یک کل هرچقدر کوچک باشد ولی وجودش به‌مثابه یک عنصر دموکراتیک در ارتباط بین‌المللی حقی است مقدم بر تصمیم اکثریت افراد، مسئله حقوق دموکراتیک را تا حدود زیادی مخدوش می‌کند.

روزا لوگزامبورگ، که لنین بسیاری از این مطالب را در پاسخ به او مطرح می‌کرد، بند نهم برنامه بلشویک‌ها را درباره حق تعیین سرنوشت ازاین‌جهت موردانتقاد قرار می‌داد که "هیچ‌گونه دستور پراتیکی برای سیاست روزمره پرولتاریا نمی‌دهد و قضایای ملی را به‌هیچ‌وجه ازنقطه‌نظر پراتیک حل نمی‌کند".[۱۰] در مقابل لنین از تز "منفی" در برنامه دفاع می‌کرد و می‌گفت این نکته مثبتی است چون‌که "چیزی به‌حساب ملت دیگر به کسی نمی‌دهد"[۱۱] ولی غیر پراتیک بودن آن را که به گفته روزا لوگزامبورگ به معنای نداشتن یک موضع روشن و مشخصی از قبیل متحد شدن و یا جدا شدن و یا فدراسیون بود، را نیز رد می‌کرد. لنین می‌گفت که موضع مشخص تابع "منافع مبارزه طبقاتی" است و این موضع به پرولتاریا اجازه می‌دهد تا با ساز بورژوازی نرقصد و در قبال سیاست‌های بورژوازی یک موضع اصولی اتخاذ نماید و "همیشه فقط به‌طور مشروط از بورژوازی دفاع نماید".[۱۲]

لنین در این دوران حق تعیین سرنوشت را تنها به صورت جدایی و یا خودمختاری می‌شناسد و فدراسیون را به‌مثابه عنصر دیگر حق تعیین سرنوشت قبول ندارد. او نسبت به فدراسیون یک دیدگاهی منفی دارد و آن را مغایر رشد اقتصادی می‌داند و سانترالیسم را بر آن ترجیح می‌دهد ولی او بعداً در شوروی به راه‌حل فدراتیو – حداقل ازنظر تئوریک – تن می‌دهد. قبل از انقلاب اکتبر دیدگاه منفی لنین نسبت به فدرالیسم درجاهای متفاوتی بروز کرده بود. لنین در نامه‌ای به شائومیان نوشت که او کاملاً با سانترالیسم دموکراتیک موافق ولی با فدراسیون مخالف است و از ژاکوبن‌ها در مقابل ژیروندیست‌ها حمایت می‌کند. او سپس اضافه می‌کند که مسئله تعیین

سرنوشت "حق فدراسیون را در برنمی‌گیرد... ما در اصل با فدراسیون مخالفیم. پیوندهای اقتصادی را شل می‌سازد و برای دولت واحدی نامناسب است".[۱۳]

لنین وجود زبان رسمی و نیز "خودمختاری فرهنگی ملی" را ناسیونالیسم قلمداد می‌کرد. او درعین‌حال زبان رسمی را به‌مثابه یک چماق سرکوب می‌دید که مانع رشد بود، و خودمختاری فرهنگی را هم ازاین‌جهت نمی پذیرفت که به نظر او موجب تجزیه و از بین بردن همبستگی پرولتاریا می‌شد. او گفت که "به‌طورقطع" با دیدگاه شائومیان مبنی بر قبول زبان رسمی مخالف است چون به‌صورت "چماقی مردم را از زبان روسی" دور خواهد کرد (قبلاً در کنگره دوم آنها زبان رسمی را تصویب کرده بودند).[۱۴]

لنین وحدت پرولتاریای ملت های ستمدیده و ستمگر را از این طریق ممکن می‌دید که پرولتاریای ملت ستمگر می‌بایست بر "حق جدایی" ملت ستمدیده تأکید نماید و پرولتاریای ملت ستمدیده هم بر روی "وحدت". ازنظر لنین این دوگانگی ناشی از حرکت دو نیروی نابرابر از دو نقطه متضاد به‌سوی هدف واحدی بود. او استدلال می‌کرد که پرولتاریا بایستی برعلیه ابقای اجباری ملت‌های تحت ستم درون مرزهای دولت مشخصی مبارزه نماید، بدین معنا که بایستی برای حق تعیین سرنوشت نبرد نماید. پرولتاریا بایستی خواهان آزادی جدایی سیاسی برای مستعمرات و ملت‌های تحت ستم از جانب دولت "خودی" باشد و از سوی دیگر سوسیالیست‌های ملت‌های تحت ستم بایستی از اتحاد کامل و نامشروط کارگران ملت‌های تحت ستم و ستمگر شامل اتحاد سازمانی دفاع کرده و آن را به اجرا درآورند.[۱۵]

لنین در "ترازنامه مباحثه‌ای پیرامون حق ملل در تعیین سرنوشت خویش" (۱۹۱۶) و نیز در جزوه "درباره یونیوس" (۱۹۱۶) اعلام داشت که یک ملت ستمگر نیز می‌تواند تبدیل به یک ملت ستمدیده شود و این در شرایطی انجام می‌گیرد که در کشور اشغال‌شده یک جنگ آزادی‌بخش آغاز شود. او برای مثال بلژیک را در جنگ جهانی اول ذکر می‌کند. در ابتدا مسئله ملی ازنقطه‌نظر لنین یک موضوع تاکتیکی و فرعی بود به‌طوری‌که ح.س.د.ر در کنگره ۱۹۰۳ به‌وضوح آن را در پاسخ لیبر یکی از بوندیست‌های حاضر در کنگره اظهار نمود و حتی دستور جلسه حزب بحث روی مسئله ملی را در میان مسائل تاکتیکی گذاشته بود.[۱۶] بعداً اگرچه مسئله حق تعیین سرنوشت به‌مثابه یک اصل در برنامه حداقل درآمد و لنین جایگاه ویژه‌ای به مسئله ملی در نوشته‌های خود داد ولی بازهم در مواردی مسئله ملی به‌مثابه یک تاکتیک دیده می‌شد. هرچند او از یک‌سو با خودمختاری فرهنگی مخالف بود و از سوی دیگر به‌وضوح می‌گفت که تدریس زبان ملیت‌ها در مدارس بایستی جنبه اجباری داشته باشد.

لنین اصل "حق تعیین سرنوشت ملت‌ها" را فقط به‌مثابه یک اصل کلی مطرح می‌کرد و ازاین‌جهت همواره این سؤال را در مقابل خود می‌دید که چرا بنا به مجموعه شرایط و مصالح گوناگون ح.س.د.ر راه‌حل مشخصی همچون جدایی، خودمختاری و یا فدراسیون را در مورد این یا آن "ملت تحت ستم" در شرایط مشخص به‌مثابه موضع پراتیک خویش اعلام نمی‌کند؟ لنین پاسخ

روشنی برای آن نداشت. شاید از همین جهت بود که اچ کار هم نوشت که موضوع لنین در این رابطه تااندازه‌ای "مه‌آلود" بوده است. جنبه دیگری از این مه‌آلود بودن موضع لنین را داویس در این می‌بیند که لنین کارگران ملت ستمدیده را به تبلیغ وحدت و کارگران ملت ستمگر را برای تبلیغ به‌حق جدایی دعوت می‌کرد.[۱۷] و این عملاً به ابهام و تناقض دامن می‌زد.

لنین مسئله ملت و جنبش‌های ملی و ناسیونالیستی را زودگذر و انتقالی می‌دید و تکامل اقتصادی را اساس انحلال ملت‌ها به شمار می‌آورد. ازنظر لنین در پروسه تکامل سرمایه‌داری دو گرایش تاریخی درباره مسئله ملی قابل‌تشخیص است. گرایش اول به دوران اولیه تکامل سرمایه‌داری بستگی دارد که منجر به پیدایش دولت‌های ملی می شود. در مرحله دوم هم گرایشی را مشخص می سازد که به تکامل و رشد روابط بین ملت‌ها و شکستن موانع ملی و پیدایش دوران وحدت بین‌المللی سرمایه و زندگی اقتصادی به‌طورکلی مربوط می‌شود.[۱۸] دوران دوم درواقع کاپیتالیسم رشد یافته را که به سوی یک جامعه سوسیالیستی نزدیک می شود خاطرنشان می سازد. ازنظر استالین در یک برنامه مارکسیستی باید هر دو مرحله را در نظر گرفت.

طبعاً در مرحله دوم فاز انتقالی یعنی آنجا که ازنظر لنین "دیکتاتوری پرولتاریا" به‌مثابه دولت دوره گذار عمل می‌کند بایستی دوره گذار از ملت به بی ملتی نیز باشد. یعنی دورانی باشد که تمام وسایل و ابزارهای سیاسی، اقتصادی و فرهنگی برعلیه ملت به‌مثابه یک مقوله بورژوایی به کار گرفته می‌شوند. به‌عبارت‌دیگر "دیکتاتوری پرولتاریا" هرچند در سطح ملی سازمان‌یافته است و شکل ملی دارد، برعلیه همه مظاهر "ملت" می‌جنگد، اما دیده می‌شود که در عمل این "دیکتاتوری پرولتاریا" که خود یک " سازمان ملی" است و بر پاره‌ای از احساسات و تمایلات روسی بناشده بود، خود را تبدیل به دیکتاتوری شونیستی برعلیه مردم به‌طورکلی و سایر ملت‌ها تبدیل می‌کند. این وضع را می‌توان با دقت بیشتری از روی "تز سوسیالیسم در یک کشور" به‌مثابه یک پدیده ناسیونالیستی در مقابل جهان خارج و یک پدیده شونیستی در مقابل ملت‌های داخل موردمطالعه قرار داد.

اما ناگفته نماند که در مواردی که هنوز چشم‌انداز بلشویک‌ها برای صعود به مقام طبقه حاکم وجود نداشت لنین شرایط دموکراتیک و برابر را -همراه با رشد اقتصادی- از عوامل مؤثر حل مسئله ملی به‌حساب می‌آورد. ولی دقیقاً بعدازاین انقلاب اکتبر به‌کارگیری "عنصر دموکراتیک" در این رابطه تنها جنبه ظاهری به خود گرفت و تمرکزگرائی نیرومندی حاکم شد، هرچند بر روی قدرت اقتصادی که با نگرش مارکس و انگلس نیز چندان بدون ارتباط نبود تأکید می‌شد. در استالین درک اقتصادی حالت بسیار جامدتری به خود گرفت به‌طوری‌که به خاطر رشد اقتصادی به‌کارگیری خشونت و سرکوب بی‌قیاس توجیه می‌شد.

از این‌ها می‌توان نتیجه گرفت که اعتقاد به نقش قطعی و مؤثر اقتصاد در یک دورنمای ملموس و قابل‌تصور، حتی به دیدگاه لنین در رابطه با مسئله ملت‌ها و ارزیابی از بقای ملت‌ها و محتوای جنبش های ملی و غیره، را جنبه اکونومیستی می‌داد. این نگرش طبعاً وجود ساختار

غیرمتمرکز قدرت و بار عنصر ذهنی و فرهنگی را در تعریف و یا پیدایش و مقاومت ملت‌ها و احساسات آنها ناچیز می‌شمرد و یا مورد بی‌اعتنایی قرار می‌داد.

لنین و استالین هر دو به‌شدت "خودمختاری فرهنگی ملی" را که سازمان‌دهی فرهنگی را در اختیار سازمان‌های منطقه‌ای و محلی و یا دولت‌های خودمختار می‌گذاشت نفی می‌کردند تا یک "فرهنگ واحد انترناسیونالیستی" را ترویج نمایند. این دیدگاه در عمل به‌صورت یک دیدگاه بروکراتیک-سانترالیستی و یک سیاست مکانیکی در رابطه با انحلال و جذب فرهنگ‌های ملی درآمد. این دیدگاه یک جریان فرهنگی قالب‌گیری شده را به‌مثابه یک ایدئولوژی در مقابل تحمل‌پذیری همه‌جانبه گرایشات فرهنگی و آمیزش و تأثیر متقابل، دموکراتیک و آزاد فرهنگ‌ها قرار می‌داد.

تضادهایی که در موضع لنین آشکار بود، از این موضع لنین ناشی می‌شد که او همیشه و یا اغلب سعی می‌کرد هرگونه تضاد و یا نارسایی را در درک‌های مارکس و انگلس به شدت انکار کند و یا با برخوردهای سیاسی و تاکتیکی نگرش مارکس و انگلس را از "روح واحد" برخوردار نماید و او این را بارها در مورد مارکسیسم اعلام می‌کرد که یک آموزش "کامل و موزون" و یک "جهان‌بینی جامع" می‌باشد.[۱۹] او حتی مارکسیسم را "یک ستون فولادین" می‌دید.[۲۰] این شیوه نگرش موجب می‌شد که نه‌تنها دیدگاه‌های مارکس و انگلس در مورد مسئله ملی لنین را به‌نوعی توجیه کاری بکشاند بلکه دیدگاه آنها را عامیانه‌تر سازد.

لنین در توضیح مواضع مارکس و انگلس در ۴۹-۱۸۴۸ مطرح کرد که آنها "با وضوح تمام و با دقت بسیار"، "خلق‌های مرتجع درمجموع" را که "مقدمة الجیش روسیه" در اروپا بودند در مقابل "خلق های انقلابی" یعنی آلمان ها، لهستانی ها و مجار ها می‌دیدند. چک ها هم برای آنکه پیش‌قراولان تزاریسم به‌حساب می‌آمدند ارتجاعی به شمار می‌رفتند و حق آنها برای جدایی نفی می‌شد.[۲۱]

دفاع آتشین لنین از حق تعیین سرنوشت ملت‌ها با نقل و قول پائین که توضیحی از درک مارکس است تناقض‌آمیز بودن درک او را نشان می‌دهد. لنین مطرح کرد که:

> اولاً رهایی ملت‌های بزرگ و بسیار بزرگ اروپایی دارای نفع برتری است تا جنبش آزادی‌بخش ملل کوچک، و دوم اینکه خواست دموکراسی باید در مقابل کل اروپا در نظر گرفته شود و حتی در مقیاس جهانی و نه به‌طور منفرد و مجزا. برای روشن ساختن این موضع مطرح کرد که اگر چندین خلق درگیر انقلاب سوسیالیستی بشوند (همان‌طور که در سال ۱۸۴۸ در اروپا درگیر انقلاب دموکراتیک بورژوایی شدند) و چنانچه خلق‌های دیگری ارکان ارتجاع بورژوایی باشند، صرف‌نظر از جنبش‌هایی که درون آنها برخاسته باشند در آن موقع ما نیز می‌بایست از یک جنگ انقلابی علیه این خلق‌ها و برای "انهدام‌شان" پشتیبانی کنیم تا تمامی این مقدمة الجیش‌ها نابود شوند... تمام مطالبات گوناگون دموکراسی و ازجمله حق ملل در تعیین سرنوشت خویش یک امر مطلق نیست. بلکه جزئی است از مجموعه جنبش دموکراتیک و

امروز سوسیالیستی جهانی. ممکن است در برخی موارد مشخص جزء با کل در تضاد قرار بگیرد در این صورت باید از آن صرف‌نظر کرد.[۲۲]

به‌وضوح دیده می‌شود که در اینجا اصل حق تعیین سرنوشت ملت‌ها فقط از مصالح سیاسی پیروی می‌کند و یا به‌صورت یک تاکتیک ظاهر می‌شود. این موضع حتی از سرکوب و به‌عبارت‌دیگر ستمگری برعلیه ملت‌های کوچک متحد با فئودالیسم، و یا فئودالی و ماقبل سرمایه‌دارانه و چه‌بسا جوامع سرمایه‌داری کوچک و بی‌اهمیت از جانب ملت‌های بورژوایی و یا سوسیالیستی بزرگ‌تر، به‌عنوان ترقی‌خواهی و سوسیالیسم، دفاع می‌کند. حتی اگر این عملیات که به مناسبات مترقیانه‌تری می‌انجامد "استعماری"، "الحاق طلبانه" تلقی شود. اینجا لنین به موضع مارکس و انگلس نزدیک‌تر می شود و با مواضع دیگرش در تضاد قرار می‌گیرد. این‌ها بیان نوعی سردرگمی بود

در اینجا و مورد فنلاند که بعداً به آن بیشتر اشاره خواهد شد، دیده می شود که لنین گاه به اصل تابعیت حق تعیین سرنوشت ملت‌ها از منافع سوسیالیسم و پرولتاریا پیروی می‌کرد و گاه با تاکتیک‌های غیرصریح و شاید اپورتونیستی موضع خود را مبهم و مه‌آلود می‌ساخت. اما علی‌رغم این‌ها مشاجرات و مباحث گسترده لنین در مورد مسئله ملی به روشن سازی ابعاد وسیعی از تئوری مسئله ملی کمک نموده است. و مباحث آستانه انقلاب اکتبر و بعدازآن ازاین‌جهت شایان اهمیت بود.

## مسئله ملی در آستانه انقلاب اکتبر ۱۹۱۷ تا مرگ لنین

قبلاً گفته شد که نشست کمیته مرکزی ح.س.د.ر در پوزنن، مفصل‌ترین و صریح‌ترین قطعنامه خود را در مورد مسئله ملی صادر کرد. این در شرایطی بود که از یک‌سو "خودمختاری فرهنگی-ملی" نفوذ به سزایی در میان جریانات متفاوت چپ یافته بود و از سوی دیگر شونیسم لیگاروس‌ها هم موضوع مهم موردبحث بود.

علی‌رغم وجود مباحث گسترده‌ای در مورد مسئله ملی در مطبوعات ح.س.د.ر. به قلم لنین، تا آوریل سال ۱۹۱۷ حزب قطعنامه دیگری در مورد مسئله ملی صادر نکرده بود. در این زمان لنین در طرح یک پلاتفرم حزبی تحت عنوان "وظایف پرولتاریا در انقلاب ما" در بخش برنامه ارمنی و برنامه ملی نوشت که ح.س.د.ر. باید مقدم بر هر چیز اصرار ورزد که کلیه ملیت‌ها و اقوام ستمدیده که به‌زور جزء این کشور شده و جبراً در داخل حدودوثغور کشور نگاهداشته شده یعنی به کشور ملحق گشته‌اند از آزادی کامل برخوردارند که از روسیه اعلام جدایی کنند و این تصمیم بی‌درنگ به‌موقع اجرا گذارده شود.[۲۳]

در همان‌جا هدف حزب، نزدیکی ملل و "آمیزش" آتی آنها ذکر می‌شود. این نکته با بعضی از اظهارات بالای لنین و درک مبتنی بر ارجحیت شیوه تولیدی مارکس و انگلس در برخورد با روابط ملت‌ها باهم دیگر مغایر است. آنها از سرمایه‌داری در مقابل فئودالیسم دفاع می‌کردند و این طبعاً –در مرحله دیگری- به معنای دفاع از سوسیالیسم در مقابل سرمایه‌داری بود. لنین گاه با

تقسیم‌بندی ملت‌ها به ملت ستمگر و ستمدیده و نیز دفاع بدون قید و شرط از حق تعیین سرنوشت ملت‌ها مسئله حاکمیت طبقاتی و شیوه تولید را مبهم می ساخت به‌طوری‌که گاه ضرورتی نداشت که ملت دیگر بیان‌کنندهٔ یک جنبش بورژوایی باشد تا از آن در برابر سرمایه‌داری مسلط دفاع کرد.[۲۴]

ازنظر لنین اتحاد نه از طریق اعمال قهر بلکه از راه اتحاد مطلقاً آزاد و برادرانه توده‌های کارگر و رنجبر کلیه ملل عملی می‌شود. و این‌که آزادی کامل جدا شدن، وسیع‌ترین خودمختاری محلی (و ملی) تضمین‌های روشنی برای قبول حقوق اقلیت‌های ملی است.[۲۵] این بازهم روشن می‌کند که لنین حتی در آستانه انقلاب اکتبر هم به آمیزش ملت‌ها و نابودی ملت به‌طورکلی فکر می‌کند و هنوز "فدرالیسم" در نگرش او جایی ندارد ولی تحقق ملت به شکل حاکمیت مستقل را راهی در جهت نابودی ملی‌گرائی می‌بیند.

علاوه بر این‌ها در مورد قطعنامه ۲۹ آوریل ۱۹۱۷ می‌توان گفت که در آن بازهم موارد اساسی قطعنامه ۱۹۱۳ ذکرشده بودند. در آنجا به الحاق طلبی حمله شده، بر جنبه جدایی حق ملل در تعیین سرنوشت خویش تأکید شده و ضرورت یک جمهوری کاملاً دموکراتیک برای حل مسئله ملی گوشزد شده است. قطعنامه ادامه الحاق طلبی تزاریسم را – به‌ویژه در برخورد با فنلاند- محکوم می‌کند و خواهان الغای زبان اجباری رسمی می شود. در اینجا هم "خودمختاری وسیع ناحیه‌ای" مطرح است و هیچ اشاره‌ای به "راه‌حل فدراتیو" و محاسن و یا معایب آن وجود ندارد. در اینجا بازهم "خودمختاری فرهنگی- ملی" محکوم می شود یعنی بر تصمیم‌گیری متمرکز در مورد مسائل فرهنگی و مدارس تأکید می‌شود. همین‌طور گفته می‌شود که نباید اجازه داده شود تا خط‌مشی فرهنگی به‌وسیله ملت‌های مختلف مستقلانه تعیین شود.[۲۶]

دقت شود که چگونه خط‌مشی متمرکز – بروکراتیک که تصور می‌کند یک فرهنگ یکپارچه و متمایز و برتر را در اختیار خویش دارد، درآستانه انقلاب بر ذهن بلشویک‌ها حاکم است و طبعاً تابعیت از این فرهنگ رسمی اجباری می‌شود. سلطه اجباری این فرهنگ می‌توانست وسیله نیرومندی برعلیه ابتکارات و رشد همه‌جانبه فرهنگی و نزدیکی و ترکیب فرهنگی ملت‌ها بینجامد.

از این زاویه "حق تعیین سرنوشت ملت‌ها" با خودمختاری فرهنگی ملی در تضاد قرار دارد. اما در واقعیت خودمختاری فرهنگی- ملی یکی از جوانب تحقق حق تعیین سرنوشت یک ملت می‌توانست محسوب شود. نفی این جنبه از حق ملت‌ها در تعیین سرنوشت خویش و آن را ارتجاعی و ناسیونالیستی خواندن در ارتباط با تعریف ملت به‌مثابه یک مقوله زبانی، جغرافیایی و اقتصادی شکل گرفت. لنین هم با توجه به تأیید کامل نوشته استالین و حمله به عنصر روحی و فرهنگی باوئر آن را پذیرفته بود. اگر دقت شود در آن صورت صحبت از اشتراک روحی در تعریف استالین که آن را از باویر گرفته بود، از ملت بی‌معنا می‌شود.

البته این نگرش منعکس‌کننده همان سانترالیسم لنینی بود که در مورد سازمان‌دهی کارگران هم به چشم می‌خورد. قطعنامه آوریل ح.س. د.ر تأکید می‌کند که کارگران بایستی در سازمان‌های

واحد و یکپارچه‌ای سـازمان‌دهی شـوند که از یک خطـمشـی واحد، که درک لنینی به سـانترالیسـم دموکراتیک معروف است، پیروی کنند.

## تعمیق اختلاف بین لنین و بعضی دیگر از مقامات حزبی

تا جایی که به موا ضع سیا سی و تئوریک برمی‌گردد لازم به تو ضیح ا ست که پس از انقلاب اکتبر در سال ۱۹۱۸، ا ستالین به‌اتفاق عده‌ای از اع ضای کمیته مرکزی دارای برخوردی محتاطانه نـسبت به ر سمیت شـنا سی "حق ملیت‌های بالتیک و فنلاند را در تعیین سرنو شت خویش" دا شتند چون از نظر آنها پرولتاریا در آنجا به قدرت نرسـیده بود. اسـتالین در آن رابطه مطرح کرد که اصل حق خودمختاری (یا حق تعیین سـرنوشـت) باید به‌عنوان حقی تعبیر شـود که به تودههای زحمتکش ملیت موردنظر داده می‌شـده اسـت نـه بـه بورژوازی. این اصـل حق خودمختاری باید به‌عنوان وسیله‌ای در مبارزه برای سوسیالیسم، خدمت نماید و باید آن را تابع اصول سوسیالیسم نمود. [۲۷]

در همان زمان بوخارین، براژنسـکی و پیاتاکوف نیز همین دیدگاه را داشـتند، به‌طوری‌که پیاتاکوف "حق تعیین سرنوشت ملت‌ها" را به‌عنوان شعار بورژوازی مورد نکوهش قرار داده بود و "ارزش این شعار را کمتر از ارزش یک تخم‌مرغ گندیده" می‌دید. [۲۸]

نگرش ا ستالین بعداً به‌جایی ر سید که در اوت ۱۹۲۲ که او در مقام رئیس کمیـسیون مـسئول حل و فصل روابط جمهوری‌های شوروی بود قطعنامه‌ای موسوم به "خودمختاری کردن" تدوین نمود که به‌موجب آن جمهوری‌های مسـتقل اوکراین، بیلوروسـی، آذربایجان، ارمنسـتان و گرجسـتان در رو سیه به‌عنوان جمهوری‌های "خودمختار" متحد می شوند. بنابراین دیدگاه ا ستقلال جمهوری‌های شوروی بلافاصله نفی می‌شد و تصمیم‌گیری‌ها به‌صورت متمرکزی از یک مرکز واحد اتخاذ می‌گشت و کابینه دولتی رو سیه به‌مثابه کابینه سرا سری اتحاد جماهیر شوروی تلقی می شد. این تصمیمات استالین مورد مخالفت کمیته‌های مرکزی احزاب روسیه سفید و گرجستان قرار گرفت.

این سیاست‌ها با موضع لنین کاملاً هم‌خوانی نداشت و درنتیجه اختلافات لنین و استالین را به‌جای باریکی ک شاند. لنین از مو ضع "فدرا سیون" جمهوری‌ها دفاع می‌کرد یعنی آن چیزی که قبلاً رد می‌کرد. استالین در دفتر سیاسی حزب اعلام کرد که باید در مقابل لنین استواری نشان داد و در نامه‌ای به تاریخ ۲۷ سپتامبر از موضع لنین به‌مثابه یک موضع "لیبرالیسم ملی" یادکرد. [۲۹]

ادامه این اختلافات، آن‌طور که در بخش بعدی به‌صورت مفصل‌تری آورده شـده، شـدت گرفت. اما لازم به یادآوری ا ست که برخلاف نظر بتلهایم، لنین از تابعیت حق تعیین سرنو شت از منافع سـوسیالیسـم (که در این مورد شـوروی مدنظر بود) و مبارزه طبقاتی دفاع می‌کرد و اختلاف تنها بر سر تاکتیک در آن شرایط ویژه‌ای از توازن قوا بود که لنین را مجبور ساخته بود تا به مقدار وسیع‌تری انعطاف نشان بدهد همان‌طوری که در برخورد با معاهده با آلمان هم دیده می‌شد. کمیته مرکزی با اصلاحاتی متن استالین را پذیرفت و به‌جای کلمه اتحادیه کلمهٔ فدراسیون را قرار داد ولی این مضمون همچنان تفوق روسیه کبیر را در برداشت.

قبل از پرداختن به اختلافات وسیع‌تر بین لنین و استالین لازم است به برخورد لنین در سخنرانی درباره برنامه حزب در کنگره هشتم حزب کمونیست روسیه در ۱۹ مارس سال ۱۹۱۹ نیز اشاره‌کنیم. در آنجا لنین به بوخارین انتقاد کرد و به توضیح و تشریح مجدد حق ملت‌ها در تعیین سرنوشت خویش پرداخت. در آنجا از این موضع خود یادکرد که به فنلاند حق تعیین سرنوشت اعطاشده بود:

> من صحنه‌ای را که در اسمولنی روی داد خوب به یاد دارم. درآنجا من مجبور بودم به اسوین هوور (معنای تحت‌اللفظی آن "کله خوک" است) نماینده بورژوازی فنلاند که نقش جلاد را بازی کرد سند رسمی تسلیم نمایم. نامبرده باکمال مهربانی دست مرا فشرد و ما با یکدیگر تعارفاتی ردوبدل کردیم. چقدر این عمل نامطبوع بود! ولی انجام آن لازم بود، زیرا در آن هنگام این بورژوازی مردم را می‌فریفت، توده های زحمتکش را می‌فریفت و می‌گفت این موسکال‌ها، شونیست‌ها، ولیگاروس‌ها می‌خواهند فنلاندی‌ها را مختنق سازند، لذا می‌بایست این کار را انجام داد.[۳۰]

البته بعضی از تحلیل گران معتقدند که پیوستن اغلب ملیت‌های اروپائی مانند گرجستان، آذربایجان و ارمنستان- ماورای قفقاز- در پروسه‌ای دشوار که با حق تعیین سرنوشت خوانائی نداشت و ملیت‌های آسیائی هم به‌وسیله ارتش با زور به نحوی الحاق شد. در این کشورها انقلابیون طرفدار بلشویک‌ها تشویق شدند تا حکومت‌های از کارگران تشکیل دهند، هرچند اقلیت، تا در مقابل بورژوازی قرارگرفته و امکان دخالت ارتش سرخ روسیه فراهم شود.[۳۱]

موضع لنین در مورد فنلاند بعدازاین انقلاب به این صورت درآمد چون نیروهای آلمانی در مستقر شدند تا از حکومت منتخب دفاع کنند. با توجه به موضع قبلی خود لنین تنها به خاطر آن به‌حق تعیین سرنوشت فنلاند و جدا شدن از "کمپ سوسیالیسم" رضایت داده شد که توازن قوای بین‌المللی به نفع شوروی نبود. اگر لنین از اصل تابعیت کل از جزء پیروی می‌کرد می‌بایست "حق تعیین سرنوشت" بورژوایی فنلاند را نفی می‌کرد چراکه خود را در مقدمة الجیش امپریالیسم غرب قرار می‌داد که برعلیه شوروی بود. روح استدلال‌های روزا لوگزامبورگ هم تا حدود زیادی نیز همین بود اما چرا لنین با او به مخالفت برمی‌خاست؟ آیا این بدین معنا بود که لنین فنلاند را به‌مثابه امتیازی به امپریالیسم غرب می‌داد تا بقای روسیه شوروی را بخرد؟ و یا عملاً توان مقابله با نیروهای غربی به‌ویژه آلمان‌ها را که در آنجا مستقر شدند نداشت.

لنین این موضع خود در مورد فنلاند را در مقابل موضع بوخارین مطرح می‌کرد که می‌گفت "نباید" حق ملت‌ها را بلکه "حق توده‌های زحمتکش" را به رسمیت شناخت ولی لنین می‌گفت که ما نمی‌توانیم به خلق‌های دیگر نزدیک شده بگوییم "ما استثمارگران شمارا سرنگون خواهیم ساخت، ما این کار را نمی‌توانیم بکنیم زیرا آنها کاملاً تحت تبعیت ملاهای خود هستند. در این حالت باید منتظر شد تا تکامل این ملت یعنی مجزا شدن پرولتاریا از عناصر بورژوازی که امریست ناگزیر انجام بپذیرد".[۳۲]

اگر این عبارات لنین را مقایسه کنیم با آنچه در "ترازنامه حق ملت‌ها..." گفته بود، می‌توانیم جوانب تاکتیکی و یا تضادهای درک لنینی را متوجه شویم. مارکس و انگلس به‌وضوح از تصرف به‌زور جوامع "بربر" به‌وسیله جوامع پیشرفته سرمایه‌داری دفاع می‌کردند و از همین نقطه‌نظر بود که انگلس از سوسیالیسم مستعمراتی سخن می‌گفت. ازاین‌جهت تبعیت مردم از "ملاها" به معنی فئودالی بود ولی لنین حق تعیین سرنوشت را برای هر نوع نیروئی مطرح می‌نمود بدون آنکه صریحاً درک‌های مارکس و انگلس را موردانتقاد قرار بدهد.[۳۳]

## برخورد با مستعمرات بعدازاین انقلاب اکتبر

در برخورد با مستعمرات که یکی از مهم‌ترین جوانب مسئله ملی است موضع بلشویک‌ها نیز دارای ابهامات و تناقضات زیادی بود. کنگره باکو که در سال ۱۹۲۰ برگزار شد قدم مهمی بود که بلشویک‌ها برداشتند تا به‌عنوان دولت به تهییج و سازمان‌دهی جنبش‌های مستعمراتی بپردازند. مجموعاً موضع‌گیری آنها از این تبعیت می‌کرد که جنبش‌های ملی- مستعمراتی تا چه اندازه با "امپریالیسم" غرب، به‌ویژه امپراتوری بریتانیا به‌مثابه دشمن اصلی، تضاد داشتند. معیار آنها اساساً بر خصلت دموکراتیک این جنبش‌ها و برخورد آنها به مسائل ارضی و دیگر رفرم‌های بنیادی متکی نبود. هرچند آنها سخن از حمایت در "جنبش‌های ملی-انقلابی" می‌نمودند ولی انقلابی عملاً از معنی رایج تهی می‌شد. در موارد زیادی سیاست مقامات انترناسیونال در جهتی بود که "برای حفظ وحدت و قدرت" جنبش‌های بالفعل در مقابل بریتانیا عملاً مانع رفرم‌های ارضی، اعطای حق تعیین سرنوشت به ملت‌های داخلی و استقرار روابط واقعاً دموکراتیک می‌شدند. آنها حتی از ارتجاعی‌ترین حرکت‌ها و شخصیت‌ها دفاع می‌کردند

در کنگره باکو، زینویف و بعضی دیگر بارها با عوام‌فریبی و سطحی‌نگری به عباراتی همچون "شریعت اسلامی"، "حفظ غیرت" و آبروی زنان و نیز "جهاد" برعلیه بریتانیا و فرانسه پناه می‌بردند تا با توسل به این عبارات احساسات بعضی از عقب‌مانده‌ترین گروه‌های فئودالی و متعصب مسلمان را تهییج نموده و خاور را برعلیه بریتانیا برانگیزند. در این کنگره شخصیت‌هایی شرکت داشتند که نماینده جنبش‌های ضد دموکراتیک و ارتجاعی بودند و حتی به‌مثابه فئودال و خان در سرکوب و کشتار مردم خود نقش طولانی داشتند. از میان این‌ها می‌توان به کسانی همچون انور پاشا از ترکیه اشاره نمود.[۳۴]

ازآنجاکه کنگره باکو وسیله‌ای برای فشار بر بریتانیا بود به‌سرعت از پیشبرد وظایف خود بازماند به‌طوری‌که اچ. کار نوشت: "کنفرانس باکو را می‌توان آغاز فاز اول سیاست اتحاد شوروی در شرق دانست که با معاهده شوروی- انگلیس به افول رسید و در سومین کنگره کمینترن سپری گردید".[۳۵]

گفته چیچرین، وزیر امور خارجه شوروی، که در سپتامبر ۱۹۲۰ خطاب به لوید جورج اعلام کرده بود، نشان می‌دهد که شوروی اساساً از کنگره باکو جنبش‌های خاور برعلیه بریتانیا استفاده می‌کرد. چیچرین گفته بود "آقای لوید جورج با قطع مذاکره با شوروی نبایستی از رخ دادن یک

جنبش عظیم در آسـیا برعلیه بریتانیای کبیر شـکایتی داشـته باشـد". [۳۶] درنتیجه این تلاش‌های شوروی، یک سال بعد بریتانیا و شوروی به امضاء قراردادی پرداختند که در آن اعلام‌شده بود:

> ۱- دولت شوروی متعهد می‌گردد که از دست زدن به هرگونه عمل و یا تبلیغ برعلیه انگلسـتان خودداری کند. ۲- دولت شـوروی متعهد می‌گردد که از دامن زدن و یا حمایت از هرگونه حرکات تبلیغی و یا قهرآمیزی که مردم آسـیا را مسـتقیم یا غیرمستقیم برعلیه منافع انگلستان و یا بریتانیای کبیر تحریک کند خودداری کند. [۳۷]

باید متذکر شد که بعد از انقلاب اکتبر، به‌ویژه بعدازآنکه چشم‌انداز انقلابات در غرب رو به افول رفت، این دیدگاه بیشتر تقویت شد. ازآن به بعد خصلت طبقاتی و اهداف جنبش‌های ملی به‌طور اعم، نه بورژوایی باهدف رفرم‌های بورژوا–دموکراتیک، بلکه جنبش‌های انتقالی دیده می‌شـد و اعلام شد که "مسئله ملی قسمتی از مسئله عمومی انقلاب پرولتاریا، قسمتی از مسئله دیکتاتوری پرولتاریاسـت". [۳۸] این درواقع بنیان اولیه نظریه راه رشـد غیر سـرمایه‌داری بود که بعداً مبنای سیاست خارجی شوروی قرار گرفت.

با چنین خصـلتی این جنبش ها می‌توانسـتند در رابطه تنگاتنگ با "جنبش جهانی پرولتاریا" قرارگرفته و با کمک جنبش پرولتاریای جهانی بعضی از مراحل تاریخی تکامل اقتصادی و اجتماعی- به‌ویژه سرمایه‌داری را دور زده و مسـتقیماً وارد "مرحله سـوسـیالیسـتی" شـوند و این به‌وضـوح در کنگره دوم انترناسیونال به‌وسیله رُی و لنین فرمول‌بندی شده بود. [۳۹]

البته این دیدگاه را قبلاً مارکس و انگلس در پیشگفتار چاپ روسی مانیفست ( سال ۱۸۸۲) به صورت یک امکان در ارتباط باآبشین‌های روسی اعلام کرده بودند. این دیدگاه پس از انقلاب اکتبر به نحوی به‌وسیله کمونیست هندی رُی (که بعداً از بلشویسم برید) فرمول‌بندی شده بود و در کنگره دوم در انترناسیونال سوم مورد تأیید کامل لنین قرار گرفت. [۴۰] علاوه بر این می‌توان افزود که اسـتالین از قول لنین در سـال ۱۹۱۶ یک‌بار گفته بود که مسـئله ملی جزء متشـکله انقلاب عمومی پرولتری، انقلاب سـوسـیالیسـتی درآمده بود و اچ کار می‌نویسـد که اسـتالین گفتهٔ لنین را فقط به‌صورت واضح‌تری بیان کرده بود. [۴۱]

## تعبیر استالینی از لنینیسم و مسئله ملی

اندکی بعد از مرگ لنین، استالین دست به سخنرانی‌هایی راجع به اصول لنینیسم زد و تلاش کرد "لنینیسم" را به‌صورت یک سیستم کامل، اشتباه ناپذیر، با راه‌حل‌های آماده‌شده و سرراست معرفی کند. [۲] در این سلسله سخنرانی‌ها، استالین در مورد مسئله ملی اعلام نمود که "لنینیسم ثابت کرد و

---

[۲] باید دقت نمود که این شیوه مطهر سازی و مذهب پروری را خود لنین هم در مورد مارکس و انگلس به کار گرفته بود و استالین هم لنینیسم را به‌مثابه "مارکسیسم عصر امپریالیسم" معرفی نمود و حتی امکان استفاده مستقل آثار مارکس و انگلس را محدود ساخت چه برسد به مطالعه آثاری که در کمپ سنتی مارکسیسم و یا لنینیسم نبودند.

جنگ امپریالیستی و انقلاب روسیه نیز تأیید نمودند که مسئله ملی فقط در رابطه و بر اساس انقلاب پرولتاریایی ممکن است حل و تصفیه گردد".[۴۲] این دیدگاه استالین با دیدگاه خود استالین در "مارکسیسم و مسئله ملی" و نیز موارد زیادی با اظهارات لنین که معتقد بود بورژوازی قادر به حل مسئله ملی است کاملاً در تضاد است. البته پایه این درک جدید در این نهفته بود که گویا "سوسیالیسم" به‌مثابه یک سازمان اجتماعی- اقتصادی برتر چشم‌انداز جدیدی را آفریده بود و به ناگزیر بورژوازی را واداشته بود تا در مقابله با سوسیالیسم به "ارتجاع" تکیه نماید و این امری تحقق‌یافته و تقریباً غیرقابل‌برگشت تصور می‌شد. ازنظر آنها بنا به نیازهای عینی تاریخ و احکام ماتریالیسم تاریخی این امری اجتناب‌ناپذیر بود. البته این‌ها با دیدگاه‌های قبل از انقلاب لنین که با شدت نظرات چپ را، که تحقق حق ملی را در چارچوب سرمایه‌داری رد می‌کردند، و لنین آنها را اکونومیست می‌نامید، سازگاری نداشت.

استالین در مورد حل مسئله ملی در عصر امپریالیسم می‌گفت: "مبارزه انقلابی ملل مظلوم کشورهای مستقل و مستعمرات بر ضد امپریالیسم یگانه راه استخلاص آنها از ظلم و استثمار است".[۴۳] دیده می‌شود که در اینجا برخلاف دیدگاه اولیه مارکسیستی یک جنبش طبقاتی پرولتریایی نیست که نافی هرگونه "ظلم و استثمار" است بلکه جنبش یک ملت- بدون مرزکشی طبقاتی- است که استثمار را از میان برمی‌دارد. علاوه بر این‌همه این نظریات لنینی و یا اساساً استالینی، مبنای جدیدی برای متحدشدن با ارتجاعی‌ترین گرایش‌های موجود در مستعمرات برعلیه "سرمایه‌داری پیشرفته و یا امپریالیسم شد که در اغلب موارد نه‌تنها با تکامل اقتصادی و اجتماعی مستعمرات تناقض داشت بلکه آنها را حتی به مراحل عقب‌مانده‌تری می‌کشاند.[۴۴]

استالین در اصول لنینیسم با تأکید بیشتری به گفته‌های لنین در سال ۱۹۱۶ برگشت تا روشن کند که از جنبش ملی تا آنجایی می‌توان حمایت نمود که همچون یک "جزء" از "کل" تبعیت کنند. مفهوم آن این است که چنانچه جنبش‌های ملی دارای سیاستی باشند که از منافع "انقلاب پرولتری" و یا به‌طور مشخصی از سیاست اتحاد جماهیر شوروی، به‌مثابه پرچم‌دار منافع "پرولتاریا"ی بین‌المللی پیروی نمایند، قابل حمایت خواهند بود. استالین گفت که معنی حمایت از جنبش‌های ملی این نیست که "پرولتاریا باید با هر قسم نهضت‌های ملی یعنی در همه‌جا و همیشه در تمام موارد بخصوص کمک نماید. در اینجا در باب مساعدت به چنان نهضت‌های ملی است که باعث ضعف و سرنگونی امپریالیسم شود نه آنکه سبب استحکام و ابقای آن گردد. گاهی اتفاق می‌افتد که نهضت ملی پاره‌ای از کشورهای مظلوم با منافع مترقی نهضت پرولتاریایی تصادم پیدا می‌کند. لازم به تذکر نیست که در چنین مواردی سخنی هم از کمک نمی‌تواند در میان باشد. مسئله حقوق ملل یک موضوع منفرد و مستقلی نبوده بلکه جزئی است از مسئله کلی انقلاب پرولتاریایی، و این جزء مطیع 'کل' بوده و ازنقطه‌نظر کل باید به آن نگاه کرد".[۴۵]

با توجه به این گفته تصور کنیم که بعضی از ملت‌های آسیایی اتحاد جماهیر شوروی خواهان جدایی از "کشور سوسیالیستی" می شدند چه اتفاقی می‌افتاد طبعاً خواست آنها ضد سوسیالیسم و

ضدانقلاب پرولتری و موجب تقویت ابقای امپریالیسم تلقی شده و آن‌ها به‌شدت سرکوب می‌شدند. تجربه لهستان و مجارستان تنها نمونه آشکاری بود. هرچند گاه ممکن است تعبیر دیگری نمود و اعلام کرد که منافع سو سیالیسم درازمدت آن خواهد بود که به سازش تن بدهد و یا در هر زمان در چهارچوب مشخص توازن قوا عمل کند که در آن صورت این دیدگاه با بعضی از دیدگاه اولیه لنین نزدیک‌تر خواهد شد و مسئله ملی را در این صورت به‌مثابه یک تاکتیک و نه یک استراتژی سیاسی درخواهد آورد. علاوه بر این تا آنجا که یک "جنبش ملی" با دشمنان "اتحاد جماهیر شوروی" در تضاد بود موردحمایت قرار می‌گرفت و در کمپ "انقلابیون" دیده می شد. صرف‌نظر از این‌که خصلت آن "جنبش ملی" فئودالی و ماقبل سرمایه‌داری بود یا نه. استالین به‌طور آشکار گفته بود "لازمه جنبه انقلابی نهضت ملی در شرایط فشار امپریالیسم به‌هیچ‌وجه آن نیست که عناصر پرولتاریایی در نهضت وجود داشته و نهضت دارای برنامه انقلابی و جمهوری‌خواهانه و یا متکی بر دموکراسی باشد".[٤٦]

ازاینجا به‌طور وضوح می‌توان نتیجه گرفت که برای استالین "دشمن دشمن من دوست من است" ازنظر عینی اصلی انقلابی است و لازم نیست یک نیرو خواستار دموکراسی، رفرم ارضی و یا ملی در کشور خویش باشد تا انقلابی باشد. البته استالین به جنبه‌هایی از دیدگاه لنین تکیه می‌کرد، و اشتباه است اگر گفته شود که دیدگاه‌های آن دو باهم هیچ رابطه‌ای نداشتند. استالین مطرح کرد که "لنین حق داشت که می‌گفت نهضت ملی کشورهای مظلوم را نباید ازنقطه‌نظر دموکراسی تشریفاتی موردتوجه قرار داد بلکه باید ازنظر نتایج واقعی آن در ترازنامه عمومی مبارزه با ضد امپریالیسم، به‌آن قیمت گذاشت یعنی نه به‌طور منفرد و مجزا بلکه در مقیاس جهانی".[٤٧]

در اینجا سرانجام این موضوع روشن‌تر می‌شود که تا چه میزان همان عناصر ریاکارانه و بندوبست‌های رایج سیاسی که شوروی اغلب به درست و یا نادرست به کشورهای سرمایه‌داری غرب نسبت می‌داد با پوشیدگی و زیرکی بیشتری با خط‌مشی "سوسیالیستی" و "مارکسیسم لنینیسم" روسی نیز درآمیخته بود. در این مورد هم تقدم به همان چیزی داده‌شده که "منافع ملی" و "توازن قوا" نامیده شده است.

## اختلاف بین لنین و استالین بر سر مسئله ملی بعد از انقلاب اکتبر

شدت گیری اختلافات بین لنین و استالین که به آنها کمتر توجه شده است از زمانی بیشتر می شود که استالین به مقام دبیر کلی حزب می‌رسد. لنین طی نامه‌هایی به کنگره حزبی در سال ۱۹۲۲، دیدگاه‌های خود را در مورد بعضی از مسائل مربوط به کمیته مرکزی اظهار نمود.

ازآنجاکه لنین به علت مریضی قادر به شرکت در کنگره نبود نتیجه نامه‌های او تأثیر تعیین‌کننده‌ای در تصمیم‌گیری‌های کنگره نداشت. لنین از احتمال انشعاب در حزب بیمناک بود و استالین را از دو جهت موردانتقاد قرار می‌داد. اولاً ازاین‌جهت که "قدرت نامحدود را در دست خود متمرکز کرده" بود و به‌کارگیری دوراندیشانه و احتیاط‌آمیز این قدرت را از جانب استالین

موردتردید قرار می‌داد.[48] ثانیاً ازاین‌جهت که شخصیت "بسیار خشن" استالین را برای مقام دبیر کلی تحمل‌ناپذیر ارزیابی می‌کرد.[49]

این انتقاد به میزانی بود که لنین به کنگره توصیه کرد که شخص دیگری را که "شکیباتر، منصف‌تر، مؤدب‌تر و باتوجه‌تر و دارای بهانه‌گیری کمتر" باشد به‌جای استالین برگزینند. او احتمال انشعاب را نیز از زاویه رابطه استالین با "مستعدترین" فرد کمیته مرکزی یعنی تروتسکی هم موردتوجه قرار می‌داد.

گذشته از این انتقادات عمومی نسبت به شخصیت استالین، لنین جوانبی از دیدگاه‌ها و سیاست‌های استالین را در مورد مسئله ملی نیز به شدت موردانتقاد قرار داد. این انتقادات لنین طی یادداشت‌هایی در دسامبر ۱۹۲۲ آماده شده بود و در کنگره دوازدهم حزب در آوریل سال ۱۹۲۳ برای شرکت‌کنندگان قرائت گردید. این اختلافات اساساً در مورد نحوهٔ ارتباط ملیت‌های گوناگون در سرزمین تزاریسم بود که بلشویک‌ها از آن به ارث برده بودند.

بعد از انقلاب مسئله تنها بر سر یک تئوری و برنامه نبود تا امکان وحدت در آن ساده‌تر باشد بلکه به‌صورت یک مسئله عملی و سیاسی برای بلشویک‌های صاحب قدرت درآمده بود. همین موضوع بود که به اختلاف بین لنین و استالین انجامید، هرچند استالین این اختلافات را پوشیده نگاه داشت و کل تاریخ شوروی را با شیوه‌ای تبلیغاتی و تک‌خطی در تاریخ مختصر حزب کمونیست شوروی در خدمت تحکیم قدرت خویش و حزب خود قرار داد.

سیاست استالین که به سیستم "خودمختاری کردن ملیت‌ها" معروف بوده موردانتقاد لنین قرار گرفت. لنین طی یادداشت‌هایی خود را در مقابل کارگران روسیه سرزنش می‌کرد که چرا با "جدیت و قاطعیت" به طرح خودمختاری کردن برخورد نکرده بود. عدم امکان حضور لنین در پلنوم‌های اکتبر و دسامبر سال ۱۹۲۲، به علت بستری بودن‌اش، به تصمیماتی انجامیده بود که ازنقطه‌نظر لنین به نتایج عملی ناگوارتری رسیده بودند. ازجمله نتایج عملی این سیاست‌های استالین، موضوع گرجستان بود که حتی به درگیری‌های فیزیکی بین نماینده حزب کمونیست شوروی اورژنیکیدزه و رهبران ایالتی حزب ازجمله مدیوانی که از آنها به‌عنوان "سوسیال ناسیونالیست" یاد می شد انجامیده بود. برای بررسی کل جریان، حزب کمیسیونی را تحت رهبری دزرژینسکی به گرجستان فرستاده بود.

باوجودآنکه لنین روحیات "روسی منشانه" دزرژینسکی را مانعی در تهیه گزارشات "بی‌طرفانه" می‌دید، دزرژینسکی شخصاً حوادث گرجستان را به اطلاع لنین رسانید. لنین معتقد بود که دزرژینسکی از "حد خود تجاوز کرده" و این امر واضح می‌کرد که "ما به چه منجلابی غلتیده‌ایم". و او این امر را نتیجه تلاش مربوط به خودمختاری کردن می‌دانست که به‌کلی نادرست و نابهنگام بود.[50]

لنین ضرورت "وحدت دستگاه" را که از جانب مدافعان سیستم خودمختاری به رهبری استالین مطرح می‌شد ناشی از "همان دستگاه روسیه" می‌دانست که از تزاریسم به عاریت

گرفته‌شـده بود و فقط اندکی رنگ و جلای شـوروی به آن زده شـده بود. او این را در ماهیت‌اش امری "بیگانه" و عبارت از یک "آش شله‌قلمکار بورژوایی و تزاری" می‌دانست.[۵۱]

لنین با چنین شرایطی شعار "آزادی خروج از اتحادیه" در برنامه حزبی را تبدیل به یک "لفظ میان‌تهی" می‌دید که به دفاع از افراد ملیت‌های غیر روس در مقابل "روس شـوینیسـت و در ماهیت امر رذل و قلدر منش که بروکرات‌های روس نمونه جامع آن هستند" به دفاع برنمی‌خاست. لنین در همان‌جا انتقاد خود را متوجه اسـتالین نموده و می‌گوید: "من تصـور می‌کنم که در اینجا شـتاب‌زدگی و شـیفتگی اسـتالین به شـیوهٔ اداری و نیز بغض و کین وی نسـبت به 'سـوسـیال ناسـیونالیسـم' نقش شـوم خود را بازی کرده باشـد".[۵۲] او هم‌چنین می‌گوید که می‌ترسـد که دزرژینسکی که برای تحقیقات درباره "تبهکاری‌های" این سوسیال ناسیونالیست‌ها به قفقاز رفته بود نیز در اینجا فقط روحیه حقیقتاً روسی منشانه خود را نشان داده باشد. لنین ناراحتی خود را به این صـورت بیان می‌کند که "به اسـتناد هیچ‌گونه مفسـده‌جویی، حتی هیچ‌گونه توهینی نتوان این ضرب شست روسی منشانه را تبرئه کرد".[۵۳]

لنین به‌منظور شکافتن موضوع باز به اینجا برگشت که بایستی بین "ناسیونالیسم ملت ستمگر و ناسـیونالیسـم ملت سـتمدیده" تفاوت قائل شـد و این اعتقاد خود را بازهم ابراز نمود که ناسیونالیست‌های ملت بزرگ در برابر ناسیونالیسم ملت ستمدیده طی جریان تاریخ تقریباً همیشه مقصر بوده‌اند. "ما" "مرتکب اجحاف بی‌حدوحصر شده" و به آنها "اجحاف و توهین بی‌حدوحصر" روا می‌داشـته‌ایم. آنگاه لنین تأکید می‌کند که برابری ملیت‌ها باید به نحوی باشد که ملت سـتمگر یعنی ملت بزرگ بتواند آن نابرابری را که عملاً در زندگی پدید می‌آید جبران نماید. برای اعتماد ملت‌های سـتمدیده تنها برابری ظاهری کافی نیسـت. برای این کار باید به‌وسـیله رفتار خود یا به‌وسیله گذشت‌های خود نسبت به فرد ملت ستمدیده آن عدم اعتماد و آن بدگمانی و آزردگی را که درگذشته تاریخ براثر اعمال ملت "عظمت طلب" در او پدید آمده جبران نمود.

او علاوه برآن بازهم به اسـتالین حمله برده و می‌گوید "آن گرجی که به این جانب مسـئله وقعی نمی‌گذارد و با نظری حقارت آمیز تهمت 'سـوسـیال ناسـیونالیسـم' می‌زند (و حال‌آنکه خود او نه‌تنها سوسیال ناسیونالیسم حقیقی است، بلکه قلدر خشن روسی منش نیز هست) این گرجی که در ماهیت امر به مصـالح همبسـتگی طبقاتی پرولتاریا پشـت پا می‌زند." لنین توصـیه می‌کرد که با توجه به رنجیده‌خاطری و حساسیت ملیت‌های تحت ستم "گذشت و نرمش نسبت به اقلیت‌های ملی بهتر از امساک است".

این نامه‌های لنین در زمان استالین در مجموعه آثار لنین آورده نشده بود و فقط بعد از مرگ اسـتالین در دوره خروشـچف در مجموعه آثار لنین گنجانده شـد. اسـتالین که گفته می‌شـود "تاریخ مختصر حزب بلشویک" را شخصاً نوشته بود به تحریف واقعیت‌ها پرداخت و نوشت که کنگره دوازدهم "پرده از چهره ملیون انحرافی و سـیاسـت امپریالیسـتی آنها نسـبت به اقلیت‌های ملی برافکند". اسـتالین می‌گفت که در آن موقع ملیون منحرف گرجی یعنی مدیوانی و دیگران بر ضـد

حزب علم مخالفت برافراشته بودند. این عناصر علیه تشکیل فدراسیون ماوراء قفقاز و تحکیم دو ستی ملل ماوراء قفقاز بودند. آنها نسبت به ملل دیگر مانند شونیست‌های حقیقی امپریالیستی رفتار می‌کردند. تمام کسانی را که گرجی نبودند به‌ویژه ارامنه را از تفلیس بیرون می‌راندند. قانونی وضع کرده بودند که به‌موجب آن اگر دختر گرجی به غیر گرجی شوهر می‌کرد از تبعیت گرجستان محروم می‌گردید. تروتسکی، رادک، بوخارین، سکریپتیک، راکوفسکی از ملیون منحرف گرجی پشتیبانی می‌کردند. پس‌ازاین کنگره یک مجلس مشاوره تشکیل شد که در آن "پرده از روی ملیون بورژوازی تاتار یعنی سلطان غالیف و دیگر ملیون منحرف ازبک یعنی فیض‌الله خوجایف و دیگران برداشته شد".[۵۴] البته این‌که استالین تا چه میزان و چه جوانبی از واقعیت‌ها را در این مورد تحریف می‌کرد بازهم نیاز به بررسی بیشتری دارد.

همان‌طوری که دیده می‌شود در همین دوران، لنین هم در نوشته ها و نامه های خود از مدیوانی دفاع کرد و شدیداً به استالین حمله می‌کرد. اما استالین به مخالفت لنین با سیاست‌های استالین و تمسخر اصطلاحات "سوسیال ناسیونالیسم" که استالین به کار می‌گرفت نمی‌کند. استالین به‌صراحت نمی‌گوید که لنین هم از دیدگاه او نیز جزو کسانی بود که از ملیون منحرف دفاع می‌نمود.

علاوه بر این لنین توصیه می‌کرد که باید برای "عبرت دیگران رفیق دزرژینسکی را تنبیه کرد" و مدارک کمیسیون دزرژینسکی را تکمیل نمود تا نادرستی‌ها و قضاوت‌های مغرضانه‌ای که ازنظر او در آنها بود اصلاح شود. و این‌که "مسؤلیت سیاسی تمام این یورش ناسیونالیستی حقیقتاً رو سی منشانه را البته باید به گردن استالین و دزرژینسکی گذاشت".[۵۵] او معتقد بود که بایستی مقررات اکیدی وضع شود تا زبان‌های ملی در جمهوری‌ها به کار گرفته شوند و نیز به "جز در مسائل نظامی و دیپلماسی کلیه رشته‌های دیگر با استقلال کامل در اختیار کمیساریای ملی باشد".[۵۶] این‌که آیا این به معنای خودمختاری فرهنگی هم هست چیزی نمی‌گوید. ولی این برگشت روشنی به فدرالیسم بود.

لنین طبعاً در روسیه برقراری رشته ارتباط مؤثر را از طریق یک کانال محدود حزبی می‌دید و در سطح بین‌المللی به پتانسیل ملیت‌های مستعمراتی در رویارویی باقدرت امپریالیست‌های باختر و سرمایه‌داری جهانی می‌اندیشید و معتقد بود که صداقت بلشویک‌ها نسبت به مسائل ملیت‌های داخلی روس مهم‌ترین نقش را در ایجاد همبستگی و نزدیکی ملیت‌های ستمدیده با "پرولتاریای" انقلابی خواهد داشت. برای دنبال کردن مسائل ملیت‌ها لنین فراتر از این رفت و طی نامه‌های متعددی در مارس ۱۹۲۳ خواهان مبارزه با درک‌های استالین بود. لنین در نامه‌ای به مدیوانی و ماخارادزه که نسخه‌ای از آن را برای تروتسکی و کامنف هم فرستاد نوشت، "رفقای شایسته: من از صمیم قلب مسئله شما را دنبال می‌کنم. گستاخی اورژنیکیدزه و تجاهل استالین و دزرژینسکی را بی‌حرمتی بزرگی تلقی می‌کنم، برای شما یک سخنرانی و یادداشت‌هایی در دست تهیه دارم".[۵۷]

او در همان روز نیز نامه‌ای به کامنف نوشت و اعلام کرد "من علیه شوینیسم ملت حاکم (روس‌های کبیر) اعلام جنگ می‌کنم. همین‌که از شر این دندان لعنتی خلاص گردم، آن شوینیسم ملت حاکم را با دندان‌های سالم‌ام خواهم خورد. باید مطلقاً اصرار ورزید که ریاست جلسات کمیته اجرایی مرکزی اتحاد شوروی، به‌نوبت به عهده یک روس، یک اوکراینی، یک گرجی و غیره باشد". [۵۸]

دو روز قبل از آن یعنی در ۵ مارس ۱۹۲۳ لنین یک نامهٔ کاملاً سری و شخصی به تروتسکی به این مضمون نوشته بود: "رفیق شایسته: من از شما به‌طورجدی درخواست می‌کنم که دفاع مسئلهٔ گرجستان را در کمیته مرکزی حزب به عهده بگیرید. این مسئله اکنون به دست استالین و دزرژینسکی تحت تعقیب است و من نمی‌توانم روی بی‌غرضی آنان حساب کنم. اگر شما موافقت کنید و دفاع از آن (مسئله گرجستان) را به عهده بگیرید، خیال من آسوده خواهد شد. اگر به دلایلی موافق نیستید تمام مدارک را برایم پس بفرستید. این را من نشانه عدم موافقت شما تلقی خواهم نمود".

بنا به گفته دویتچر تروتسکی با چنین مأموریتی توافق کرد ولی بعداً به "یک سازش پوشیده" تن داد که لنین قبلاً در مورد آن هشدار داده بود.[۵۹] این بی‌اعتنایی تروتسکی تا حدودی ناشی از عدم حساسیت تروتسکی به‌مثابه یک ارو سنتریست، دانسته شده است. بنابراین تروتسکی در کنگره دوازدهم با بی‌اعتنایی از این مسئله گذشت و حتی به بهانهٔ "تهیه گزارش خود"، در مباحث مربوط به مسئله ملی شرکت نکرد و در موردحمایت از "گرجی‌های تحقیرشده" سکوت نمود.[۶۰] هرچند او طراحی استالین را در ارتباط با تصرف گرجستان در سال ۱۹۲۱ مورد اعتراض قرار داده بود.

در ارتباط با انتقادات لنین از استالین می‌توان گفت که نگرش لنین تا حدود زیادی متوجه شیوهٔ رفتار استالین است و سیاست‌های استالین تا آنجایی موردانتقاد است که "اتحاد موجود" را به خطر می‌انداخت و مصالح سیاسی شرایط آن دوره را در نظر نمی‌گرفت. سیاست انعطاف‌پذیرتر لنین کاملاً آشکار است ولی وحدت او با استالین برای هجوم به گرجستان که در آن‌یک حکومت سوسیال‌دموکراتیک انتخاب شده بود هم وجود داشت. باید دقت شود که لنین شیوه استالین را در برخورد با پیروان و یا اعضاء حزب و سیاست شعبه‌های منطقه‌ای حزب در میان ملیت‌ها محکوم می‌کند و نه برخورد او را نسبت به نیروهای مخالف و سیاست‌های خارجی‌اش. به نظر می‌رسد چنین بیانات تندی از جانب لنین منعکس‌کننده بحران عمیقی بود که حکومت و حزب بلشویک را تهدید و بسوی فروپاشی می‌برد و لنین بلشویک‌ها را به سازش بیشتری در مقابله ملت‌ها دعوت می‌کرد بدون آنکه دموکراتیزه کردن بیشتر جامعه را بپذیرد.

موضع لنین نیز از جهات متفاوتی قابل انتقاد بود. از میان منتقدین لنین می‌توان به دو دیدگاه لزک کولاکوفسکی اشاره کرد. کولاکوفسکی برخورد لنین را نسبت به مسئله ملی یک برخورد تاکتیکی می‌بیند چون "حق تعیین سرنوشت" مطلقاً باید از منافع حزب پیروی کند. تقدم منافع

حزب، اعتقاد به‌حق تعیین سرنوشت را به‌مثابه یک اصل خنثی کرده و یا به آن خصلت تاکتیکی می‌بخشد که برای دست‌یابی به قدرت پرولتری مورداستفاده قرار می‌گیرد. کولاکوفسکی از لنین نقل می‌کند که "هیچ مارکسیستی، بدون تردید در اصول مارکسیسم و سوسیالیسم به‌طورکلی نمی‌تواند انکار کند که منافع سوسیالیسم بالاتر از منافع حق تعیین سرنوشت ملت‌ها می‌باشد".[۶۱]

از این زاویه است که کولاکوفسکی نتیجه می‌گیرد که در نگرش لنین حزب متمرکز فراملیتی، تصمیم‌گیرنده پرقدرت و نهایی است که به علت ضدیت آن با جدایی، در مواقع حساس (به‌ویژه در قدرت)، حق تعیین سرنوشت را نفی می‌کند. وقتی حزب منافع عمومی پرولتاریا را نمایندگی کند و دولت پرولتاریا نماینده منافعی باشد که فراتر از منافع "ملت‌ها" باشد در آن صورت "ملت‌ها" باید از آن دولت پرولتاریائی پیروی کنند. ازنظر کولاکوفسکی، برخورد لنین به استالین و دزرژینسگی در باب مسئله گرجستان فقط بر سر شیوه برخورد است نه بر سر پذیرش حق تعیین سرنوشتی که متضاد با منافع حزب پرولتری باشد. چون ازنظر لنین هیچ مانع و اشکالی وجود نداشت که ارتش سرخ به دولت انتخاب شده سوسیال‌دموکراتیک گرجستان هجوم ببرد.[۶۲]

از زاویه چنین دیدگاهی نظر لنین هم یکپارچه و کاملاً سیستماتیزه دیده می‌شود که در آن جایی برای شکاف وجود ندارد، درحالی‌که خود کولاکوفسکی نیز از لنین نقل می‌کند که لنین گفته بود "ما برعلیه فرهنگ ملی به‌مثابه یکی از شعارهای ناسیونالیسم بورژوازی هستیم، ما موافق فرهنگ بین‌المللی یک پرولتاریای کاملاً سوسیالیستی دموکراتیک می‌باشیم".[۶۳] و یا اینکه لنین گفته بود که آنهائی که از شعار فرهنگ ملی دفاع می‌کنند در میان خرده بورژواهای ناسیونالیست‌اند و نه مارکسیست.[۶۴] ولی لنین در "غرور ملی و لیگاروس‌ها"، در سال ۱۹۱۴، مسئله را به نحو دیگری مطرح کرد و گفت: "آیا ما پرولتارهای آگاه و لیگاروس از حس غرور ملی بری هستیم؟ البته خیر ما زبان خود و میهن خود را دوست داریم...ما از حس غرور ملی سرشاریم و به همین جهت است که از گذشته برده‌وار خود بیزاریم".[۶۵] همان‌جا لنین نیز گفت که "مصالح (منظور مفهوم برده‌وار آن نیست) غرور ملی و لیگاروس‌ها با مصالح سوسیالیستی پرولترهای و لیگاروس (و کلیه پرولترهای دیگر) مطابقت دارد". این مقاله در زمان استالین چنان باب طبع او بود که وسیعاً انتشار می‌یافت.[۶۶]

## نتیجه‌گیری

تا اینجا پاره‌ای از مواضع اساسی برنامه‌ای و تئوریک چپ روسیه – به‌ویژه بلشویک‌ها- در برخورد با مسئله ملی بررسی و روشن‌شده است که این مواضع تا چه اندازه منسجم و یا دارای تناقض و یا ابهام جدی بود. به‌طورکلی می‌توان گفت مباحث مرتبط با مسئلهٔ ملی در روسیه آن زمان از مهم‌ترین اسناد تاریخی در این زمینه هستند. توانائی لنین در مشاجرات سیاسی هم کاملاً آشکار است ولی مشکل است آنها را منسجم به‌حساب آورد. مثلاً گاه "حق تعیین سرنوشت ملت‌ها" یک مسئله تاکتیکی و گاه یک مسئله استراتژیکی و اصولی دیده می‌شد. و با توجه به نوسان بین دو دید،

سیاست بلشویک‌ها گاه بشدت مه‌آلود می‌شد. در مواردی این‌یک اصل برنامه‌ای بود ولی جنبه تاکتیکی به خود می‌گرفت و به توازن قوا و تبعیت کل از جزء تبدیل می شد. حتی گاه، به‌ویژه بعد از انقلاب اکتبر، به صورت و سیله‌ای برای معاملات سیا سی و اقت صادی با قدرت‌های بزرگ، به‌ویژه انگلستان، درمی‌آمد. ازنظر کلی تا جائی که مسئله ملی به‌مثابه یک پدیدهٔ موقت و زودگذر دیده می‌شد، تا حدودی به جوانب اقتصادی و سیاسی آن از این زاویه توجه می‌شد، ولی مشارکت دموکراتیک و فرهنگی به‌طورجدی مورد غفلت قرار می‌گرفت. و این برخورد عملاً زمینه لازم را بر پروسه جذب و انحلال قهرآمیز گروه های فرهنگی کو چک‌تر تئوریزه می‌کرد. تا میزانی که به‌کارگیری قهر بی‌اندازه و تبعیدهای بی‌حساب و بی‌رحمانه استالین از همین جهت توجیه‌پذیر می‌شد.

در مرحله‌ای با فدرالیسم مخالفت می‌شد مثلاً لنین در ۱۹۱۴ نوشت "ما به‌هیچ‌وجه طرفدار حتمی ملت‌های کوچک نیستیم: ما در *صورت برابری سایر شرایط* (تأکید از خود لنین) بدون چون‌وچرا طر فدار مرکز یت و مخالف با ا یده‌آل خرده بورژوایی در مورد مناسبات فدراتیوی هستیم".[۶۷] و یا اینکه گاهی "زبان رسمی روسی" تصویب می شد و در مرحله‌ای دیگر زبان رسمی نفی می‌شد و قبول "فدراسیون" و خودمختاری بیشتر به‌صورت اقدامات محدود تکنیکی و جغرافیایی به اجرا درمی‌آمد که ازنظر سیا سی و فرهنگی جنبه صوری دا شت و گاه تنها به صورت وسایل قهر و همگون سازی حزبی عمل نمود. و چنین اقداماتی خصلت شدیداً متمرکز سیستم شوروی را بعد از انقلاب نفی نمی‌کرد.

اما تضاد اساسی‌ای که اصل ملت‌ها در تعیین سرنوشت خویش را از درون ویران می‌ساخت و آن را به یک شعار پوچ و توخالی تبدیل کرد نفی "حق تعیین سرنوشت مردم" درون سیستم شوروی بود که زمانی روزا لوگزامبورگ، البته با محدودیت خاص خود، آن را موردانتقاد قرار داده بود. "دیکتاتوری پرولتاریا" و دیکتاتوری حزبی جائی برای ابراز حقوق دموکراتیک مردم شوروی نگذاشته بود. جایی نمانده بود که مردم بتوانند سرنوشت خود را تعیین کنند، نه‌تنها در سطح ملی بلکه حتی در سطح گروهی و سازمانی. سرنو شت را ا صول ماندگار و جاودانه‌ای تعیین می‌کرد که در انحصار "حزب" و دولت "دیکتاتوری پرولتاریا" بودند.

این هم چندان درست نیست که بعد از انقلاب تقریباً همه ملت‌های سابق روسیه تزاری به صورت داوطلبانه‌ای به شوروی پیو ستند. وقتی رژیمی ا ستبدادی راه هرگونه اعتراض را مسدود کرده بود چگونه امکان داشت که مردم بتوانند نظرات مخالف خود را بیان کنند و یا در تصمیم اولیه خود تجدیدنظر کنند.

هیچ امکان و فضایی وجود نداشت که مردم بتوانند سرنوشت خود را مداوماً —در سایه تجربیات- موردمطالعه قرار داده و داوطلبانه آن را تعیین نمایند. رژیم سرکوب اجازه آن را نمی‌داد چه بر سد به این‌که شرایط چنان کاری را فراهم کند. مردم نبودند که ت صمیم می‌گرفتند بلکه این حزب و یا حتی کمیته مرکزی این حزب بود که تصمیم‌های کلیدی را می‌گرفت.

سرکوب نهادهای دموکراتیک از همان زمان لنین، چه در ارتباط با شیوه دست‌یابی به قدرت، و چه در رابطه با فرمان "انحلال مجلس مؤسسان" و فرمایشی کردن شوراها به وجود آمده بود. در همان زمان دشمنی سرسختانه لنین با سوسیال‌دموکرات‌ها، یعنی مارکسیست‌هایی که درک انتقادی از بلشویک‌ها داشتند، هم آشکار بود. در زمان استالین این ماشین عظیم ضد دموکراسی به نیروی هیولایی تبدیل شد که کل جامعه شوروی را به یک پادگان نظامی تبدیل ساخت که تلاش می‌کرد با انحلال و یگانه سازی تفاوت‌ها را از میان بردارد.

کوچ اجباری، انحلال حقوق دموکراتیک به نام "ناسیونالیسم بورژوایی" و غیره ابعاد وسیع‌تری یافت و تصور می شد رشد تکنیکی و اقتصادی — به صورت یک‌جانبه و اتوماتیک و در سایه یک حاکمیت ماشینی و به حل مسائل سیاسی و فرهنگی که عناصر نیرومند و مقاوم اجتماعی هستند می‌انجامید. اما کل پروسه نشان می‌دهد که اگر در یک سیستم سوسیالیستی، رشد اقتصادی در مسیری انجام نشود که مجموعه نیروهای "مولده" را در بعد انسانی، مشارکت دموکراتیک سیاسی و فرهنگی، خود رشد دهد در یک مرحله ناگزیر است با خشونت خود را برعلیه مناسبات انسانی تحمیل کند. آزادی و دموکراسی نیازی بود که حتی رشد اقتصادی شوروی بیش‌ازپیش به آنها نیاز داشت.

از تجربه شوروی سرانجام یک حقیقت روشن شد که چون مردم از حق تعیین سرنوشت خود محروم بودند، بحران عمیقی در ساختار سیاسی و حتی اقتصادی آن بوجود آمد. شاید به خاطر فقدان همین حقوق دموکراتیک مردم بود که سرانجام در شوروی هیولای ناسیونالیسم دهان باز کرد. هرچند مشکل است بتوان در شوروی مسئله ملت‌ها را منشأ بحران دانست بلکه برعکس بحران در ساختار سیاسی و اقتصادی بود که فروپاشی شوروی و به دنبال آن مسائل ملی را بوجود آورد.

"این وظیفه سوسیال دموکراسی است که نسبت به چنان ستم ملی اعتراض کند نه به این خاطر که یک ستمگری ملی است بلکه از این جهت که ستم است". (لوگزامبورگ)

# ۸- حق تعیین سرنوشت ملت‌ها: مشاجره روزا لوگزامبورگ و لنین

## مقدمه

در میان مارکسیست‌ها مسئله ملی و حق تعیین سرنوشت ملی از موضوعات حاد اواخر قرن نوزدهم و چندین دهه اول قرن بیستم چه قبل از انقلاب روسیه و چه بعدازآن بود. این مباحث بین موافقان و مخالفان این تز ادبیات سیاسی پر باری را تشکیل می‌دهد که از آن زمان باقی‌مانده است. از میان چهره‌های برجسته این مباحث می‌توان از کارل رنر، اوتو باوئر، کائوتسکی، جوزف استالین ولادیمیر لنین و روزا لوگزامبورگ نام برد. ولی شاید مهم‌تر از همه مباحث، مشاجرات بین ولادیمیر لنین و روزا لوگزامبورگ باشند که ما در این مقاله به بررسی انتقادی از آنها می‌پردازیم.[1] البته خطوط اساسی این مشاجرات متأثر از درک آنها از دموکراسی بود. درحالی‌که خط کائوتسکی و منشویک‌های پلخانفی بسوی سوسیال‌دموکراسی رفت خط لنین و روزا لوگزامبورگ دموکرا سی را به‌عنوان بورژوائی مردود دانسته و حتی لنین برعلیه سو سیالیست انقلابی کرنسکی شورید. کائوتسکی که مهم‌ترین تئوریسین مارکسیست بعد از مرگ انگلس بود سوسیالیسم بلشویکی را دیکتاتوری بلشویکی و یا دیکتاتوری کمونیستی نامید که جایگزین ساده‌ای از دیکتاتوری تزاری شده بود.

در پاسخ به کائوتسکی بود که بعد از انقلاب در سال ۱۹۱۸ لنین "انقلاب پرولتری و کائوتسکی مرتد" را نوشت تا در سایهٔ انقلاب نظرات کائوتسکی و پلخانفی را تا حدود زیادی با کنایه و ریشخند از اعتبار بیندازد. کائوتسکی هم اقدامات بلشویک‌ها مثلاً انحلال مجلس مؤسسان و دولتی کردن شوراها را رد کرده بود و گفته بود که درک آنها و لنینیست‌ها بیانگر دو خط‌مشی در میان سوسیالیست‌هاست "تناقض دو اسلوب از بیخ و بن متفاوتست: اسلوب دموکراتیک و اسلوب دیکتاتوری". باآنکه روزا لوگزامبورگ از جهاتی با کائوتسکی هم‌نظر بود ولی درمجموع مشاجرات روزا لوگزامبورگ را فقط در چهارچوب یک نگرش سخت‌گیرانه و بدبین نسبت به دموکراسی می‌توان بررسی کرد. با توجه به مجموعه تجربیات تاکنونی نمی‌توان از اهمیت نظرات کائوتسکی چشم پوشید.[2]

این مباحث در مورد حق تعیین سرنوشت ملت‌ها ازاین‌جهت حائز اهمیت‌اند که ازنظر تاریخی از اولین مباحثی هستند که این موضوع را با تعمق موردبررسی قرار می‌دهند. باآنکه از زاویه دید هر دو متفکر مارکسیسم انقلابی، نا سیونالیسم یک نگرش بورژوائی است ولی در مورد حق تعیین سرنوشت ملی به دو نتیجه متفاوت می‌رسند.

## مراحل آغازین اختلاف

اختلاف روزا لوگزامبورگ با لنین در این مورد به مدت‌ها قبل از انقلاب ۱۹۱۷ روسیه برمی‌گردد. در این مورد اسناد و مدارک کافی در دست هست که سیر مشاجره بین آنها (به‌ویژه از جانب لنین) را روشن می‌سازد. لنین حتی در کنگرهٔ لندن انترناسیونال دوم در سال ۱۸۹۶ از "حق تعیین سرنو شت ملت‌ها"، دفاع می‌کرد ولی روزا لوگزامبورگ باآن مخالف بود و به‌عنوان اقلیت درآن فعالیت داشت. لنین از گنجاندن این تز به‌مثابه یک‌بند (بعداً بند نهم) در برنامه حزب سوسیال‌دموکرات روسیه در سال ۱۹۰۳ دفاع کرد و بعدازآن همچنان از گنجاندن این بند به برنامه حزب، حمایت می‌کرد.

روزا لوگزامبورگ حتی از سال ۱۸۹۳ که حزب سو سیال‌دموکرات لهستان را با عده‌ای دیگر تشکیل داد با حق تعیین سرنوشت لهستان مخالف بود. او این مخالفت را در کنگره بین‌المللی سوسیالیسم در سال ۱۸۹۶ لندن بازهم تکرار کرد؛ و همین‌طور زمانی که انقلاب ۱۹۰۵ روسیه مسئله ملیت را به موضوعی حاد تبدیل کرد. او در سال ۱۸۹۶ جزوه "مسئله لهستان در کنگره بین‌المللی لندن" را منتشر کرد و همین‌طور در سال ۱۹۰۵ " مقدمه‌ای بر مجموعه مقالات مسئله لهستان و جنبش سوسیالیستی" را به تحریر درآورد. روزا لوگزامبورگ در سال ۱۹۰۹- ۱۹۰۸ جزوه مفصلی تحت عنوان "مسئله ملی و خودمختاری" به زبان لهستانی انتشار داد که لنین در کتابی تحت عنوان "حق تعیین سرنوشت ملت‌ها"، در سال ۱۹۱۳، ضمن دفاع از نظریه حق تعیین سرنوشت ملی به رد نظرات روزا لوگزامبورگ پرداخت. در همان سال لنین از جوزف استالین خواست که در این مورد دست به یک بررسی جامع بزند که حاصلش همان کتابچه معروف استالین تحت عنوان "مارکسیسم و مسئله ملی" بود که عمدتاً در رد نظرات کارل رنر و اوتو باوئر روشنفکران و فعالان مارکسیست اتریشی بود. در سال ۱۹۱۶ نیز لنین در جزوهٔ دیگری تحت عنوان "درباره جزوه یونیوس" با روزا لوکزامبورگ به جدل پرداخت.[۳]

علاوه بر این جزوات که موضوع بحث لنین درآنها مستقیماً رد نظرات روزا لوکزامبورگ می‌باشند، در جزوات دیگری تحت عنوان "کاریکاتوری از مارکسیسم و اکونومیسم امپریالیستی" و نیز "گرایش نوظهور اکونومیسم امپریالیستی" که در سال ۱۹۱۶ به نگارش درآمدند، بازهم به‌صورت غیرمستقیم، به روزا لوگزامبورگ هم برخورد می‌شد. هرچند این جزوات و مباحث کنگرهٔ هشتم حزب درباره برنامه برعلیه نظرات عده‌ای از اعضاء حزب همچون پیاتاکوف (کیوسکی) و بوخارین نوشته شده بودند که نظراتشان روی این موضوع با دیدگاه‌های روزا لوگزامبورگ نزدیک بود. البته مباحث لنین در این مورد، به این جزوات محدود نمی‌شود، بلکه علاوه بر مقالات کوتاه، می‌توان به کتابچه‌های نسبتاً مفصل‌تری تحت عناوین "انقلاب سوسیالیستی و حق تعیین سرنوشت ملت‌ها" در سال ۱۹۱۶، "ملاحظات انتقادی درباره مسئله ملی "در سال ۱۹۱۳ و "ترازنامه مباحثه‌ای پیرامون حق ملل در تعیین سرنوشت خویش "در سال ۱۹۱۶ اشاره نمود.

بعد از انقلاب اکتبر ۱۹۱۷ لنین همچنان درگیر مشاجرات تندی با بوخارین و پیاتاکوف بود. لنین در سال ۱۹۲۲ در مقابل درک‌های استالین دبیر کل و اورژنیکیدزه دبیر حزب در گرجستان قرار گرفت. در همان زمان بود که لنین تقریباً همهٔ دستگاه رهبری را به داشتن تمایلات عظمت‌طلبانه روسی متهم می‌کرد تا جایی که او طی نامه‌ای به تروتسکی از او خواست که دفاع از موضوع گرجستان را در کمیته مرکزی حزب به عهده بگیرد چون در این مورد به اقدامات استالین و دزرژینسکی نمی‌تواند اتکاء نمود. و سپس طی نامه‌ای به مدیوانی در حزب گرجستان، نسبت به برخورد با اوژنیکدزه و سهل‌انگاری استالین و دزرژینسکی احساس خشم خود را ابراز کرد و به آنها قول داد که یادداشت و سخنانی در آن رابطه تدارک ببیند.[4] بنا به گفته شارل بتلهایم برخورد استالین و لنین حتی به‌جایی رسیده بود که استالین سیاست لنین را «لیبرالیسم ملی» می‌نامید. این اختلاف‌نظر بنا به همان منبع در رابطه با اوکراین بوده است که دو سیاست در مقابل هم قرار می‌گیرند: دولت‌های فدراتیو یا اتحادیه دولت‌های خودمختار؟ به‌هرحال در مجموعه نظراتی که در مقابل لنین قرار می‌گیرند یک نکته مشترک وجود دارد و آن این است که اصل حق تعیین سرنوشت از جهات متفاوت تئوریک و عملی موردانتقاد قرار می‌گرفت.[5]

باید در نظر داشت که در شرایط تاریخی که این مباحث صورت می‌گرفت نیروهای سیاسی سازمان‌یافته کارگری در کشورهای موردبحث با سرعت در حال رشد بود و یا به‌صورت نیروئی بالفعل یا بالقوه حضور داشت و سوسیالیسم مارکسیستی یا پرولتاریائی نقش مهمی درصحنه سیاسی بازی می‌کرد. ازاین‌جهت، به‌ویژه برای جناح های رادیکال سوسیال‌دموکراسی که لنین و لوگزامبورگ نمایندگی می‌کردند، تقابل بسیار آشکاری بین آنچه دموکراسی پرولتری نامیده می شد و آنچه دموکراسی بورژوائی دیده می‌شد بوجودآمده بود. انتخابات وسیع همگانی و مشارکت همه‌جانبهٔ توده‌ای هنوز به‌طورجدی جا باز نکرده بود. برای مارکسیست‌هایی همچون لنین و روزا لوگزامبورگ دشوار بود بپذیرند که در چارچوب سرمایه‌داری امکان وجود یک دموکراسی سیاسی همگانی امکان‌پذیر بود. هرچند در چهارچوب مناسبات سوسیالیستی در یک کشور/ امپراتوری روزا لوگزامبورگ به ارزش‌های دموکراتیک ارج بیشتری می‌گذاشت. اما هر دو همین‌طور جناح‌های میانه‌رو این گفتهٔ مارکس را که گفته بود: "ملتی که بر ملت دیگر ستم روا می‌دارد خود نمی‌تواند آزاد باشد" به نحو متفاوتی تأویل می‌کردند. برای جناح‌های میانه‌رو سوسیال‌دموکراسی که مخالف لنین و قبل از انقلاب روسیه نیرومند بودند، باآنکه مسئله ملت و ناسیونالیسم و حق تعیین سرنوشت همچنان موضوعات مهمی بودند ولی آنها بیش از رفقای رادیکال خود نسبت به دموکراسی و حقوق بشر و لیبرالیسم به‌مثابه ارزش‌های مهمی آگاه بودند.

## بعضی از نکته‌های اساسی دیدگاه روزا لوگزامبورگ

لوگزامبورگ استدلال می‌کرد که اشکال دموکراتیک زندگی سیاسی "اساس اجتناب‌ناپذیر سیاست سوسیالیستی" است، درحالی‌که موضوع "حق تعیین سرنوشت ملت‌ها" چیزی جز "یک جمله‌پردازی پوچ و مزخرف خرده بورژوازی بیش" نیست. او می‌گفت حق، موضوعی مشخص است و در مقابل

لنین استدلال می‌کرد که این وظیفه سوسیال‌دموکراسی است که نسبت به چنان ستم ملی اعتراض کند نه به این خاطر که یک ستمگری ملی است بلکه ازاین‌جهت که ستم است. او گفت که یک سوسیالیست بایستی نسبت به همه نوع ستمی اعتراض کند.[۶] این راه‌حل به این شیوه مارکسیسم سنتی نزدیک بود که می‌گفتند راه‌حل مسئله ملی در دموکراتیزه کردن هرچه بیشتر کشور موردنظر است. و این موضعی بود که انگلس هم از آن حمایت می‌کرد.[۷]

البته روزا لوگزامبورگ با انتقاد از بند ۹ برنامه حزب سوسیال‌دموکرات روسیه حق شهروندی و حق انسانی را هم ازاین‌جهت انتزاعی می‌دانست که خصلت یونیورسال دارند.

> یک "حق ملت" که برای همه کشورها و در همه زمان‌ها معتبر باشد چیزی جز یک کلیشه متافیزیکی از نوع "حقوق بشر" و "حقوق شهروند" نیست. ماتریالیسم دیالکتیک که شالوده سوسیالیسم علمی است، یک‌بار و برای همیشه از این فرمول‌های "جاودانه" گسست کرده است. چون ماتریالیسم دیالکتیک نشان داده است که هیچ حقایق "ابدی" ای وجود ندارد و این‌که هیچ "حقوقی" وجود ندارد.... بنا بگفته انگلس "آنچه در اینجا و حالا خوب است، در جائی دیگر یک آفت است و برعکس" - یا آنچه درست و منطقی است در بعضی از شرایط بی‌معنی و پوچ می شود در شرایطی دیگر. ماتریالیسم تاریخی به ما آموخته است که محتوای واقعی این حقایق "جاودانه"، حقوق، و فرمول‌ها تنها به‌وسیله شرایط مادی اجتماعی محیط در عصر تاریخی مشخص تعیین می‌شوند.[۸]

او تز حق تعیین سرنوشت ملی را انتزاعی و متافیزیکی می‌دید و نسبت به اهمیت پیشرفت اقتصاد در برداشتن تفاوت ملی خوشبین بود. این پایهٔ نظری درک او بود که در عصر فراگیر سرمایه‌داری و امپریالیسم که روابط اقتصادی درهم‌تنیده است، استقلال سیاسی و اقتصادی بی‌معنی شده است. سخن گفتن از استقلال سیاسی ملت موضوعیتی ندارد. ازاین‌جهت حق تعیین سرنوشت هم از این استثنا نیست و نمی‌تواند به‌وسیله چنان فرمول مبهمی که سوسیال‌دموکرات‌ها مطرح می‌کنند حل شود. این فرمول مطلقاً توخالی است و " یا اینکه بیان نامشروطی از وظیفه سوسیالیست‌ها است که از همهٔ امیال ملی حمایت کنند که در آن صورت این به‌روشنی یک اشتباه است".[۹]

بعد از انقلاب اکتبر روزا لوگزامبورگ شعار "حق تعیین سرنوشت ملت‌ها" را به مقدار زیادی موجب پیدایش مشکلات عینی درزمینهٔ "شکست نظامی" و از هم "پاشیدگی" روسیه می‌دانست. به نظر او در پشت این شعار که "تا سر حد جدایی" مطرح می‌شد و لنین و رفقایش در پروسه مخالفت خود با امپریالیسم میلیوکویجی و کرنسکی اندوخته بودند، ازهم‌پاشیدگی روسیه نهفته بود. روزا لوگزامبورگ می‌گوید این شعار در تضاد با سیاست سانترالیستی بود که لنین و رفقایش پیوسته عنوان می‌کردند. او همین‌طور معتقد بود این شعار در تضاد با روش بلشویک‌ها در مورد تعهد به "اصول دموکراسی"، مجلس مؤسسان، حق رأی عمومی، آزادی اجتماعات و مطبوعات و خلاصه در

مورد آزادی‌های دموکراتیک توده‌های خلق بود. روزا لوگزامبورگ اعتقاد داشت که این موارد در مجموعه خود "حق تعیین سرنوشت" مردم در روسیه را تشکیل می‌دادند.[۱۰]

روزا لوگزامبورگ می‌گفت که درحالی‌که بلشویک‌ها با مراجعه به آراء عمومی برای تشکیل مجلس مؤسسان در روسیه و رفراندوم بر اساس حق انتخابات دمکراتیک معمول در دنیا و به آزادی کامل یک جمهوری خلقی کمترین توجه و اشتیاقی نشان نمی‌دادند و نتایج آن‌ها را پوچ و بی‌ارزش می‌شمردند، معهذا در برست در مورد "مراجعه به آراء عمومی" ملت های روسیه و تعلق کشوری‌شان به‌مثابه مظهر واقعی آزادی و دموکراسی و هسته دست‌نخورده و حقیقی خواست ملت‌ها و نیز به‌عنوان بالاترین مرجع اخذ تصمیم درزمینهٔ مسائل مربوط به سرنوشت سیاسی ملت‌ها یقه چاک می‌دادند.[۱۱]

روزا لوگزامبورگ سپس به این موضوع اشاره می‌کند که برخلاف درک لنین و رفقایش آزادی بی‌حد و حصر به ملت‌ها آنها را به روسیه نزدیک نکرد بلکه موجب تجزیه آنها گردید به‌طوری‌که "فنلاند، اوکراین، لهستان، لیتوانی و کشورهای ساحل بالتیک، قفقاز و غیره" به‌جای یار وفادار به دشمن روسیه تبدیل شدند. و این سیاست ارتجاعی سیاست "ملت‌ها" نبود بلکه سیاست "طبقات بورژوا و خرده بورژوا" برای مقابله با تودهٔ پرولتاریای خودشان بود. ازنظر روزا لوگزامبورگ، خصلت پنداربافانه و خرده بورژوایی جمله‌پردازی‌های ناسیونالیستی در مورد حق تعیین سرنوشت در این نهفته بود که در چهارچوب واقعیت خشن جامعه طبقاتی آن‌هم در ایامی که شدت اختلاف به آخرین حد خود رسیده بود آنها به‌سادگی به ابزارهای حکومت طبقاتی بورژوازی مبدل شدند. روزا لوگزامبورگ گفت که:

> بلشویک‌ها می‌بایستی به قیمت بزرگ‌ترین زیان‌ها برای خود شان و برای انقلاب از این موضوع پند بگیرند که تحت حکومت سرمایه‌داری هیچ‌گونه حق تعیین سرنوشت برای ملتی وجود نخواهد داشت و در یک جامعهٔ طبقاتی هر طبقه و یک ملت برای "تعیین سرنوشت" نوع دیگری می‌کوشد و در مورد طبقات بورژوازی نقطه‌نظرهای مربوط به آزادی ملی کاملاً تحت‌الشعاع نقطه‌نظرهای مربوط به حکومت طبقاتی قرار می‌گیرند.

روزا لوگزامبورگ می‌گوید که روش فنلاند، لهستان، لیتوانی و کشورهای ساحل بالتیک و ملت‌های قفقاز به بهترین وجهی نشان داد که در اینجا بحث نه بر سر یک استثنای اتفاقی بلکه یک پدیده عمومی است و می‌گفت که این سیاست بلشویک‌ها به معنای برآوردن اشتهای بورژوازی و خرده بورژوازی بود همان‌طور که سیاست ارضی آنها به معنای ارضای اشتهای زمین‌داران بود.[۱۲] روزا لوگزامبورگ حتی مطرح کرد که مراجعه به آراء عمومی "به‌احتمال‌زیاد به خاطر" کیفیت فکری توده‌های دهقانی و قشرهای بزرگی از پرولتاریا که "هنوز بلوغ و تکامل نیافته بودند و همچنین بر اثر تمایلات ارتجاعی خرده بورژوازی و هزار وسیله اعمال‌نفوذ بورژوازی در رأی‌گیری، به‌احتمال بسیار قوی نتیجه‌ای می‌داد که برای بلشویک‌ها چندان رضایت‌بخش نبود." و اینکه حتی از طریق

اعمال نفوذ قدرتمندان می‌توانند مراجعه به آراء عمومی را مانعی در جهت استقرار "سوسیالیسم" تبدیل کنند.[۱۳]

روزا لوگزامبورگ می‌گوید که این سیاست لنین و رفقایش موقعیت پرولتاریا را در کشورهای مرزی متزلزل ساخت. به‌طوری‌که پرولتاریا در فنلاند و اوکراین موقعیت قبلی‌شان ضعیف شد و ناگهان در همه این کشورها ضدانقلاب موفق شد. بلشویک‌ها، "به‌جای آنکه از همبستگی امپراتوری روسیه به‌عنوان سرزمین انقلابی با چنگ و دندان دفاع نمایند و به جای آنکه پیوستگی و جدایی‌ناپذیری زحمتکشان همه کشورهای منطقه انقلابی را به‌عنوان عالی‌ترین محتوای سیاست در مقابل کلیه فعالیت‌های خاص ناسیونالیستی قرار دهند"، شیفتهٔ جمله‌پردازی‌های ناسیونالیستی شدند.[۱۴]

روزا لوگزامبورگ این‌طور نتیجه گرفت که شعار حق تعیین سرنوشت ملی به صورت خنجری به دست دشمن داده شد تا در قلب انقلاب روسیه فروکنند. روزا لوگزامبورگ این شعار را در خدمت دفاع ایدئولوژیک امپریالیست ها در جنگ جهانی اول و نیز موجب تقویت جنبش ناسیونالیستی به‌مثابه "بزرگترین خطر" برای سوسیالیسم برمی‌شمارد. و می‌گوید بلشویک‌ها با خارهای این جمله‌پردازی اسیر شدند و خراش‌های خونینی برداشتند.[۱۵] این خلاصه‌ای از نظرات روزا لوگزامبورگ بود در مورد مسئله ملی و حق تعیین سرنوشت ملت‌ها. حالا ببینیم لنین چه می‌گفت و چطور نظریات روزا لوگزامبورگ را رد می‌کرد.

## لنین در مقابل مخالفین حق تعیین سرنوشت ملی

بنا به توضیحات دیویس لنین یک مشاجره گر ماهری بود و درحالی‌که دیدگاه‌هایش وسیعاً پخش و منتشر می شد بسیاری از نقل و قول‌های او و از افراد مورد مشاجره‌اش بجا و منصفانه نبود و این در مورد روزا لوگزامبورگ هم صدق می‌کرد هرچند او در موارد زیادی از روزا لوگزامبورگ ستایش می‌کرد.[۱۶] حال ما نه به مجموعهٔ نظرات لنین بلکه عمدتاً به آن نظرات او که دربرگیرندهٔ پاسخ به روزا لوگزامبورگ می‌تواند باشد، اگرچه آنها در مواردی مستقیماً در برخورد به خود لوگزامبورگ مطرح نشده باشد، در اینجا اشاره می‌کنیم.

لنین از قول مخالفان این‌طور نقل می‌کرد که پرولتاریا مخالف پراکندگی و تشتت بین ملت‌ها و خواهان اتحاد پرولتاریا است و اینکه پرولتاریا خواهان سانترالیسم است نه جدایی. و استدلال می‌کرد که بسیاری از مارکسیست‌ها مانند روزا لوگزامبورگ این احکام عام تئوریک مارکسیستی را به‌کرات تکرار می‌کنند و بنابراین هر سیاست مشخص را که بلافاصله و به هر وسیله‌ای به این "سانترالیسم" و "وحدت" منجر نشود نکوهش می‌نمایند. لنین این نوع درک‌های "وحدت‌گرایانه" را به تمسخر می‌گرفت و در برخورد با بوخارین و پیاتاکوف[۱۷] در سال ۱۹۱۶ در مقاله‌ای تحت عنوان "گرایش نوظهور اکونومیسم امپریالیستی" نوشت:

> آیا موضع پرولتاریا نسبت به ستم ملی برای ملت‌های تحت ستم و ملت‌های ستمگر، یکسان است؟ خیر، یکسان نیست. ازنظر اقتصادی، سیاسی، ایدئولوژیکی، روحی و

غیره یکســان نیســت. به چه معنی؟ به این معنی که از عزیمت گاه‌های متفاوتی، بعضی به این شیوه و بعضی به شیوه دیگر، به همان هدف نزدیک می شوند (پیوند ملت‌ها). انکار آن "یگانه‌گرایی" اسـت که یک برس کفش و یک پسـتاندار را متحد می‌سازد.[۱۸]

هرچند ازنظر لوگزامبورگ سوسیالیست‌ها باید برعلیه هر نوع ستمی باشند ولی در موضوعات ملی مورد به مورد باید موضع روشنی اتخاذ کنند.

لنین از قول مخالفان می‌گفت "می‌دانیم که سوسیالیسم باعث محو هرگونه ستم ملی می شود زیرا تمام منافع طبقاتی را که به این ستم منجر شده از بین می‌برد".

در پاسخ لنین اساساً به سیاست بلشویک‌ها در روابط بین‌الملل و پروسه ناموزون انقلاب جهانی می‌پرداخت و می‌گفت که: اولاً، (انقلاب) سـوسـیالیسـم، بلافاصـله در همه کشـورها پیروز نمی شود. ثانیاً، پیدایش دولت‌های سوسیالیستی، تفاوت‌های ملی را بلافاصله از میان برنمی‌دارد، بلکه امکان آن را فراهم می‌کند و ثالثاً، جوامع پس از انقلاب سوسیالیستی یک دوره گذار سیاسی را که دولت آن نشانه‌ای از وجود طبقات است، پشت سر می‌گذارند و مهم‌تر از همه در شرایطی که این اسـتدلال‌ها از جانب مخالفان حق تعیین سـرنوشـت ارائه می‌شـد این "سـوسـیالیسـم" فقط در روسـیه به وجود آمده بود و نه در کشـورهای دیگری که مخالفان از وحدت آنها با روسـیه دفاع می‌کردند.[۱۹]

همان‌جا لنین سـؤال می‌کرد که آیا "نگهداری قهری یک ملت در مرزهای حکومتی یک ملت دیگر" از جانب سوسیالیست‌ها مجاز است؟ بدیهی است که پاسخ لنین بدین سؤال منفی بود ولی مخالفان درحالی‌که سـتمگری را محکوم می‌نمودند ولی بر اسـاس این تئوری که سـرمایه‌داری و به‌ویژه در عصر امپریالیسم ازنظر اقتصادی و سیاسی امکان استقلال را از میان برده است سخنی از استقلال نمی‌ماند. لنین آن را با استدلال اکونومیست‌های روسی در اوایل قرن بیستم مقایسه می‌کرد که می‌گفتند: "سرمایه‌داری فائق آمده، بنابراین رسیدگی به امور سیاسی موردی ندارد".[۲۰] و ازاین‌جهت حامیان این نگرش را "اکونومیسـت امپریالیسـتی" می‌نامید که اسـتدلال می‌کردند "امپریالیسم پیروز شده است پس مسئله ملی موردی ندارد".

درحالی‌که روزا لوگزامبورگ و همفکران روسی‌اش مقاومت ناسیونالیسم را ناچیز و یا در حال زوال می‌دیدند، لنین در تغییر سرمایه‌داری به سوسیالیسم، فقط امکان الغاء ستم ملی را می‌دید و می‌گفت که با تغییر سرمایه‌داری به سوسیالیسم الغاء کامل ستم ملی کامل نمی شود و تبدیل این امکان به "واقعیت"، "فقط و فقط" از طریق برقراری کامل دمکراسـی در کلیه زمینه‌ها ازجمله مرزبندی کشورها بر حسب "علائق ساکنین آن و قبول آزادی کامل جدا شدن برای آنها، عملی است. با حرکت از این نقطه، نوبت به محو مطلق کوچک‌ترین تصادمات ملی، کوچکترین عدم اعتمادهای ملی که در عمل چهره واقعیت به خود گرفته، می‌رسـد و نزدیکی شـتابنده و ادغام ملت‌ها که منجر به زوال دولت خواهد شد عملی می‌شود".[۲۱]

لنین خواهان وحدت و ادغام ملت‌ها بود اما این آرمان را که سـرمایه‌داری تنها زمینه‌های عینی تحقق آن را به وجود آورده است با واقعیت وحدت که نیاز به تکامل ذهنی خود این "ملت‌ها" دا شت مخلوط نمی‌کرد. او آنچه را که در تئوری در ست بود در عر صه سیا ست و برنامه در ست نمی‌دانست. او استدلال می‌کرد که اثبات تئوریک وجود زمینه‌های عینی وحدت ملت‌ها ابداً به معنای وحدت خود ملت‌ها نیسـت و بنابراین باید یک مسـیر پیچیده از یک واقعیت که همان اختلاف، پراکندگی و تخا صم و ستمگری ملت‌ها با زمینه عینی وحدت ا ست تا واقعیت عینی دیگر که همان وحدت واقعی ملت‌هاست، طی بشـود. از زاویه دید لنین چنین مسـیری برای مخالفان تز حق تعیین سرنو شت یا ا صلاً وجود ندا شت و یا اینکه این مـسیر فقط تا حاکمیت بورژوازی کشیده شده بود و بعد الغاء می‌گشت. با این ا ستدلال در این زمینه، جهش از تئوری به سیا ست ضرورتی نداشت.

لنین درواقع مطرح می‌کرد: وحدت واقعی وجود ندارد. حالا چطور تحقق این وحدت را ت سریع کنیم؟ لنین در "حق تعیین سرنو شت ملت‌ها" مـستقیماً خطاب به روزا لوگزامبورگ می‌گفت که او گریبان خود را با "عبارت‌پردازی‌های کلی" و "فلسـفه‌بافی کاملاً مضـحک" خلاص می‌کند و "به طرح دقیق این مسئله (ملی) که برای یک مارکسیست امری است ناگزیر، قلم بطلان می‌کشد" و از زاویه تاریخی — مـشخص به قـضیه نمی‌نگرد. لنین می‌گفت: "حق ملل در تعیین سرنوشت خویش" در برنامه مارکسیسـت‌ها ازنقطه‌نظر تاریخی و اقتصادی نمی‌تواند معنای دیگری به‌جز حق تعیین سرنوشت سیاسی، استقلال و تشکیل دولت ملی داشته باشد.

تعبیر لنین از درک مخالفان تز حق تعیین سرنوشت این بود که اگر استقلال اقتصادی ملت‌ها امکان ندارد پس اسـتقلال سـیاسـی برای آنها نیز مفهومی ندارد و این هسـته اسـتدلال همه اکونومیست‌هاست. بر پایه چنین درک‌هایی بود که درک روزا لوگزامبورگ در دفاع از "امپراتوری انقلابی رو سیه" با چنگ و دندان تعبیر می شد و گفته می شد که او می‌خوا ست وحدت ملت‌ها را نه از طریق اراده آزادانه آنها و از طریق تجزیه طبقاتی بلکه با زور تحقق بدهد.

## مسئله طبقات و حق تعیین سرنوشت ملت

لنین با آنکه هیچ جا تعریف اسـتالین را از ملت مورد اسـتناد قرار نداد و خود هم از ارائه تعریفی برای ملت سر باز می‌زد ولی وقتی از ملت "تحت ستم" سخن می‌گفت انسجام و یکپارچگی ملی را پیش‌فرض می‌گرفت و به‌نوعی حمایت فعال از نا سیونالیسم می ر سید. روزا لوگزامبورگ و سایر مخالفان حق تعیین سرنو شت از این زاویه می‌گفتند که "حق ملت‌ها در تعیین سرنو شت خویش" برای کارگران یک شـعار بی‌معنی و "اوتوپی" و بدین معناسـت که بگوییم که کارگران حق "غذا خوردن در بشـقاب‌های طلایی" را دارند و یا لنین از قول بوخارین هم این‌گونه اسـتدلال می‌کرد: "چون یک ملت به بورژوازی و پرولتاریا تقسیم می‌شـود"، پس "حق تعیین سـرنوشت را نمی‌توان پذیرفت". ۲۲

مخالفان لنین البته با تعمق چنین شعاری را پوچ و مبهم می‌دانستند چون بر این واقعیت ماسک می‌زد که کدام طبقات و به چه صورتی از آن استفاده می‌کردند. برای روزا لوکزامبورگ "ملت" چنین مفهوم منسجمی نداشت و مطرح می‌کرد که "در یک جامعه طبقاتی، هر طبقهٔ یک ملت برای "تعیین سرنوشت" نوع دیگری می‌کوشد و در مورد طبقات بورژوازی، نقطه‌نظرهای مربوط به آزادی ملی، کاملاً تحت‌الشعاع نقطه‌نظرهای مربوط به حکومت طبقاتی قرار می‌گیرند". و طبعاً بدین معنا بود که از میان سیاست‌های متفاوت در میان ملت از کدام‌یک بایستی دفاع شود.

اما لنین در پاسخ می‌گفت ملت به طبقات تقسیم می شود، ولی آیا این تجزیه طبقاتی به یک واقعیت تبدیل‌شده است؟ لنین به این موضوع می‌پرداخت که برای جهش به انقلاب سوسیالیستی، لازمه‌اش تکامل ملت به اجزاء جداگانه خویش است که قبلاً باید انجام پذیرفته باشد. بنابراین چگونه باید به تدارک شرایطی بپردازیم که این تجزیه طبقاتی را درون ملت امکان‌پذیر سازد؟ از این زاویه لنین درک مخالفانش را از بالا می‌دانست که می‌خواستند با اتوریته، "وحدت" را بر ملت‌های دیگر تحمیل کنند.

لنین می‌گفت این امر که هر طبقه، نقطه‌نظرهای متفاوتی در ارتباط با آزادی ملی مطرح می‌کند فقط در شرایطی ممکن است که این تجزیهٔ طبقاتی در سطح طبقات جامعه انجام پذیرد. وجود عینی طبقات در جامعه با تجزیهٔ ذهنی جامعه به طبقات یکسان نیست و آنچه برای یک انقلاب ضروری است نه اولی بلکه دومی است. ازنظر لنین ستمگری ملی تجزیهٔ طبقاتی را نه‌تنها تسریع نمی‌کند، بلکه آن را بسیار کند می‌کند و به بورژوازی "خودی"، همیشه امکان وسیعی در جهت تحمیق پرولتاریا و توده‌های زحمتکش را می‌دهد تا آنها را در مقابل برادران زحمتکش خود در سایر جوامع قرار دهد.

ازنظر لنین مخالفان تز حق تعیین سرنوشت می‌خواستند به پرولتاریا و زحمتکشان حق تعیین سرنوشت بدهند ولی این در شرایطی بود که هنوز پرولتاریا و زحمتکشان جبهه جداگانه‌ای هم تشکیل نداده بودند و هنوز طبقهٔ خود را به‌طور وسیع و اکثریت، در برنگرفته بودند. لنین بازهم در پاسخ بوخارین مطرح می‌کرد: "آیا ما می‌توانیم به این خلق‌ها نزدیک شده بگوییم "ما استثمارگران شما را سرنگون خواهیم ساخت"؟" ما این کار را نمی‌توانیم بکنیم زیرا آنها کاملاً تحت تبعیت ملاهای خود هستند. در اینجا باید منتظر شد تا تکامل این ملت یعنی مجزا شدن پرولتاریا از عناصر بورژوایی که امریست ناگزیر انجام پذیرد".[۲۳]

لنین با چنین استدلالی می‌گفت که با چنین تزی سلاح را هم از دست بورژوازی ملت‌های تحت ستم و هم بورژوازی ملت‌های ستمگر می‌گیرد. لنین در همین رابطه بود که به بوخارین می‌گفت: "وقتی خودستایی کن که از جنگ برمی‌گردی و نه وقتی‌که به جنگ می‌روی".

این دیدگاه‌های لنین در حالی مطرح می‌شد که سوسیال‌دموکرات‌های معتدل می‌گفتند که خود انقلاب اکتبر حاصل حرکت یک اقلیت بلشویک بود که نه در آن زمان و نه بعداً به توده‌های وسیع زحمتکش و دموکراسی آنها بها نمی‌داد.

اما واقعیت این بود که حمایت از سیاست یک اقلیت از جانب روزا لوگزامبورگ و یا بوخارین و پیاتاکوف هم تفاوت جدی نداشت و به نحوی حامل عمل آوانتوریستی بود. هرچند نوشته‌های روزا لوگزامبورگ هم نشان می‌دهد که او تحلیل عمیق‌تری از دموکراتیزه شدن و عدم تمرکز در یک جامعه داشت و بین درک احزاب لیبرال و ناسیونالیسم محافظه‌کار نیز تفاوت می‌دید. اما لنین تفاوتی نمی‌دید و یا اغلب جانب ناسیونالیست‌ها را می‌گرفت و لیبرال‌ها را اساساً نماینده امپریالیسم می‌دید.

## شوونیسم انترناسیونال، حق تعیین سرنوشت ملی و انقلاب جهانی

لنین استدلال می‌کرد که شوونیست‌های انترناسیونال رذیلانه حق تعیین سرنوشت را به این‌گونه تعبیر کردند که میهن پدری (هر کشور امپریالیستی) مورد تجاوز است بنابراین بایستی از حق تعیین سرنوشت ملی به‌وسیلهٔ پرولتاریا دفاع شود. آنها این را نادیده گرفتند که جنگ امپریالیست‌ها نه برای دفاع از حق تعیین سرنوشت خویش بلکه برای تقسیم مجدد ارضی جهان بود یعنی عمدتاً برای تصاحب سهم بیشتر از کشورهایی که تحت ستم ملی آنها قرار داشتند. به‌عبارت‌دیگر به خاطر ادامهٔ نقض حق تعیین سرنوشت از طریق تقسیم مجدد آن کشورها به‌تناسب قوای کشورهای امپریالیستی بود.[۲۴]

او درک روزا لوگزامبورگ را درواقع یک انعکاس افراطی در مقابل یک درک شوونیستی می‌دانست. و اینکه فراموش می‌کرد که در سال ۱۹۱۲ در قطعنامهٔ کنگرهٔ بال دفاع از میهن امپریالیستی خیانت شمرده شده بود و قطعنامهٔ تدارک پرولتاریا برای استفاده از جنگ قریب‌الوقوع را برای سرنگونی دولت‌های امپریالیستی توصیه می‌کرد. اما این افراط با تعمیم خصلت ارتجاعی به همه جنگ‌ها و جنبش‌های ملی می‌انجامید و به انحراف می‌رفت.[۲۵] و بدین طریق، لنین می‌گفت، روزا لوگزامبورگ و کلاً «مخالفان انقلابی» این شعار، عملاً خود را با موضع شوونیست‌های ملل ستمگر نزدیک می‌ساختند. چون همه مجبور بودند در عمل، الحاق به‌زور را تأیید نمایند. یکی به نفع "تمامیت ارضی ملی" و دیگری به نفع یکپارچگی "میهن سوسیالیستی" و انقلاب پرولتری.[۲۶] از این زاویه بود که روزا لوگزامبورگ می‌گفت: "این شعار در خدمت دفاع ایدئولوژیک از امپریالیست‌ها در جنگ جهانی قرار گرفت". اما این هم بیش‌ازپیش روشن شد که لنین با جانب‌داری از ناسیونالیسم تحت عنوان حمایت ملت ستمدیده به آزادی‌های دموکراتیک ضربه زد.[۲۷]

لنین در قطعنامهٔ کنگرهٔ هشتم مطرح می‌ساخت: "پرولتاریای ملت‌هایی که دیگران را مورد سرکوب قرار داده‌اند باید محتاط باشند و توجه مخصوص به بقایای حس ملی در توده‌های زحمتکش ملت تحت ستم و بدون حاکمیت داشته باشند. فقط از طریق یک چنین سیاستی است که امکان ایجاد شرایط یک اتحاد واقعاً بادوام و داوطلبانه بین عناصر ملیت‌های متضاد پرولتاریای بین‌المللی وجود دارد".[۲۸]

لنین از این زاویه که ملت‌های تحت ستم می‌توانند مراکز مهم انقلابات شوند از جلب اعتماد کامل توده‌ها در میان ملت‌های تحت ستم نسبت به پرولتاریا سخن می‌گفت. از این زاویه او روزا لوگزامبورگ را به عدم توجه به روانشناسی توده های ملل تحت ستم متهم می‌کرد. روزا لوگزامبورگ معتقد بود در شعار حق تعیین سرنوشت انقلاب جهانی از اهمیت می‌افتاد (چون در آن دوره چشم‌انداز وقوع انقلاب در بخش‌های از اروپا محتمل دیده می‌شد). با همین دید بود که روزا لوگزامبورگ شعار حق تعیین سرنوشت را هم چون سیاست ارضی بلشویک‌ها به نفع بورژوازی و ملاکان می‌دانست.

لنین در انتقاد از استالین و دزرژینسکی اورژنیکیدزه از همین نقطه‌نظر برخورد می‌کند. او به حساسیت ملت‌های تحت ستم می‌پردازد و حتی نوعی امتیازات را در شرایط لازم به آنها توصیه می‌کند. و هر نوع بی‌اعتمادی از جانب توده های زحمتکش ملت های تحت ستم را نسبت به پرولتاریای "ملت ستمگر" سابق زیان‌بار می‌بیند و آن را به ضرر انقلاب جهانی به‌حساب می‌آورد. در همان مدارک می‌گوید:

> این‌که ما خودمان را حتی برای مسائل جزیی در روابطی امپریالیستی نسبت به ملیت‌های ستمدیده قرار دهیم و از این طریق در مورد صداقت اصول خود و قبول اصل مبارزه علیه امپریالیسم ایجاد شک نماییم، مطلب دیگری است: باری فردا در تاریخ جهانی، دقیقاً روز بیداری قطعی خلق‌های تحت ستم و شروع نبردی طولانی و سخت برای آزادی‌شان خواهد بود.[۲۹]

مسئله‌ای که در بسیاری از مباحث لنین به چشم می‌خورد این بود که با گریز از تعریف ملت و خصلت سیاسی و اجتماعی آن ملت و نیروهائی که خود را نماینده ملت می‌دانستند، به‌ویژه بعد از انقلاب، به یک درک ابدگرایانه از ملت دامن می‌زد. این درک عملاً به حمایت از نیروهای محافظه‌کار و فئودالی که ناسیونالیسم را نمایندگی می‌کردند انجامید و دمکراسی را به عقب می‌راند.

## دموکراسی و حق تعیین سرنوشت

تقسیم دموکراسی به روابط داخلی و روابط خارجی و جدایی آن دو تا سرحد دو قطب متضاد، چیزی است که روزا لوگزامبورگ و لنین به آن می‌رسند. ازنظر روزا لوگزامبورگ اجرای دموکراسی درون ملت اساسی است و از همین زاویه می‌گوید آزادی‌های دموکراتیک، "اساس اجتناب‌ناپذیر سیاست سوسیالیستی" است ولی "حق تعیین سرنوشت یک جمله‌پردازی پوچ و مزخرف خرده بورژوازی است".

اما لنین که به دموکراسی داخلی بی‌اعتنا بود سیاست خارجی دولت سوسیالیست روسیه را بر اساس تز "حق تعیین سرنوشت ملی" تعریف می‌کرد. و عدم قبول این تز را یک سیاست ستمگرانه همراه با الحاق اجباری قلمداد می‌کرد. او استدلال می‌کرد که اگر در عصر امپریالیسم، دموکراسی بورژوایی در چهارچوب یک ملت امکان تحقق دارد، تردیدی نیست که تحقق شعار "حق

تعیین سرنوشت" هم می‌تواند امکان‌پذیر باشد و اینکه "حق تعیین سرنوشت ملت‌ها فقط یکی از خواسته‌های دموکراتیک است که اساساً با دیگر خواسته‌های دموکراتیک تفاوتی ندارد".[۳۰]

وجود و یا پیدایشِ هر نوع "دولت ملی" برای لنین همان دموکراسی بورژوائی بود یعنی دموکراسی و دولت یکی بودند. هرچند او می‌گفت که ازنظر مخالفان این تز "جمهوری، آزادی حق طلاق، دموکراسی، آزادی حق تعیین سرنوشت ملت‌ها، هیچ ارزشی ندارد"، "ولی مارکسیست‌ها می‌دانند که دموکراسی سیستم طبقاتی را از بین نمی‌برد بلکه فقط مبارزه طبقاتی را خالص‌تر، گسترده‌تر، واضح‌تر و بُرّاتر می‌گرداند و این همان چیزی است که ما بدان نیازمندیم. هرچه آزادی طلاق کامل‌تر باشد، برای زن واضح‌تر می‌گردد که سرچشمه "بردگی خانگی" او سرمایه‌داری است و نه فقدان حقوق. هرچه نظام دولتی دموکراتیک‌تر باشد، برای کارگران روشن‌تر می‌گردد که پایهٔ بدبختی آنها سرمایه‌داری است و نه فقدان حقوق. هرچه تساوی حقوق کامل‌تر باشد (این تساوی بدون آزادی جدا شدن کامل نیست.) برای کارگران ملت تحت ستم روشن‌تر می‌شد که اشکال اساسی از سرمایه‌داری است نه فقدان حقوق و الی‌آخر".[۳۱] اما مسلماً این سؤال باقی می‌ماند اگر دموکراسی در ابعادی گسترده تحقق می‌یافت آن‌وقت چه نیازی به‌حق تعیین سرنوشت بود. و این هم روشن است که لنین حتی توانِ هژمونیک بورژوازی را جدی نمی‌گرفت.

از همین جهت وجود دولت روسیه خودبه‌خود دموکراسیِ پرولتری تلقی می‌شد که کماکان ناگزیر بود بازمانده‌ای از وظایف حل‌نشده قبلی یعنی دموکراسی بورژوایی را حل کند. یعنی اینکه قبولِ "حقِ ملت‌ها در تعیین سرنوشت خویش" حتی در دوره‌ای که پرولتاریا حاکم است کماکان یک وظیفه عام دموکراتیک بورژوازی است. البته گاه لنین مفهوم دموکراسی را به‌صورت گیج‌کننده‌ای مطرح می‌کرد و در پاسخ به آنها که رابطه سرمایه‌داری و دموکراسی را درک نکرده‌اند می‌گوید:

> درست مانند کلیه حقوق دموکراتیک، حق طلاق بدون هیچ استثنایی در سرمایه‌داری به‌سختی تحقق‌پذیر است و دارای خصلتی مشروط، محدود و صوری است و باوجوداین یک سوسیال‌دموکرات اصیل کسانی را که این حق را منفی می‌دانند نه‌تنها سوسیالیست، حتی سوسیال‌دموکرات تلقی نخواهد کرد، و این جوهرِ جریان می‌باشد. سراسر "دموکراسی" عبارت از اعلام نمودن و به تحقق درآوردن "حقوقی" است که در سرمایه‌داری بسیار محدود و بسیار مشروط می‌توانند تحقق بیابند. ولی بدون این اعلام و بدون مبارزهٔ مستقیم و بلافاصله به خاطر این حقوق، بدون آموزش توده‌ها با روح چنین مبارزه‌ای سوسیالیسم امکان‌ناپذیر است.[۳۲]

اگر این‌طور باشد سوسیالیسم خود هم یک شکل و یا ادامه همان دموکراسی است و تقسیم‌بندی دموکراسی به پرولتری و بورژوائی از معنی می‌افتد. در ارتباط با حق تعیین سرنوشت ملی لنین مراجعه به آراء عمومی را مطرح می‌کرد.

برای لنین رفراندوم مکانیسم مناسب برای رسیدن به‌حق تعیین سرنوشت ملت بود درحالی‌که روزا لوگزامبورگ نسبت به آن تردید داشت. ازنظر روزا لوگزامبورگ مراجعه به آراء

عمومی یک راه‌حل و شکل یک مبارزه لایتغیر و جدا از موقعیت و تناسب قوای طبقاتی بود. و می‌گفت که مراجعه به آراء عمومی به ابدی کردن پارلمانتاریسم می‌انجامد. یا اینکه مراجعه به آراء عمومی به یک مفهوم قانونی و قضایی رایج محدود و اشکال قهرآمیز را در تبلور اراده توده‌های یک ملت در برنمی‌گیرد. می‌بینیم که در اینجا تفاوت بین روزا لوگزامبورگ و لنین کاهش می‌یابد.

البته لنین انتخابات را به‌عنوان تنها "تجلی اراده عمومی "خرافات خرده بورژوا مآبانه از دولت، در نظر داشت. مثلاً زمانی که آرایش قوا را در قفقاز، اوکراین، لیتوانی و... به نفع پرولتاریا دیدند دیگر کلمه‌ای هم از مراجعه به آراء عمومی گفته نمی‌شد. لنین در مورد ایرلند بیان این "اراده" را درصحنه یک نبرد تاریخی می‌دید.[۳۳] ازنقطه‌نظر لنین حق تعیین سرنوشت ملت‌ها تا آنجا که به مفهوم تحقق استقلال سیاسی است دقیقاً با تحقق همان آراء عمومی در جهت تعیین سرنوشت خویش پایان می‌یابد. پس‌ازآنکه یک ملت به شیوه‌ای دموکراتیک سرنوشت خود را تعیین نمود آنگاه سرنوشت ملی، سرشت واقعی خود را به‌مثابه یک امر صوری آشکار می‌کند و از درون آن سرنوشت طبقه کارگر با سرعت بیشتری برای پرولتاریا مفهوم واقعی خود را بیان می‌کند. پرولتاریا که سرنوشت خود را نمی‌توانست جدا از سرنوشت ملت ببیند (درواقع سرنوشت بورژوازی)، این بار در تجربه و عمل خویش می‌بیند که از آن سرنوشت فقط بورژوازی بهره‌مند شده و او ناگزیر است برای تعیین سرنوشت خویش با کل بورژوازی تصفیه‌حساب کند. ازآنجاکه او درمی‌یابد سرنوشت واقعاً نه یک امر ملی بلکه یک امر طبقاتی است خود را آماده نبرد طبقاتی می‌کند. حسن حق تعیین سرنوشت یک ملت فقط در این است که امر توسعه آگاهی طبقاتی پرولتاریا را به سرنوشت خویش تسهیل می‌کند.

## حق تعیین سرنوشت ملت‌ها و تجربه عملی در روسیه

روزا لوگزامبورگ زنده نماند تا تجربه انقلاب روسیه را مبنای جمع‌بندی دقیق‌تر و جامع‌تری قرار دهد. دوره یک ساله‌ای که روزا لوگزامبورگ از آن تجربیات خود را بیرون می‌کشد یک دوره جنگ داخلی شدید در روسیه بود. او با همین تجربه کوتاه به استخراج این احکام پرداخت که به خاطر این شعار (حق...)، ملت‌ها پراکنده‌شده‌اند، و قفقاز و لیتوانی و فنلاند و لهستان و اوکراین و کشورهای ساحل بالتیک به دشمن انقلاب پرولتری مبدل شده‌اند. اما او این را پیش‌بینی نمی‌کرد و یا نمی‌توانست پیش‌بینی کند که بعضی از همین ملت‌ها به روسیه شوروی پیوستند و یا اشغال شدند.[۳۴]

دیویس معتقد است که بعداً لنین بدنبال همان شیوه‌هایی رفت که روزا لوگزامبورگ معتقد بود. بلشویک‌ها در بعضی از کشورها اقلیت‌های کوچکی از نیروهای سازمان‌یافته پرولتری را که به بلشویک‌ها اعلام وفاداری می‌کردند تشویق می‌کردند دولت خود را تشکیل بدهند و آنگاه ارتش سرخ را به حمایت آنها می‌فرستادند و آن کشورها را اشغال می‌کردند. لنین باوجود تخاصمی که نسبت به فدرالیسم داشت هم به نوعی فدرالیسم روی آورد البته در چهارچوب همان سیستمی که

دموکراسی پرولتری دیده می‌شد. البته هیچ کدام به مفهوم امروزی و یا حتی با درک های سوسیال‌دموکراتیک همان زمان به دموکراتیزه کردن هرچه بیشتر جامعه به‌مثابه یک استراتژی نگاه نمی‌کردند. دموکراسی چون بورژوائی دیده می‌شد می‌بایست سرنگون می‌شد و جای آن را چیزی می‌گرفت که آنها دموکراسی پرولتری و کائوتسکی آن را دیکتاتوری بلشویکی و معادل دیکتاتوری تزاری می‌دید.

مخالفت با هر نوع ستمی و دموکراتیزه کردن هر چه بیشتر جامعه کماکان نکات مهمی است که می‌توانند تبعیض و نابرابری ملی را کاهش داده و یا حل کنند. هرچند این نگرش به سوسیالیست‌ها محدود نمی‌شود بلکه یک دموکرات و لیبرال هم به آن اعتقاددارند.

در مورد روسیه سؤال این است که بعد از ۱۰۰ سال که از اولین حکومت دموکراتیک سوسیالیستی کرنسکی می‌گذرد و ۷۰ سال هم زیر حکومت بلشویکی بود و اکنون در کنترل ولادیمیر پوتین است چه تغییری جدی رخ‌داده است؟

# ۹- استبداد، ناسیونالیسم، ملت و خودمختاری‌طلبی در ایران مدرن

## مقدمه

بررسی مشکلات قومی، دینی، فرهنگی و زبانی در ایران بدون درک عمیق‌تری از ساختار سیاسی بشدت ضد دمکراتیک و شدیداً متمرکز ایران غیرممکن است. خصومت با دموکراسی تقریباً طی یک قرن چه از جانب رژیم پهلوی و چه رژیم جمهوری اسلامی به‌صورت فضیلتی موردستایش بوده است.

حدود چهل‌وپنج سال قبل در سال ۱۹۷۳ در مصاحبه با اوریانا فالاچی محمدرضا شاه تردید نمی‌کرد که دموکراسی را به تمسخر بگیرد و صریحاً بگوید:

"از خیلی جهات ایران بیشتر از کشورهای شما در اروپا دموکراتیک است. با این واقعیت که دهقانان صاحب زمین‌اند و کارگران در مدیریت کارخانه خود مشارکت دارند و اینکه مؤسسات بزرگ صنعتی در دست دولت‌اند بجای آنکه خصوصی باشند". در مورد دموکراسی به شیوه غرب گفت که:

> اما من آن نوع دموکراسی را نمی‌خواهم! شما این را متوجه نشده‌اید؟ من نمی‌دانم با آن نوع دموکراسی چه‌کار کنم! من هیچ بخشی از آن را نمی‌خواهم. همه‌اش مال خود شما، می‌توانید آن را نگه‌دارید، این را نمی‌بینید؟ دموکراسی پرشکوه را. در ظرف چند سال خواهید دید که دموکراسی پر شکوهتان به کجا ختم می شود [.....] آزادی اندیشه، آزادی اندیشه! دموکراسی، دموکراسی! با بچه‌های ۵ ساله که اعتصاب می‌کنند و در خیابان رژه می‌روند. این است آنچه شما دموکراسی می‌نامید!.[۱]

آیت‌الله خمینی شاید شخصاً هرگز واژه دموکراسی را به زبان نیاورد ولی در هر حالت برای خمینی هم دموکراسی چیزی جز یک توطئه و محصول فاسد غربی برای تضعیف و تسلط بر جهان اسلام نمی‌توانست باشد. اگر در پاریس واژه آزادی و ناخشنودی از استبداد به‌طور مرتب از زبان طرفداران‌اش همچون بنی‌صدر، یزدی، قطب‌زاده و دیگران شنیده می‌شد بیش از واژه‌های بی‌معنی و گمراه‌کننده‌ای نبود، چون آیت اله خمینی قبلاً آنها را در کتاب حکومت اسلامی با صراحت معنی کرده بود.

ولی اکنون ما در جهانی زندگی می‌کنیم که واژه‌ی دموکراسی شاید بیش از هر واژه سیاسی دیگری جهانی شده باشد. به نظر می‌رسد اکنون کمتر کسی منکر نیاز به دموکراسی می‌شود. احمدی‌نژاد بارها گفته بود که رژیم جمهوری اسلامی دموکراتیک‌ترین کشور جهان است. و دیگر مقامات جمهوری اسلامی ایران هم مرتب از تحقق مردم‌سالاری سخن می‌گویند. اخیراً پس از تمدید مأموریت گزارشگر سازمان ملل در امور ایران، ستاد حقوق بشر جمهوری اسلامی اعلام کرد

که "جمهوری اسلامی ایران بزرگترین و پیشرفته‌ترین دموکراسی غرب آسیا و جهان می‌باشد و تجربه ملت سرافراز ایران در چهار دهه که از انقلاب اسلامی می‌گذرد یعنی بنای یک نظام مردم سالار مبتنی بر عقلانیت اسلامی و دستاوردهای کاملاً جدید و راهی نو در نحوه زندگی مدنی را مطرح نموده است".[۲] این ادعاها در حالی صورت می‌گیرد که زندانی کردن، شکنجه و اعدام و عدم دسترسی به روند محاکمه عادلانه و تبعیض و فشار گسترده نسبت به اقلیت‌های دینی و قومی، کارگران، دانشجویان، زنان و دگراندیشان به‌طور بسیار گسترده‌ای در ایران حاکم است. و نشریه معتبر اکونومیست در اندکس دموکراسی ۲۰۱۸ از میان ۱۶۷ کشور موردبررسی ایران را کشوری تمامیت‌خواه و در مقام ۱۵۰ ام ذکر کرده است.[۳]

چنین اظهاراتی روشن می‌کند که تکرار این واژه نمی‌تواند درک و میزان تعهد کسی را نسبت به دموکراسی نشان دهد بلکه معنی و تعهد به دموکراسی را بیشتر مخدوش می‌کند. لیبرال دموکراسی مدرن به‌مثابه یک ایدئولوژی و یک سیستم حکومتی به شکل پارلمانی‌اش دارای محاسن زیادی است ولی در همان حال دارای معایب و محدودیت‌های زیادی نیز هست. اما ما در اینجا از توضیح این محدودیت‌ها می‌گذریم تا اندکی به مسائل ایران بپردازیم.

در ایران، بحث پیرامون دموکراسی و خصوصیات آن را نمی‌توان از ارزیابی و تعریف این خصوصیات و شیوه‌های برخورد نسبت به آنها جدا کرد. تنوعات فرهنگی، زبانی، ملی-قومی، و جغرافیائی از خصوصیات بارز جامعهٔ کنونی ایران است. با توجه به وجود درک‌های بسیار متفاوت از ارزش‌ها و ابعاد یک سیستم دموکراتیک، برداشت یکسانی در مورد ارزیابی از این تنوعات به‌ویژه در مورد خصوصیات، طبیعت و منشأ پیدایش آنها و مهم‌تر از همه پذیرش این تفاوت‌ها و شیوه برخورد با آنها وجود ندارد.

بغرنج‌ترین مسئله‌ای که در این میان وجود دارد و منبع اختلاف‌نظر جدی است این است که آیا در پهنه جغرافیائی ایران می‌توان از ملت‌های [و در مواردی اقوام] گوناگونی صحبت کرد و یا اینکه تنها یک ملت واحد و یکپارچه‌ای بنام ایرانی وجود دارد؟ قبول و یا عدم قبول ایران به‌مثابه "کثیر المله" و راه‌حل‌های سیاسی متناسب با این نوع تنوعات به نظر می‌رسد یکی از چالش اساسی باشد که توسعه دموکراسی، صلح و امنیت در ایران با آن روبرو خواهد بود. با توجه به پیچیدگی و دشواری حل این مسئله در ایران، ابعاد بحرانی را که این مشکل در آینده ایران ایجاد خواهد کرد نمی‌توان نادیده گرفت.

از هم‌اکنون جدال آشکار و تقریباً انعطاف‌ناپذیری بین دو نگرش افراطی ناسیونالیستی قومی (مسلط و غیر مسلط)، از یک سو شونیسم انکار گرا که ایران را یک کلیت فرهنگی-قومی موزون، منسجم و تقسیم‌ناپذیر می‌بیند؛ و از سوی دیگر ناسیونالیست‌های مغلوب قومی به چشم می‌خورد. خصلت آنها ازاین‌جهت یکسان است که آنها از ملت درکی قومی و ابدگرایانه (پریموردیال) دارند. ناسیونالیست‌های قومی مغلوب هم‌اکنون بیش از هرزمانی رشد کرده‌اند، به‌طوری‌که جدائی و تشکیل دولت خود را هم بهر قیمتی امری مقدس می‌دانند.

اصرار تقدس مآبانه هر دو نگرش ناسیونالیستی مغایر باارزش‌های دموکراتیک، رفع تبعیض و حقوق بشری است که همکاری، گفتمان منطقی و انعطاف‌پذیر را برای حل مسئله اساسی ضروری می‌بیند. تقدس سازی از خود در مقابل دیگران، امکان یافتن راه‌حل‌های میانی برای توزیع قدرت سیاسی و منابع اقتصادی و اداری را دشوار می‌کند. این مجادلات افراطی یادآور نام بدی است که ناسیونالیسم در هر دو شکل‌اش در تاریخ مدرن از خود بجا گذاشته است و آن را معادل خشونت، تعصب و پاک‌سازی غیرخودیان قرار داده است.

دموکراسی ضرورتی است برای همزیستی مسالمت‌آمیز در همه جوامع مدرن و من‌جمله جامعه چند قومی و چند زبانی و چند فرهنگی. هرچند دموکراسی خودبه‌خود نمی‌تواند تضمینی برای حل مسائل ناشی از ناسیونالیسم قومی باشد ولی در عرصه سیاسی گزینهٔ بهتری از آن برای حل و یا مهار کردن نیروهای مخرب ناسیونالیستی از هر سو که باشند وجود ندارد. هر چه میزان دموکراسی گسترده‌تر و عمیق‌تر باشد، امکان تلاطم شدید قومی و فرهنگی کمتر می شود. مردم به این درک می‌رسند که قوم (و ملت)، زبان و فرهنگ همه محصول جامعه‌اند و طبیعی و فطری نیستند و مرز منجمد و عبور ناپذیری بین آنها وجود ندارد. آنها به‌طور مداوم با تأثیرپذیری از همدیگر تغییر می‌کنند و یا به همدیگر تبدیل می‌شوند، و یا شکل سومی به خود می‌گیرند.

ازآنجاکه در مورد خصوصیات، طبیعت و منابع پیدایش ملت و ناسیونالیسم در بخش‌های دیگر صحبت کرده‌ایم در این بخش به‌طور مشخص به مشاجرات مربوط به اقوام/ملت‌ها در ایران می‌پردازیم.

ازنقطه‌نظر عملی در این مقاله ما از واژه "ملت/قوم" و یا قوم استفاده کرده‌ایم. باآنکه واژه "قوم" این روزها وسیعاً بکار می‌رود از یک‌جهت واژه‌ای نارساست چراکه بر تجانس نژادی، ارتباط خونی و قبیله‌ای و روابط اسطوره‌ای همراه باآن اشاره دارد. باآنکه ملت به روابط ماورای خونی و یا یک جامعه‌ای خیالی اشاره دارد که آفریده شرایط تاریخی مدرن هست ولی در ایران عمدتاً با خصوصیات قومی تعریف و به‌کاررفته است. از همین جهت درک ناسیونالیست‌های غالب و مغلوب خصلتی قومی به خود گرفته است. اما ازآنجاکه به‌کارگیری ملت به مفهوم نیاز به دولت مستقل را در ذهن مبادرت می‌کند، به‌کارگیری آن از جانب اقوام مغلوب، برای ناسیونالیست‌های قومی مسلط (شونیست ها) در ایران به موضوعی حساس و بشدت مشاجره انگیزه تبدیل‌شده‌است.

البته باید دقت کرد که ناسیونالیست‌های وحدت طلب و یا ملی‌گرایی شهروندی به اشکال پولورالیستی و پاتریوتیستی (وطن‌دوستی) اساساً بر وفاداری به دولت و سرزمین تکیه دارند. آنها از شکل تهاجمی و برترجویانه شونیستی فاصله می‌گیرند و عدم تمرکز قدرت ساختار قدرت سیاسی را ضروری می‌دانند. بکارگیری اصطلاح ناسیونالیسم برای اقلیت‌های قومی هم اغلب مبهم و نارساست، چون‌که در مواردی گروه‌های مدافع پولورالیسم و جنبش‌های خودمختاری طلب که از شکلی مسالمت‌آمیز و مشارکت‌جویانه در چهارچوب ایران دفاع می‌کنند، با ناسیونالیست‌های

خالص‌گرای مغلوب قومی که دارای سیاستی تهاجمی بوده و به جدائی، خالص‌سازی و تجانس نژادی-فرهنگی اعتقاددارند مخلوط شده اند.[۴]

به‌منظور روشن شدن مسئله ملی و قومی در ایران مدرن این بخش نکات زیر را موردبررسی قرار خواهد داد. اول بررسی خصوصیات ملی‌گرائی ایرانی و پروسه‌ای که زبان فارسی و شیعیسم به هویت دولت‌های بسیار متمرکز تبدیل می‌شود می‌پردازد. دوم به بررسی چند دیدگاه متفاوت نسبت به اقوام / ملیت‌ها اشاره دارد. سوم بخشی از دیدگاه‌ها و خصوصیات جنبش‌های قومی بررسی می‌شود. بخش چهارم به نتیجه‌گیری و چشم‌انداز اختصاص دارد.

## زبان فارسی و مذهب شیعه در تعریف هویت ملی در ایران

علیرغم دیدگاه هائی که ملت را در ایران موضوعی ابدی و مداوم می‌دانند (احمدی، مسکوب) مشکل است بتوان پیدایش دولت مدرن را در ایران بیان متناسبی از رشد ملت به‌حساب آورد. دولت مدرن بنا به نیازهای خارجی قبل از پیدایش ملت سر برآورد و وظیفه ساختن ملت را به عهده گرفت. دوره مدرن با جنبش مشروطیت شروع شد و انقلاب مشروطه نوع جدیدی از دولت را طلب کرد که هم بر قانون اساسی متکی بود و هم به درجه‌ای از انعطاف‌پذیری، عدم تمرکز و دموکراسی در آن شرایط. انقلاب مشروطیت را از پائین، ولی عمدتاً با تکیه به قشر متوسط تحصیل‌کرده، را می‌توان با خصلتی ترقی‌خواهانه وطن‌پرستانه ولی ماورای قومی توضیح داد. در دوران مشروطیت چهره‌های برجسته ترک، گیلک، کرد، بختیاری و ازنظر دینی مسلمان، ارمنی (مثل یفرم خان و ملکم خان) و بهائی، دیده می‌شوند که مرزهای قومی و دینی را درنوردیده بودند. چهره‌های بارز انقلاب که بخش قابل‌ملاحظه آنها ترک‌زبان بودند به‌خوبی این خصوصیات را نشان می‌داد.

می‌بینیم که در قانون اساسی دوران مشروطیت باآنکه به‌صورت صوری از دین اسلام و مذهب اثنی عشری به‌مثابه مذهب رسمی که شاه باید پاسدار آن باشد، و زمینه را برای نظارت و نقش روحانیان شیعه باز کرد، سخنی از زبان رسمی وجود ندارد. باوجودآنکه روشنفکران و رهبران ترک‌زبان وزن بزرگی در جنبش مشروطیت داشتند هم به زبان فارسی چنان دلبستگی داشتند که در جهت به رسمیت شناسی زبان دیگری استدلال نکردند. باوجودآنکه بسیاری از آنها چه ترک‌زبان و چه فارس زبان از دیدگاه‌های متفکران برجسته ترک و ترک نویس آذربایجانی قرن نوزدهم مثلاً میرزا فتحعلی آخوندزاده (۱۸۱۲-۱۸۷۸) تأثیر پذیرفته بودند.

شاید بتوان گفت که در آن زمان زبان یک مشخصه‌ای ناسیونالیستی برای گروه‌های قومی در نیامده بود و زبان فارسی به صورت سنتی مهم‌ترین وسیله ارتباطی و بیان اندیشه و افکار پیچیده مدرن برای همه متفکران ایران به‌حساب می‌آمد. به‌عبارت‌دیگر زبان فارسی بیان هویت قومی خاصی نبود که موضوع مجادله باشد. البته در ابتدا وجود تقسیم‌بندی‌های انعطاف‌پذیر ولایتی-ایالتی هم مانعی برعلیه به‌کارگیری زبان‌های قومی نمی‌شد. احمد کسروی که ترک تبریزی و از چهره‌های ماندگار عصر مشروطه بود مثال خوبی است. کسروی هرچند در مورد زبان ترک آذری

تحقیقات داشت، اما در مورد زبان فارسی تبحر داشت و لغت‌های جدید ساخت و مقاله "زبان فارسی و راه رسا و توانا گردانیدن آن" را نوشته بود. قزوینی، طالب اف و تقریباً اغلب متفکران بزرگ ترک که نسبت به زبان فارسی توجه خاصی داشتند و در این دوران کماکان توجهی برای تبدیل زبان ترکی به‌عنوان زبان رسمی آذربایجان نمی شود. یکی از پیشروان دیگر عصر مشروطیت تقی زاده بود که شاید بیش از هرکس دیگری به اهمیت وگزینش زبان فارسی در ساختن ملت ایران توجه داشت.

از درون شکست و سرکوب انقلاب مشروطیت یک انقلاب از بالا با دولتی بشدت متمرکز سر آورد. از دوران رضاخان پیدایش دولت مرکزی با شکل‌گیری یک سیستم بروکراسی، انحصار نیروهای سرکوب، کنترل مرزهای کشوری و ایجاد آموزش و ارتباطات همگانی و زبان واحد و استاندارد شده همراه بود. همچون دیگر ملت‌های مدرن درجه‌ای از همسان سازی، تمرکز و کنترل از اقدامات دول رضاشاه بود که به صورت افراطی و شدیداً سرکوبگرانه ظاهر شد. در این پروسه ملت سازی به‌تدریج برنامه ریزان و صاحبان قدرت آگاهانه و ناآگاهانه فرهنگ و زبان و تفسیرهای مشخصی از تاریخ را مسلط ساختند. اما ملت در این دوران تعریفی قومی به خود گرفت و تمرکز خواهی شدید هم انعکاس اساسی عدم رشد چنین ملتی بود.

چنین دولتی به صورت یکه‌تازانه می‌خواست همه هویت‌های سنتی را با زور از میان بردارد و یا تابع دولت کند تا بین دولت و ملت هیچ فاصله و شکافی وجود نداشته باشد و وفاداری و اطاعت از دولت عین وفاداری به ملت و وطن‌پرستی شمرده می‌شد. چون دولت و ملت یکسان شمرده می‌شد و یا کاملاً بر هم منطبق بود دولت واحد و متمرکز تنها تصورش از ملت هم یک ملت یونیفورم، منسجم و متمرکز بود. بر اساس چنین درکی از ملت واحد بود که زبان فارسی از عناصر اصلی هویت در مقابل زبان‌های دیگر درآمد. بطوریکه دکتر محمود افشار برای ایجاد تحکیم وحدت ملی و یا "ایجاد احساس غرور ملی" در مقاله‌ای در سال ۱۳۰۶ هجری شمسی ترویج زبان فارسی به زیان زبان‌های محلی، کوچ فارس‌نشینان به آن مناطق و کوچ افراد محلی به سایر نقاط ایران، توسعه اقتصادی آن مناطق، کتاب و مجلات ارزان‌قیمت را به‌مثابه راه‌حل ارائه کرده بود.[۵] البته این درک و تمایل بعضی از روشنفکران را نشان می‌داد که بخشاً در سیاست‌های دولتی انعکاس می‌یافت.

در همان حال برای این طیف از ناسیونالیست‌ها، ایران همانند یک ارگانیسم دیده می شده که طی هزاران سال با روح "ایرانیت" زیسته و تکامل‌یافته است. این ارگانیسم بدنه‌ای واحد و تقسیم‌ناپذیر داشت که تفاوت‌ها در آن انکار می‌شدند. دولت که نقش پاسداری و ضمانت از وحدت را به عهده گرفته بود با ایدئولوژی ناسیونالیستی می‌خواست همه تفاوت‌هائی را که امکان داشت به چندگونگی ملی بینجامد از میان بردارد.

در این پروسه مقابله‌جوئی وهویت سازی بود که قشرهائي از گروه‌های قومی-زبانی که هرگز به دنبال هویت قومی و زبانی نرفته بودند، در شرایط فقدان دموکراسی، تمرکز شدید ساختار

قدرت سیاسی و سیاست‌های همسان‌سازی اجباری، خود را زیر فشار گرایشاتی یافتند که با فرهنگ خود و با زبان خود ایران و ایرانی بودن را تعریف می‌کردند.

در زمان محمدرضا شاه حتی مواضع ملی‌گرایانی که به‌نوعی لیبرالیسم و دموکراسی در ایران نیز اعتقاد داشتند نسبت به خودمختاری اقوام/ملیت‌ها خصمانه بود. مثلاً حتی دکتر محمد مصدق در سال‌های بعد از جنگ جهانی دوم که گویا دولت‌های انگلیس، آمریکا و روسیه متکی به قبول اصل انجمن های ایالتی ولایتی قانون مشروطیت برای معرفی عدم تمرکز در ایران و ایجاد نوعی فدرالیسم توافق کرده بودند مخالفت کرده بود (به ضمیمه مراجعه شود). دولت‌های سه‌گانه می‌خواستند آذربایجان، کردستان و خوزستان از خودمختاری برخوردار بوده و بتوانند زبان‌های خود یعنی ترکی، کردی، و عربی را به‌عنوان زبان رسمی بکار بگیرند. مصدق بر طبق این سند این‌طور اظهار کرده بود "اختیارات به استان‌ها که ساکنین آنها ازنظر زبان و نژاد و مذهب با ما اختلاف دارند صلاح نیست بجهت اینکه دول بزرگ از اختیاراتی که به آنها داده شود سوءاستفاده می‌کنند و دولت ایران را در بن‌بست عظیمی قرار می‌دهند".[۶]

بر اساس بعضی اسناد دیگر در زمان جنگ جهانی دوم ریدر بولارد وزیر بریتانیا در تهران به محمدرضا شاه و نخست‌وزیر پیشنهاد کردند که در جهت عدم تمرکز قدرت در ایران قدم بردارند. هرچند این اظهارات را بعضی تاکتیکی و به‌منظور تضعیف نفوذ شوروی می‌دانستند.[۷]

بر اساس یک ایدئولوژی حاکم و انکارگرا استدلال این بود: همه آریائی‌ایم و همواره تحت یک ملت کهن در این سرزمین زیسته‌ایم، همه فارسی‌زبانیم هرچند با لهجه‌های "شیرین" محلی هم چون آذربایجانی، کردی، بلوچی و غیره سخن می‌گوییم، پس وجود تفاوت‌ها معنی ندارد. بر این اساس وجود هویت‌های جمعی جداگانه توطئه دشمنان خارجی بشمار می‌آمد. چنین نگرش خصلتاً قومی‌ای در حالت افراطی خود نژادپرستانه، جنگ‌طلب و توسعه‌طلب می‌شد. چنین دیدگاهی به نحو دیگری در دوران جمهوری اسلامی هم ادامه یافت.

بر متن مجموعه‌ای از تضادها، رقابت‌ها و فشارها زمینه برآمد بعضی از جنبش‌های محلی شامل قومی- زبانی که از تسلط دولتی با خصلتی قومی-زبانی و بشدت متمرکز و سرکوبگر رنج می‌بردند فراهم شد.

پس از انقلاب ۱۳۵۷ (۱۹۷۹) به رهبری آیت‌الله خمینی جمهوری اسلامی ایران تعبیری از شیعیسم به‌مثابه ایدئولوژی سیاسی ظاهر شد. در جمهوری اسلامی نه‌تنها وزن سنت‌ها در پروسه‌های تصمیم‌گیری سیاسی افزایش یافت بلکه شیعیسم به‌مثابه محور اصلی هویت، دایره مشمولیت اقلیت‌های دیگر غیر شیعی را، چه مسلمان و چه غیرمسلمان، بسیار محدود کرد. ازاینجا بود که عمق شکاف‌ها و نارسائی‌ها در قالب یک دولت دینی اسلامی خود را نشان داد. رژیم جمهوری اسلامی هم این بار بنام اتحاد ایران اسلامی باهمان ابزارهای سرکوب به تنبیه گروه‌های منطقه‌ای قومی که کماکان بر پولورالیسم، خودمختاری و عدم تمرکز اصرار داشتند پرداخت. کردها، ترک‌ها (جنبش خلق مسلمان)، ترکمن‌ها، عرب‌ها و بلوچ‌ها بشدت سرکوب شدند. در

دوران جانشینی خمینی که مشروعیت کریسماتیک به پایان خود رسید توسل به این ایدئولوژی دینی به‌منظور مشروعیت بخشی رژیم بحران شدیدتری ایجاد کرد به‌طوری‌که فشار بر اقلیت‌های قومی- زبانی و دینی به نارضایتی گسترده‌تری منجر شد و زمینه‌ساز رشد ناسیونالیسم خالص‌گرایانه قومی و یا قومی-دینی شد.

چنین پروسه‌ای در بنای دولت-ملت در ایران به دو بحران مرتبط بهم انجامیده است. اولاً دولت همواره بنام ملت و یا خود ملت از رشد و توسعه جامعه مدنی جلوگیری کرده است و از این طریق امکان مشروعیت عقلانی خود را بشدت تضعیف کرده است. با آنکه دولت بسوی مدرنیزاسیون رفته است ولی تلاش کرده است و سیعاً منابع مشروعیت دهی خود را از سنت‌ها بیرون بکشد و یا آنها را وسیعاً با لباس سنت بپوشاند. شاهان پهلوی زبان فارسی و نهاد به‌اصطلاح سلطنت ۲۵۰۰ ساله را محور تعریف ایرانی بودن قرار دادند و خمینی مذهب اسلام و فرقه شیعه را.

اصرار بر مسئله‌ای بنام ملت واحد و طبعاً دولت واحد و متمرکز موجب بحران شد. به‌تدریج ساختار سیاسی موجود در ایران به درجات متفاوت، چه در زمان محمدرضاشاه و چه در دوران جمهوری اسلامی، با چندگونگی رشد فرهنگی و قومی در تعارض قرار گرفت. تمرکز سیاسی که در مراحل اولیه نقش نسبتاً مثبتی در به عقب نشاندن نیروهای فئودالی- قبیله‌ای و گسترش سازمان‌دهی دستگاه‌های آموزشی و اداری مدرن بازی کرده بود با سرعت تبدیل به عامل بازدارنده‌ای برای دموکراتیزه شدن جامعه و ایجاد وحدت ملی بین گروه‌های متنوع قومی-زبانی و دینی در ایران درآمد.

ازآنجاکه یک ملت مدنی رشدنیافته بود و ساختار بشدت متمرکز سیاسی مانع سطح معقولی از پولورالیسم شده بود شیوه‌های کنترل اقوام متفاوت از جانب دولت مرکزی اساساً به سرکوب‌های فیزیکی و تا میزان معینی بندهای بروکراتیک محدود می‌شد. از این زاویه سرکوب همه جنبش‌های قومی و منطقه‌ای را که در شرایط بحران‌های جنگ جهانی اول، جنگ جهانی دوم و بعد از انقلاب ۱۳۵۷ ه.ش بوجود آمدند را نمی‌توان بدون توجه به خصلت استبداد و تمرکز خواهی افراطی دولت های حاکم در ایران درک کرد. درحالی‌که این جنبش‌ها عمدتاً خودمختاری طلب محلی در چهارچوب ایران بودند.

بر اساس آنچه گفته شد، ازنظر ساختاری قدرت سیاسی در ایران امروزی از بحران‌های مرتبط با فقدان دموکراسی و توانایی هژمونیک و نیز یکپارچگی و تمرکز دولتی بشدت رنج می‌برد. البته هر دو بحران را می‌توان به بحران دموکراسی به مفهوم وسیع آن مربوط دانست. این وضع موجب نابرابری فاحش در توزیع قدرت، منابع اقتصادی، فرهنگی و اداری به نفع قشرهای ممتاز حاکم شده است و به‌روشنی ظرفیت محدود دولت متمرکز را برای نمایندگی از جامعه‌ای متنوع را بیان می‌کند. در شرایط پرتناقض جهان مدرن، تداوم استبداد و مخالفت با روابط دموکراتیک، و نیز درکنش متقابل با رقابت قدرت‌های منطقه‌ای و بین‌المللی و نیز رقابت‌های داخلی گروه‌های

ممتاز درون قومی زمینه پیدایش هویت‌های ناسیونالیسم قومی خالص گرا و جدائی‌خواه در میان بعضی از گروه‌های قومی فراهم شد.

حال در زیر به توضیح مختصر پاره‌ای دیدگاه‌ها در دوران رژیم شاه و نیز جمهوری اسلامی می‌پردازیم.

## برخورد به مسائل قومی-زبانی بعد از انقلاب ۱۳۵۷

دیدگاه‌های موجود در برخورد به اقلیت‌های قومی در ایران را می‌توان عمدتاً به دو طیف کلی تقسیم‌بندی نمود. طیف انکارگریان محافظه‌کار یا به‌عبارت‌دیگر ناسیونالیست‌های قومی مسلط که ازنظر کلی ملت ایران را یک کلیت غیر تاریخی، ابدی ویژه به‌حساب می‌آورند. طیف دیگر را می‌توان به‌طورکلی ناسیونالیست مدنی با درکی بیش و کم پولورالیستی و یا لیبرال ولی کماکان شدیداً میهن‌پرست نام نهاد. حال سعی می‌کنیم در زیر اول دیدگاه‌های انکارگریان مسلط را با جزئیات بیشتر توضیح بدهیم.

دیدگاه‌های غالب و عمدتاً رسمی چه در رژیم‌های پهلوی و چه رژیم جمهوری اسلامی عمدتاً انکارگرا و قومی بوده‌اند. آنها انکار می‌کنند در ایران مسئله‌ای بنام وجود چندین قوم و یا "ملیت" وجود دارد. هرگونه سخنی از وجود تفاوت‌های قومی و یا ملی توطئه خارجی بشمار می‌رفته و بدون هیچ گذشت و امکان مذاکره همه حرکت‌های اعتراضی مرتبط با ین اقوام سرکوب می‌شده‌اند. البته تعریف استالینی از ملت که بر متن مصالح سیاسی خاصی از جانب شوروی بکار گرفته می‌شد نه‌تنها فاقد تحمل‌پذیری دموکراتیک بود بلکه به خالص‌گرائی قومی دامن می‌زد و در مواردی ازاین‌جهت هم تلاش برای مصالحه کاهش می‌یافت.

بعد از پیدایش جمهوری اسلامی از همان ابتدا یعنی اسفند ۱۳۵۷ نیروهای اسلامی موجب درگیری در سنندج شدند. در فروردین ۱۳۵۸ تحت ریاست و احتمالاً ابتکار آیت‌الله طالقانی (با نگرشی لیبرال مآبانه و مرتبط با نهضت آزادی) هیئتی از اعضای شورای انقلاب که شامل رفسنجانی، بهشتی، بنی‌صدر و عده‌ای دیگر می‌شد به سنندج اعزام شدند و گفته می‌شود در سنندج طالقانی شورائی از همه گروه‌های سیاسی را پیشنهاد کرده بود ولی گروه‌های اسلامی و من‌جمله احمد مفتی زاده این توافق را بهم زدند و خواهان یک شورای اسلامی شدند. البته در همان زمان تحت‌فشار نیروهای چپ و لیبرال دموکراتیک هنوز سخن گفتن و بحث در مورد حقوق ملت‌ها و یا اقوام اقلیت و نیاز به چیزی بنام خودگردانی و یا خودمختاری قابل‌پذیرش بود.

هیئت حسن نیت از طرف دولت بازرگان شامل فروهر، صباغیان و عزت‌الله سحابی که به مذاکره و راه‌حل سیاسی معتقد بودند به کردستان اعزام شدند. دکتر یدالله سحابی که وزیر مشاور دولت بازرگان بود در اردیبهشت ۱۳۵۸ به طرح اصول خودمختاری پرداخت که به‌نوعی فدرالیسم نزدیک بود این طرح بر مبنای مطالعه سیستم کشورهای فدرال همچون سوئیس، ایالات‌متحده و آلمان غربی تهیه‌شده بود که در آن مجلس شورای استانی و آزادی زبان و مذهب، باوجود اعلام زبان فارسی و مذهب شیعه به‌عنوان زبان و مذهب رسمی کشور، پیش‌بینی‌شده بود.[۸]

در آذر ۱۳۵۸ طرح خودگردانی استان‌ها به‌وسیله هیأت ویژه‌ای [شامل فروهر، صباغیان و سحابی] تهیه‌شده بود که حتی به‌طور عجیبی گفته شد خمینی آن را تأیید کرده بود.[۹] ولی به‌طور هم‌زمان به‌ویژه مقامات سپاه و روحانیان تندرو که از نزدیک دیدگاه‌های خمینی را دنبال می‌کردند بشدت به گروه‌های کرد به‌عنوان منافق، ضدانقلاب، تجزیه‌طلب و غیره حمله کرده و خواهان سرکوب شدید آنها بودند. بعضی از طراحان خودگردانی خودمختاری هم خواهان سرکوب آنها بودند.[۱۰]

باآنکه در آن زمان از خودمختاری/خودگردانی در جمهوری اسلامی صحبت می‌شد، برای سرکردگان رژیم خودمختاری از معنا واقعی خود کاملاً تهی بود و تنها برای "خودی‌ها" یعنی برای حزب‌الله قابل‌قبول بود. برای مثال حتی بنی‌صدر که همواره با "من" بزرگ به اظهارنظر می‌پرداخت هنگام ریاست جمهوری‌اش اعلام کرد:

> هدف خوب را به دست هرکسی نمی‌شود سپرد چون با امنیت ملی ما سازگاری ندارد. خودمختاری در این کشور اصلی نیست که ما زیر فشار به آن رسیده باشیم. خود من پیشنهاد کردم و گفتم باید به استاندارها اختیار داد. استاندار باید نخست‌وزیر استان خویش باشد ولی این اختیارات را به کسی می‌دهیم که از ما ست به گروهی که از ما نیست نمی‌توانیم بدهیم. نه‌تنها نمی‌توانیم لازم است که ندهیم به این گروه‌ها که اینجا و آنجای کشور هستند و می‌دانیم وابسته به قدرت‌های خارجی هستند. حال اگر (مثلاً) حزب توده فردا بیاید و بگوید بر اساس همان حرف‌های خودتان اداره فلان استان را بما بدهید تا رهبری کنیم به‌جای مختاری به آنها سرب خواهم داد. من این را قبول دارم ولی به تو نمی‌دهم.[۱۱]

سپس بنی صدر به شخصی که گویا قاسملو بوده است که خواهان فرماندهی نیروها برعلیه عراق در زمان جنگ در کردستان شده بود این‌طور خطاب کرده بود "کمی شرم کن. تو چطور می‌گوئی که منتخب این ملتم؟ باید دفاع را بدهم به دست‌تو که جرات نداری از سوراخت بیرون بیائی، دفاع از مرز خوبست ولی به دست نمایندگان این ملت". بازهم بنی‌صدر فراتر رفته و اعلام کرد "برای حفظ وحدت بقیه فرع بر آن به‌حساب خواهند آمد و اگر لازم باشد به خاطر اصل وحدت فروع را فدای آن خواهیم کرد و خواهید دید که می‌کنیم".[۱۲] این اظهارت بنی‌صدر نشان روشنی از سطحی گری و فقدان یک استراتژی روشن در مورد عدم تمرکز و نیز عدم تحمل‌پذیری مخالفان سیاسی بود. احتمالاً بعداً در خارج کشور در شورای ملی مقاومت همین بنی‌صدر کنار قاسملو می‌نشست. این سخنان بنی صدر حالی اظهار می شد که حزب دموکرات و کومله و بعضی دیگر از گروه‌های چپ نفوذ زیادی در کردستان داشتند. بعضی همچون قاسملو که در انتخابات مجلس اول اکثریت رأی را آورده بود اجازه ورود به مجلس ندادند. وقتی هم که در اصل ۱۵ قانون اساسی به صورت مبهمی استفاده نوشتاری و ادبی از زبان‌های قومی ذکر شد ازنظر عملی یک عبارت تهی از معنی بود.

ولی در همان دوران و بعدتر اغلب مقامات جمهوری اسلامی همین‌طور اغلب ناسیونالیست‌های انکارگرا نه‌تنها نسبت به خودمختاری بلکه حتی از نام بردن اسم "قوم‌ها" یعنی عرب و ترک و کرد و بلوچ بیمناک بوده و زبان‌های آنان را تنها در حد لهجه فارسی تلقی می‌کردند. حتی در همان ابتدا ناصر کاتوزیان در سلسله مقالاتش در هفته‌نامه جنبش که به بررسی پیش‌نویس قانون اساسی جمهوری اسلامی اختصاص داشت نوشت "اعلام تساوی اقوام و نام بردن از فارس و ترک و کرد و بلوچ و ترکمن، یعنی مردمی که قرن‌ها یک ملت را تشکیل می‌داده‌اند، به‌ویژه باوجود اصل.... "همه افراد در برابر قانون مساوی‌اند" زائد است. آنچه در این اصل اهمیت دارد شعار جمهوری اسلامی است که در آن "گرامی‌ترین مردم پارساترین آنان است".[۱۳] او همین‌طور نوشت که:

> "پاره‌ای از مسلمانان و حتی روحانیون، تأیید جمهوری اسلامی را درگرو خودمختاری خلق خویش قرار می‌دهند، جمع دیگر ملت ایران را به خلق‌ها تقسیم می‌کنند و نگران حقوق آنان می‌شوند، گروهی "ستم ملی" یا "ستم مضاعف" را عنوان و بهانه خودمختاری قرار می‌دهند، چندان‌که گوئی ملت ایران نیز بر پاره‌ای از اعضای خود ستمی روا داشته است".[۱۴]

کاتوزیان در ضمن از درج اصل دین رسمی شیعه و اینکه رئیس‌جمهور باید شیعه باشد در قانون اساسی ایران دفاع می‌کرد هرچند این بندها حتی از طرف سنی‌ها تبعیض مذهبی بشمار می‌رفت.[۱۵] چنین نگرش ارگانیکی منعکس‌کننده روحیه ضد دموکراتیک رژیم و بسیاری از احزاب رسمی آن دوران بود.[۱۶]

در کیهان هم این‌طور آمده بود:

> فرض بفرمایید، نظیر استان خودمختار کردستان، استان آذربایجان و استان گیلان و مازندران و استان ترکمنستان و استان‌های سیستان و بلوچستان و استان خوزستان هم، به‌صرف داشتن خصیصه زبان بومی، با رگه‌های نژادی، یا شاخه مذهبی، هرکدام برای خود حزب دموکراتی نظیر حزب دموکرات کردستان تشکیل دهند، در این صورت از ایران چه خواهد ماند. فقط فارس و کرمان و یزد و تهران و قزوین که آن‌هم هر یک به‌نوبه خود ادعای خودمختاری خواهند نمود و بی‌گمان حاصل چنین خودمختاری‌هایی به تجزیه‌طلبی و الحاق... (به دیگران)... از کار درخواهد آمد و... به‌زودی نقشه ایران از خریطه عالم محو می‌گردد.[۱۷]

حتی در سال‌های اخیر در جو دموکراتیک کشورهای غربی بخش مهمی از ادبیات ایرانیان خارج از کشور پر از مقالات ضد خودمختاری و مخالفت با بکارگیری نام "قوم‌ها" بوده است. مثلاً مقالات متعددی در شماره‌های مجله ایران‌شناسی منتشر شد تا دیدگاه‌های مبتنی بر "کثیر المله" بودن ایران را جعلی و مردود اعلام کند. اگر تعریف جلال متینی را از "کثیر المله" بودن ایران خلاصه کنیم می شود: "کثیر الملة" یک اصطلاح مجعول و صادراتی است و توطئه یا آشی است که در خارج پخته شده تا در میان مردم ایران تفرقه ایجاد کند.[۱۸] سپس جلال متینی یک

دستورالعمل صادر می‌کند که در ادبیات چه اصطلاحاتی بکار گرفته و یا گرفته نشود تا وحدت میان ترک‌ها و فارس‌ها از میان نرود. او همین طور می‌گوید از کلمه آذری و یا ترک پرهیز شود و بجای آن کلمه آذربایجانی بکار رود. نویسندگان این مقالات تعبیر خویش از تاریخ را تنها تعبیر مطلقاً درست دانسته که کافی است تا نوشته شود تا وجود تفاوت‌ها و مشکلات ناشی از سیستم استبدادی و ناسیونالیست را در ایران کاملاً محو کند.

این نگرش نه یک تحلیل تئوریک علمی از ملت و قوم بلکه یک دیدگاه صرفاً سیاسی- ایدئولوژیک برای انکار مسئله تفاوت‌ها در ایران است. چنین تحلیلی این واقعیت را نادیده می‌گیرد که یک جنبش اقلیت قومی ضرورتاً ناسیونالیست نیست بلکه یک جنبش اعتراضی برعلیه توزیع ناعادلانه قدرت و منابع و به نحوی برعلیه استبداد مسلط و یا ناسیونالیسم قومی غالب است. اما درصورتی‌که آن جنبش اقلیت ناسیونالیست قومی و خالص گرا باشد از همان شیوه‌های ناسیونالیسم قومی مسلط برای توجیه مشروعیت‌اش استفاده می‌کند. او به تعبیر خود تکیه می‌کند و تاریخ را هم به‌گونه‌ای دیگر می‌فهمد که آن‌هم اثبات پذیر نیست. تعبیر نویسندگان این مقالات از تاریخ و زبان هم ناسیونالیستی است. مثلاً یک نویسنده مطرح می‌کند هدف از "طرح مسئله "ترک و فارس" جداسازی آذربایجان از ایران است".[19] در همان‌جا نصرت‌الله جهانشاه لو[20] با تمام تلاش‌هایش برای توجیه یک‌زبان ملی داده شده و ماندگار تنها موفق می شود نشان دهد که در امپراتوری ایران زبان‌های متعددی آمده و رفته‌اند و هیچ زبانی نقش ملی به مفهوم امروز نداشته است و این نظر با منطق خود او دیگر نویسندگان آن نشریه که از ملت ایران و در مرکز آن زبان فارسی درکی ابدگرایانه دارند سازگار نیست. زبان فارسی تا زمانی که وسیله ارتباطی و انتقال فرهنگی بود و نه هویت ناسیونالیستی یک گروه سیاسی خاص و مسلط، منبع مجادله نبود.

پرویز ملکی که جمهوری و فدرالیسم را اساس تجزیه‌طلبی می‌شمارد در مقاله‌ای در نیمروز می‌نویسد:

> اپوزیسیون برون‌مرزی با عنوان کردن و به کار بردن اصطلاحاتی چون "اقوام" ایرانی، " فدرالیسم قومی"، قوم عرب"، "قوم ترک"، "قوم کرد" و از این قبیل، می‌خواهند این ایده را در ذهن خواننده و شنونده جای بدهند که کشور ما از یک نوع سرهم‌بندی ناهمگون "اقوام" مختلف تشکیل‌شده است که هرکدام دارای هویت قومی و منافع قبیله‌ای جداگانه و حتی متضادی هستند که باید از هم تفکیک گردد و به‌اصطلاح "مال پدری" هر کس به خودش واگذار شود.... اشتباه این‌ها از این سرچشمه می‌گیرد که در کشور ما البته که ایرانیان "ترک‌زبان"، "عرب‌زبان" و غیره زندگی می‌کنند، ولی این کشور و سرزمینی که سه هزار سال است "ایران" نامیده می‌شود، یک کشور "قومی- قبیله‌ای" هرگز نبوده... و اولین "ملت" بزرگ تاریخ بشری را بو جود آورده.[21]

باید تأکید شود که خودآن شیوه ادعای ایرانی بودن و طرح ایرانی یک بازسازی در شرایط تاریخی مدرن است. ایران گذشته به‌مثابه یک امپراتوری با ایران امروز به‌مثابه یک نوع دولت-ملت، هرچند نامتعارف، یکسان نیست. آنها که اکنون از ایران به‌مثابه یک ملت همگون و یکپارچه و نه مجموعه‌ای از گروه‌های قومی-زبانی صحبت می‌کنند تنها پدیده‌های جدید را به‌صورت سرگیجه‌آوری با سنت‌های بازسازی‌شده مخلوط می‌کنند.

ناسیونالیسم و ملت پدیده‌ها و مفاهیم جدیدی هستند که ریشه در سنت روشنگری اروپا دارند و این مفاهیم برای ناسیونالیست‌های قومی مغلوب یعنی کردها و ترک‌ها و بلوچ‌ها همان‌قدر صادراتی و خارجی است که دولت-ملت جدید در همه ایران، و نیز همان‌طور خارجی‌اند که مفاهیم سرمایه‌داری، مجلس، انتخابات و دموکراسی و غیره. اغلب نویسندگانی که دارای درک سنتی یا پریموردیالیستی از مسئله ملی می‌باشند قدمت "ملت" در ایران را ممکن است ۲۵۰۰ یا ۳۰۰۰ ساله بدانند. آنها در بعضی موارد الفاظ جداگانه و نا روشنی از اشعار مثلاً فردوسی همچون "چو ایران نباشد تن من مباد= بدین مرزوبوم زنده یک‌تن مباد" را مبنای بعضی از این نوع توهم آفرینی‌ها قرار می‌دهند.

این دیدگاه ناسیونالیستی در دیدگاه مرتضی ثاقب فر (۱۳۷۸) نیز به‌وضوح تشریح شده است. مانند دیگر انکار گرایان مسلط او وجود "اقوام" کوچک‌تر را انکار می‌کند تا وجود ملت ایران را ثابت کند. او تصور می‌کند ریشه ایرانی زبان‌های کردی و بلوچی به معنای یکپارچگی ملت ایران است و زبان ترکی آذربایجان هم ساختگی و فاقد اصالت است بنابراین هویت خاصی را بیان نمی‌کند. ازنظر ثاقب فر هویت ترکی، کردی و غیره مغایر باوجود هویت ایرانی است و نه‌تنها این نوع هویت‌ها بلکه همه اعتراضات گذشته کردها و آذربایجانی‌ها توطئه و ساخته‌وپرداخته دشمنان خارجی به‌ویژه انگلیسی‌ها بوده است.[۲۲]

وجه مشترک بسیاری از این نویسندگان در این است که با درکی انتقادی به مسئله ملت نگاه نمی‌کنند؛ چون موجب فروپاشی باورهای خود شان نیز می‌شود. بازی با کلمات این نویسندگان عملاً بر روی مشکلات اساسی جامعه که فقدان دموکراسی و فشارهای دستگاه متمرکز استبدادی باشند پرده می‌کشد.

تاکنون بیشتر از گروه‌هائی صحبت کردیم که یا مسئله وجود اقوام/ملیت‌ها و تفاوت‌های فرهنگی-زبانی را منکر می‌شوند و یا اینکه آنها این مسئله را بی‌اهمیت، فرعی و محلی می‌دانند. در بهترین حالت گروه اخیر اغلب مسائل را در حد اختلاف استانی تقلیل داده و بیش و کم بهمان راه‌حل‌ها و درک‌های شدیداً یکپارچه گرا در ساختار حکومتی می‌رسند. اما در ایران درک‌های پولورالیستی و یا ناسیونالیسم مدنی هم بوده‌اند که سعی کرده‌اند با دید مصالحه جویانه‌ای به مسئله نگاه کنند که در زیر به آنها اشاره می‌کنیم.

ازنظر پولورالیست‌ها، ایران به‌عنوان کشوری با تنوعات گوناگون فرهنگی، قومی، زبانی و دینی باید موردتوجه باشد. اما ادبیات سیاسی چپ باآنکه از دیدگاه‌های استالینی در مورد مسئله

ملی متأثر بوده است، در برخورد به این مسئله دارای درک انعطاف‌پذیرتری بوده است. البته درک چپ با تکیه با عناصر عینی تعریف استالین پیدایش ملت و ناسیونالیسم را امری اجتناب‌ناپذیر قلمداد می‌کرده است. ازاین‌جهت، برای آن‌ها اقوام زبانی و ازنظر سرزمینی متمرکز در دوران جدید خودبه‌خود به ملت تبدیل می‌شوند. هرچند چنین درکی می‌تواند به ناسیونالیسم خالص‌گرای قومی برسد. سال‌های اخیر نویسندگان دیگری نیز مسئله ملی را در ایران با عمق بیشتری موردبررسی قرار داده‌اند. از کتاب‌های قابل‌ذکری که در چند سال اخیر در ایران منتشرشده کتابی است تحت عنوان قوم و قومیت‌گرائی در ایران به‌وسیله حمید احمدی.[۲۳] احمدی به نظرم دارای یک نگرش دوگانه در ارزیابی از رشد و پیدایش مسئله قومی/ ملی در ایران است. او درحالی‌که پیدایش مسئله "ملی" در میان اقلیت‌ها مثلاً کردها و بلوچ‌ها و ترک‌ها را توطئه خارجی و موضوعی جعلی به‌حساب می‌آورد ولی وجود ملت ایران را به شیوه‌ای ارائه می‌کند که گویا قدیمی و ازلی است. او با چنین دیدی عملاً از تحلیل شرایط اجتماعی، سیاسی و اقتصادی پیدایش ناسیونالیست‌های قومی اقلیت، که با جنبش‌های خودمختاری طلبی یک‌سان دیده شده‌اند، هرچند اگر در شرایطی ناگزیر هم نباشند، بازمی‌ماند. البته او تنوعات قومی و یا زبانی را می‌بیند و نتیجه می‌گیرد که ایران نباید متعلق به یک قوم باشد بلکه باید همه قوم‌ها از آن سهم مناسبی داشته باشند.

از مجموعه مقالاتی که داریوش آشوری نوشته است مقاله "ایران: از امپراتوری به دولت-ملت" خصلت مدرن بودن ملت و پروسه پیدایش و تفاوت آن را با قوم به‌خوبی توضیح می‌دهد.[۲۴] به عقیده آشوری در ایران مشکل اساسی دولت-ملت ناشی از فاصله و شکافی بوده است که بین یک جامعه مدنی بسیار ضعیف و یک دولت بسیار متمرکز موجود بوده است. درحالی‌که در دوران رضا شاه و محمدرضا شاه حداقل دولت خود را پاسدار ملت می شمرد در جمهوری اسلامی دولت وظیفه الهی داشت تا از امت پاسداری کند. امت بیش‌ازحد تجریدی و مذهبی بود و درنتیجه شکاف دولت و ملت را بیشتر کرد. باید افزود که ملت در ایران اغلب مفهومی جزئی، تبعیض‌گرایانه، سنتی و ابدی داشته است.

آشوری نتیجه می‌گیرد که:

> ناسیونالیسم تنگ‌اندیشانه با تصور یکپارچگی ملی ازنظر زبانی و فرهنگی در سراسر جهان رنگ می‌بازد و چه‌بسا فرهنگ‌های قومی و محلی دوباره فرصت یافته‌اند که از زیر فشار یکپارچه گری مکانیکی یا زور دولت‌ها بیرون آیند و نفسی بکشند. دوران مهندسی‌های سیاسی چه به سبک بیسمارک چه استالین چه رضا شاه چه آتاتورک گذشته است و روشنفکران و سرآمدان سیاسی و فرهنگی به‌جای آنکه بخواهند همه‌چیز را در قالب‌های ساده‌اندیشانه خود بریزند و با روش‌های مکانیکی یکدست و یکپارچه کنند باید، همان‌گونه که رفته- رفته احترام به طبیعت و رعایت حریم آن را می‌آموزیم... گوناگونی قومیت‌ها را در قالب واحدهای ملی نیز بپذیریم و به آن احترام بگذاریم... پرسش امروزین در برابر ما چنین چیزی تواند بود که... چه گونه می‌توان

> دولت-ملتی بنا کرد که درعین‌حال که از تصور یکپارچگی مفهوم ملت آزاد باشد بتواند گوناگونی فرهنگی و زبانی را در زیر سایه یک دولت با روابط شهروندی در جامعه سازگار کرد.[۲۵]

جوهر دموکراتیک نتیجه‌گیری آشوری را هرچند که آمیخته با آرمان‌خواهاهی است و از خوشبینی قطعی در دید مدرنیستی (و بقول خودش مدرنیته) او برخوردار است نمی‌توان نادیده گرفت. درک انعطاف‌پذیر و لیبرالی برای حل مسئله اقوام را کسان دیگری همچون داریوش فروهر، جبهه دموکراتیک ملی به رهبری متین دفتری در همان دوران بعد از انقلاب مطرح می‌کردند.

بنابراین می‌توان گفت که راه‌حل یکپارچه‌گرائی و تمرکز حداکثر مانند آنچه تاکنون در ایران تجربه شده از جهات متفاوتی نیز زیان‌بار بوده است. گرایش بسیار شدید بسوی تمرکزگرائی منبع مهم انکار و حذف تفاوت‌ها، ناموزونی شدید در رشد اجتماعی و اقتصادی، تقویت ناسیونالیسم، تقویت دیکتاتوری و محافظه‌کاری، تشدید حس بی‌اعتمادی و تشنج بین اقلیت‌ها و اکثریت، تضعیف رشد جامعه مدنی و تضعیف زمینه‌های رشد و تحکیم دموکراسی بوده است. البته پولورالیسم بدون حقوق وسیع شهروندی نیز این خطر را دارد که مرزهای واحدهای هویت جمعی را طوری تشدید و منجمد کند که آن‌ها به‌صورت گتوهایی دور خود انحصار بکشند و حس مقابله‌جوئی بین خود و دیگران را رشد بدهند و به‌صورت مانعی در مقابل تقویت حقوق شهروندی عمل کنند.

## ناسیونالیسم و اقلیت‌های قومی

وجود تنوعات فرهنگی، زبانی، دینی، قومی و یا تاریخی و منطقه‌ای در ایران کاملاً روشن است. ازنظر قومی، منطقه‌ای و زبانی می‌توان از کرد، ترک، گیلک، مازندرانی/طبری، ترکمن، خراسانی، سیستانی، بلوچ، عرب، قشقائی، لر، طالشی، تاتی، بندری و گروه‌های دیگر نام برد. ازنظر دینی و مذهبی هم شیعه، سنی، علی اللهی، بهائی، زرتشتی، یهودی، آشوری، ارمنی و بعضی دیگر قابل‌ذکرند. اما هیچ تفاوتی نه مبنای ضروری و نه نقطه آغاز یک جنبش سیاسی منطقه‌ای و ناسیونالیسم قومی است. این بدین معناست که وجود چنین تفاوت‌هائی به‌طور ناگزیری به جنبش سیاسی قومی و به‌ویژه ناسیونالیسم قومی نمی‌رسد همان‌طور که یک جنبش سیاسی قومی-منطقه‌ای هم بدون وجود و یا تکیه‌بر چنین تفاوت‌هائی می‌تواند بوجود آید و در مرحله دیگری از تضادها و رقابت‌ها به‌طور گزینشی این یا آن تفاوت را انتخاب کند و یا نوع جدیدی بسازد.

چرا از میان این‌همه گروه‌های متمایز در ایران بعضی از اقوام خود را ملت نامیده و بعداً عقب نشسته‌اند و بعضی هم دیرتر به میدان آمده و بازهم خود را ملت تلقی می‌کنند و بعضی هم اساساً در جهتی نرفته‌اند که خود را ملت بنامند. این‌ها همه نشان می‌دهد که پیدایش ناسیونالیسم و ملت بر اساس وجود تمایزات به‌اصطلاح عینی امری ناگزیر نیست و یک ملت چه‌بسا به هیچ‌کدام از این خصوصیات متوسل نشود. این بدین معناست که ملت موضوعی اساساً ذهنی و سیاسی است. این نشان می‌دهد که وجود جنبش یا "ناسیونالیسم" اقلیت قومی هم نمی‌تواند

موضوعی ابدی باشد بلکه بر حسب تغییر شرایط تغییر می‌کند، رو به ضعف می‌گذارد و یا تقویت می‌شود و یا حتی می‌میرد و ممکن است در شرایطی دیگر به شکلی دیگر سر درآورد. البته ما در اینجا به گروه‌های قومی یا ملی بدون دولت خودی اشاره داریم چون ملت‌هائی که داری دولت‌اند چه ناسیونالیستی باشند و چه نباشند تابع شرایط دیگری هستند که به‌سادگی می‌توانند خود را "طبیعی" تلقی کنند.

ملت هر چه باشد یک موضوع ذهنی و یا بیان اراده گروه‌های سیاسی خاصی از جامعه در شرایط تاریخی و سیاسی خاصی است. ناسیونالیسم اقلیت قومی هم در پروسه رقابت و کشمکش‌های گروه‌هائی ممتاز (رؤسای قبایل، فئودال‌ها، بورژواها، گروه‌ها الیت بروکراسی و نظامی و یا قشر متوسط تحصیل‌کرده) با مرکز از یک‌سو با گروه‌های رقیب داخلی خود و درکنش متقابل با رقابت قدرت‌های منطقه‌ای و جهانی آفریده شده و برای یافتن مشروعیت تاریخی و ارتقا به مقام ملی هم همان شیوه‌های گزینش، ابداع و بازسازی تاریخی برای بیان هویت خود را بکار گرفته است که ناسیونالیسم برای ساختن ملت دارای دولت یعنی ایران به‌طورکلی.

در ایران هم تقسیم‌بندی‌هائی که ناسیونالیست‌های اقلیت های قومی بکار می‌گیرند دارای ریشه‌های به‌اصطلاح تاریخی و مبتنی بر تمایزات پیوسته عینی و غیر تاریخی هم چون زبان و دین و قوم نیست بلکه به شرایط خاص سیاسی و جغرافیائی مثلاً موقعیت حاشیه‌ای و مرزی، و رقابت‌های بین برگزیدگان بر سر منابع اقتصادی و فرهنگی و البته درکنش متقابل با رقابت بین قدرت‌های منطقه‌ای و جهانی ذینفع است.[۲۶] بیان هر عاملی از تفاوت‌های موجود برای تعریف هویت سیاسی از خود هم گزینشی، متغیر و تابع تحولات در شرایط بوده است.

ازنظر کلی جنبش‌های اقلیت‌های قومی در ایران هم هیچ‌کدام دارای انسجام ایدئولوژیکی نبوده و نیستند. با توجه به شرایط تاریخی و شرایط ویژه پیدایش خود، آنها جوانب معینی از این یا آن ایدئولوژی را جذب می‌کرده‌اند. ازنقطه‌نظر ایدئولوژیکی آنها را می‌توان به دو گروه کلی تقسیم کرد. اول درک‌هایی که عمدتاً دیدگاهی ترقی‌خواه و مدرنیست داشته و اساساً و سوسیالیسم را با محلی‌گرائی مخلوط می‌کرده‌اند. از زاویه این دیدگاه توسل به گذشته‌های اسطوره‌ای و تقسیم‌بندی "ما" و "دیگران" وجود نداشته و یا جنبه‌ای افراطی و نژادی بخود نگرفته است. می‌توان جنبش‌های خودمختاری طلب منطقه‌ای و قومی ایران بعد از انقلاب مشروطیت، چه بعد از جنگ جهانی اول و جنگ جهانی دوم و نیز دهه های اول انقلاب ۱۳۵۷ به‌طور غالب چنین ویژگی هائی داشته‌اند. نگرش دوم را می‌توان ناسیونالیسم خالص‌گرای قومی نامید.

همان‌طوری که در بالا اشاره شد به مفهوم دقیق کلمه جنبش‌های منطقه‌ای و یا قومی از دوران انقلاب مشروطیت تا انقلاب ۱۹۷۹ که عمدتاً در بحران‌ها بعد از جنگ جهانی اول و دوم ظهور کردند کمتر درکی ناسیونالیستی و خالص‌گرایانه داشتند و تأکید بر ملی‌گرائی آنها هم جزئی از درک مدنی جنبش ملی ایران برای استقلال در مقابل قدرت‌های مسلط بود. هیچ تفاوتی برای تعریف هویتشان هم مطلق و داده‌شده و اساسی برای تقسیم ما و دیگران نبود. خواست‌های سیاسی

و عمدتاً دموکراتیک آنها متوجه دموکراتیزه شدن کل ایران با ساختاری غیرمتمرکز بود. با آنکه بسیاری از آنها جدا شدن را در همه شرایط کاملاً نفی نمی‌کردند ولی اساساً آن را به‌منظور ایجاد پایگاهی برای تهاجم به نیروی حاکم ضد دموکرات مرکزی در ایران و نه برعلیه مردم در نقاط دیگر ایران بلکه با آنها مطرح می‌کردند. برای روشن شدن این ایده چند مثال می‌آوریم.

جنبش کلنل محمدتقی خان پسیان (۱۲۷۰-۱۳۰۰) که خود ترک آذربایجان و روشنفکر نظامی بود، در خراسان شکل گرفت و جنبشی مدرن و اصلاح‌طلب بود وقتی در کشمکش‌های بین رقبای محلی و دولت‌های مرکزی بر زمینه رقابت‌های انگلیسیان، روس‌ها و آلمان‌ها تمایل به ایجاد جمهوری خراسان را داشت به یک‌زبان و قوم و دین تکیه نداشت. اگر امکان ایجاد دولت مستقل خراسان را داشت آنگاه نیروهای ملی در خراسان زبانی احتمالاً بنام دری خراسانی، ملتی خراسانی و تاریخی خراسانی می‌ساختند. تا مشروعیت "جمهوری خراسان" را ایجاد کنند. اما همان ملت خراسان که یک ترک آذربایجان مؤسس آن می شد هم کرد قوچانی، هم هزاره، ترکمن، سیستانی و بلوچ و حتی عرب‌ها را در برمی‌گرفت. او در کشمکش‌های داخلی و هجوم نیروهای تهران که به سرداران قبایل کرد، بلوچ و هزاره تکیه کردند او را کشتند و یکی از جنبش‌های قشر متوسط نظامی و متجدد را از میان برداشتند. شهامت او موردتمجید بهار، عارف قزوینی و فرخی یزدی و دیگر روشنگران دوران مشروطیت بود که بسیاری به‌وسیله رضاخان تار و مار شدند. مانند دیگر نیروهای ترقی‌خواه آن زمان خود را به دموکرات‌ها نزدیک می‌دانست و از اینکه به جمهوری خراسان بعنوان پایگاهی بر علیه استبداد مرکزی فکر کند ابائی نداشت.[۲۷]

مثال دوم جنبش جنگل میرزا کوچک خان (۱۲۵۷-۱۳۰۰) و ایجاد جمهوری گیلان بود. جنبش جنگل هم که به جمهوری گیلان انجامید هم یک جنبش دموکراتیک و به‌منظور ایجاد تحول در کل ایران بود ولی به محدوده شمال محدود ماند و شامل ترک و گیلک و تالشی بود. چهره‌های رهبری هم مذهبی (کوچک خان)، بهائی چپ (احسان الله خان)، کرد رادیکال (خالو قربان) بودند. بازهم بر متن رقابت قدرت‌های بزرگ در جنگ جهانی اول شکل گرفت تا اینکه به‌وسیله دولت مرکزی و سرانجام شکاف‌های درونی سرکوب شد.[۲۸] اگر جمهوری گیلان به‌عنوان کشور مستقل حفظ می‌شد بازهم به‌منظور مشروعیتش ممکن بود یک‌زبان ملی مثلاً گیلکی را انتخاب کند، به نوشتن تاریخی ملی و تعریف فرهنگ ملی دست بزند تا خود را متفاوت ببیند ولی برای آنان هیچ تفاوتی عینی در آن زمان خصلت سیاسی به خود نگرفته بود باوجودآنکه زبان گیلکی از همان زمان می‌توانست انتخاب و تقدیس شود. اما باوجود چنان جنبشی حالا گیلک‌ها هم خود را ملت نمی‌گویند. این بدین معناست که جنبشی که حتی یک دولت محلی ساخت از هم گسست که دیگر "هویت ملی" ای هم ازآن نماند. به‌عبارت‌دیگر "ملتی" به فراموشی رفت.

هم‌زمان با جمهوری گیلان جنبش شیخ محمد خیابانی (۱۲۵۹-۱۲۹۹) و ایجاد دولت آزادیستان (آذربایجان) بود. خیابانی هم از چهره‌های مهم دوران مشروطیت در آذربایجان بود. او حزب دموکرات آذربایجان را ایجاد کرد و آنهم یک جنبش دموکراتیک و خودمختاری طلب بود. در دوره

تسلط او زبان ترکی به یکی از زبان رسمی ایالتی-ولایتی درآمد. تأثیر انقلاب بلشویک در این جنبش‌ها و رقابت بین دولت بلشویکی شوروی و انگلستان که بعد از جنگ جهانی اول درصدد گسترش سلطه کامل خود در تمام ایران بود آشکار بود. البته سنت خودمختار طلبی آذربایجان با فراز و نشیبی بعد از جنگ جهانی دوم دوباره جان گرفت. جمهوری آذربایجان به رهبری جعفر پیشه‌وری (۱۲۷۲-۱۳۲۶) بعد از جنگ جهانی دوم هم تفاوت اساسی با جنبش فوق نداشت و ارتباط با قوم و زبان هم سیاست پولورالیستی آنها را که کماکان بر بستر تضادهای مشابهی در شرایط بحران‌های حاد منطقه‌ای-جهانی شکل گرفتند را زیر سؤال نبرد.[۲۹] البته برنامه‌های همه جانبه و اصلاحی که فرقه دموکرات داشت ترقی‌خواهانه اما به نحوی آمیخته با بعضی تعصبات ناسیونالیستی بود. تکیه به اتحاد جماهیر شوروی و حتی نیروهای نظامی آن از یک سو، و شکاف با نیروهای اصلاح‌طلب در مرکز از سوی دیگر بشدت حکومت خودمختار پیشه‌وری را آسیب‌پذیر کرده بود. بطوریکه با توجه به مفاد توافق تهران بین شوروی، انگلستان و آمریکا که بعد از گذشت شش ماه از خاتمه جنگ نیروهای خارجی باید ایران را ترک کنند، نیروهای شوروی مجبور به ترک آذربایجان و بعد کردستان شدند. با خروج نیروهای شوروی آنها بشدت سرکوب شدند. محمدعلی (همایون) کاتوزیان که جنبش آذربایجان را مترقی و خودمختاری طلب و البته با ضعف‌های زیادی می‌بیند نوشت که:

> بعد از اشغال دوبارهٔ شهرهای آذربایجان سربازان بزرگوار دولتی به دستور صریح محمدرضاشاه به مجازات دسته جمع مردم بی‌گناه و بی‌دفاع دست زدند و قتل، آتش‌سوزی، غارت و تجاوز به عنف در مقیاسی گسترده اعمال شد. این بار آذربایجان نه به‌وسیلهٔ خارجیان بلکه به‌وسیلهٔ هموطنان ایرانی مورد تجاوز قرارگرفته بود! از آن روز به بعد ۲۱ آذر که روز ارتش نام‌گرفته، تعطیل رسمی بود، و در این روز "آزادی آذربایجان" جشن گرفته می‌شد".[۳۰]

اگر به هر دلیلی این جنبش‌ها می‌توانستند جمهوری مستقل و پایداری ایجاد کنند به‌سرعت و به‌طور گزینشی شاید بسوی دیدی ناسیونالیستی، هرچند پولورالیستی، می‌رفتند که با تفاوت‌های واقعی و یا خیالی به ساختن هویت ملی بزنند تا مشروعیت سیاسی و تاریخی خود را به‌مثابه یک دولت-ملت جا بیندازند.[۳۱]

اگر نگاهی به خواست‌های جمهوری کردستان به رهبری قاضی محمد (۱۲۷۲-۱۳۲۶) که پس از جنگ جهانی دوم بوجود آمد بیندازیم می‌بینیم که در آن‌هم چیزی فراتر از یک خودمختاری در چهارچوب ایران به چشم نمی‌خورد:

۱. کردهای ایران باید در اداره امور خود از خودمختاری بهره‌مند باشند
۲. زبان کردی زبان رسمی و آموزشی منطقه باشد.
۳. انجمن ایالتی موافق با قانون اساسی ایران انتخاب شود.
۴. کارکنان دولت خودمختار کرد باشند.
۵. عواید گردآوری‌شده در کردستان به مصرف محل برسد.

۶. حزب دموکرات کرد ستان برای ایجاد رابطه ا ستوار برادری با مردم آذربایجان و اقلیت‌های مقیم کردستان منتهای کوشش خود را به کار خواهد برد.

۷. حزب برای بالا بردن سطح اخلاق عمومی و بهبود شرایط اقتصادی مردم کرد، از طریق گسترش آموزش و بهداشت و بازرگانی و کشاورزی اقدامات لازم را معمول خواهد داشت.[۳۲]

اگر از بعضی عبارات نا دقیق و جمهوری در کردستان، که به نحوی منعکس‌کننده تأثیر وجود جمهوری‌ها در سیستم شوروی بود، بگذریم که با خصلت سیستم دیکتاتوری و ضد دموکراتیک رژیم شاهنشاهی و مسلط بر همه ایران در تناقض بود این برنامه را می‌توان بیان رشد ناموزون خواست‌ها، امیدها و تمایلات بسیاری از کردها برای شیوه ادارهٔ امورشان به‌حساب آورد. دیده می‌شود که طرح خودمختاری آنها بسیار ساده و هیچ‌چیزی فراتر از بیان یک نوع عدم تمرکز اداری، آموزشی و سیاسی را در برنداشت.

بعد از انقلاب ۱۳۷۹ هم‌زمان با برآمد جنبش‌های گسترده ترقی‌خواه و خودمختاری‌طلب، در بلوچستان[۳۳]، خوز ستان و ترکمن صحرا هم جنبش‌های خودمختاری‌طلب با محتوای ا صلاح‌طلبانه و دموکراتیک بوجود آمد ند و با سرعت رو به گسترش نهاد ند. تا قبل از انقلاب ۱۳۷۹ چنین جنبش‌هایی در این مناطق بجز در کردستان کمرنگ بود و یا به‌طور غالب به حرکت‌های قبیله‌ای و فئودالی محدود بودند. این جنبش‌ها هم انقلابی و عمدتاً خصلتی سوسیالیستی داشتند که خواهان تحولات وسیعی برعلیه هرگونه تبعیض و نابرابر بودند هرچند نسبت به لیبرال دموکراسی نظر مساعدی نداشتند.

با توجه به توضیحات فوق می‌توان گفت علیرغم تناقضات و ابهامات گاه آمیخته به رمانتیسیسم موجود در برنامه‌های جنبش‌های خودمختارطلبی فوق آن‌ها خواهان جدا شدن از ایران نبوده‌اند. آنها اساساً به‌نوعی عدم تمرکز، خودمختاری و یا فدرالیسم در چهارچوب ایران را مطرح کرده‌اند و حتی در اغلب موارد خوا سته‌هایشان سطح نازلی دا شته ا ست. چنین خوا سته‌هائی بیان ساده‌ای برای تقسیم قدرت و لازمه توسعه دموکرا سی در جامعه ایران بوده است. درحالی‌که وجود این جنبش های عمد تاً ترقی‌خواه فرصت مناسبی برای گفتگو ایجاد ساختاری غیرمتمرکز و دموکراتیک در ایران بوده است. ولی به‌کارگیری آشکار زور از جانب دولت های مرکزی ایران موجب افزایش تشنجات ملی، تلفات وسیع ناشی از جنگ‌ها و درگیری‌ها و درنتیجه ایجاد حس بی‌اعتمادی متقابل در میان مردم ایران شده است. پیدایش این جنبش‌ها از یکسو محصول شرایط پیچیده‌ای بوده ا ست که در آن سرکوب ا ستبدادی دولت‌های مرکزی به احساس تبعیض و نابرابری دامن زده بودند؛ و از سوی دیگر کشمکش و رقابت قدرت‌های منطقه‌ای و جهانی هم عمل می‌کرده ا ست. اما این‌یک ساده‌نگری محض ا ست که آن جنبش‌ها را با تئوری توطئه خارجی و تنها در راستای منافع آنها توضیح داد.[۳٤] البته تأکید بر خصوصیات ملی‌گرائی و تفاوت‌های

همچون قوم و زبان به‌مثابه نوعی امتیاز و مبانی یک نگرش سیاسی می‌تواند به ناسیونالیسم بکشد.

نگرش دوم یا ناسیونالیسم خالص‌گرای اقلیت‌های قومی است که در خصلت‌اش دیدگاهی محافظه‌کار است که نگاهی قوی به گذشته و سنت‌ها دارد. چنین نگرشی عمدتاً بعد از پایان جنگ سرد در ایران هم رو به گسترش بوده است. تقسیم‌بندی "ما" و "دیگران" بر مبنای نژاد، قوم و یا قبیله در آن‌ها بسیار قوی است. آزادی برای سرزمین معین مبتنی بر پاک‌سازی قومی /زبانی است. سیاست‌های آنان بر اساس اصول روشنی نیست و برنامه لیبرال دموکراتیک و یا برابری اجتماعی در برنامه‌های‌شان بسیار ناروشن، محدود و یا اصلاً جائی ندارد. این دیدگاه‌ها شدیداً به تئوری توطئه تکیه می‌کنند و گاه از اختراع آشکار و آگاهانه وقایع به‌منظور استفاده سیاسی دریغ نمی‌کنند. عمدتاً جدائی‌طلب و انکار گرایند و موجودیت و تاریخ دولت -ملت مخالفان خود را انکار و یا تحریف می‌کنند. ولی با درکی پریموردیال و توسل به اسطوره‌های گذشته تاریخ از خود را ساخته و تعبیر می‌کنند.

با زبانی خصمانه همه مردم فارسی‌زبان را به‌عنوان قوم و یا ملت سلطه‌جو قلمداد می‌کنند و گاه تا آنجا پیش می‌روند که ستمگری و سلطه‌گری را جزء خصلت طبیعی و ذاتی فارس‌ها می‌دانند. آنها هم از درکی ساده اغلب مشکلات و مسائل موجود را در حد توطئه و سیاست آگاهانه و عمدی فارس‌ها برای دوام سلطه خود به حساب می‌آورند. این گروه‌ها با ستایش از هویت قومی اغلب فاقد برنامه ترقی‌خواهانه اجتماعی می‌باشند. مانند ناسیونالیسم قومی مسلط فاقد بردباری لازم برای تحمل نظرات انتقادی می‌باشند و با درکی بشدت افراطی خشونت و در صورت امکان جنگ مسلحانه را تنها راه نجات می‌دانند. از مدت‌هاست شاهد درگیری‌های خونین متأثر از این درک‌ها در بلوچستان، خوزستان و کردستان بوده‌ایم. بسیاری از چنین جنبش‌هایی عملاً به تصفیه قومی-زبانی-و یا قومی دینی و فرهنگی اعتقاددارند و به آن دامن می‌زنند.

نگرش خصمانه و زبان تهاجمی ناسیونالیسم قومی را که عمدتاً پاسخی به شونیسم تهاجمی ایرانیسم است می‌توان به‌وضوح در میان گروه‌های ناسیونالیستی ترک، بلوچ و عرب دید. مثلاً در مقالات وب‌سایت "ازوه" که خود را سخنگوی "جنبش دانشجویان آذربایجان جنوبی"، می‌داند به دیدگاه‌های تند ترک‌های ناسیونالیست‌های آذربایجان برخورد. نگرش غیر تاریخی ناسیونالیستی عملاً به درک سیاه یا سفید می‌رسد و این اصل نادیده گرفته می شود که نحوه تفکر انسان‌ها در شرایط اجتماعی و سیاسی عصر خودشان قابل توضیح است. مثلاً عارف قزوینی ترک است و به هر معیاری یکی از روشنگران یک عصر است اما او همچون بسیاری و یا تقریباً همه متفکران و رهبران ترک آذربایجان آن زمان‌داری دیدگاه ناسیونالیسم قومی و زبانی نبودند. این بدین معناست که برای سال‌های درازی از دوران انقلاب مشروطه و بعدازآن ناسیونالیسم قومی در ایران نمودی نداشت.[۳۵]

بخشی از این ناسیونالیست‌های خالص گرا خصلتی قومی-دینی دارند و از نگرشی بنیادگرانه و جهادی برای اهداف خود استفاده می‌کنند و نمونه آنها جندالله و جایگزین آن جیش‌العدل در میان سنیان بلوچستان می‌باشند. آنها عمدتاً ضد سکولاریسم و جدائی دین از دولت و مخالف آزادی و برابری زنان‌اند. اکنون بعضی از ناسیونالیست‌های قومی از اشغال سرزمین خود به‌وسیله ایرانیان/فارس‌ها سخن می‌گویند و استراتژی نهائی خود را در جهت رهائی از قید استعمارگران ایرانی/فارس قلمداد می‌کنند. البته در میان بخشی از ناسیونالیست‌های سکولار بلوچ هم‌زبانی مشابه پر از نفرت افکنی، جنگ‌طلبانه و حتی نژادپرستانه بکار گرفته می‌شود. برای مثال محمد کریم بلوچ که مهاجری در اروپا است در مقالات متعددی منجمله مقالهٔ حدوداً ۵۰۰ کلمه‌ای بلوچی تحت عنوان "اطفال بهشتی غزه و اطفال بی‌گناه بلوچ"، حداقل حدود ۵۰ کلمه (تقریباً بیش از ۱۰٪) متن را به عبارات تند و نفرت فراکنانه همچون فاشیست، خون‌خوار، حیوانات وحشی، قاتل و غیره نسبت به یهودی‌ها و فارس‌ها و سیستانی‌ها اختصاص داده است.[۳۶] این شیوه تفکر زمینه‌های رویاروئی‌های خونین را بر بستر تقسیم‌بندی‌های خالص‌گرایانه قومی و نژادی افزایش می‌دهد.

## نتیجه‌گیری: شرایط کنونی و چشم‌انداز مسائل قومی در ایران

پیدایش جنبش‌های ملی/قومی در ایران، به‌ویژه در کردستان و آذربایجان، سابقه نسبتاً طولانی دارد که اغلب به چندین دهه و حتی نزدیک به یک قرن می‌رسد. این جنبش‌ها چه ازنظر دوران پیدایش و پروسه رشد خود و چه ازنظر حدت و زمان بروزشان اغلب خصوصیت ناموزونی داشته‌اند. ناآرامی‌ها در مناطق کلیدی "اقلیت" نشین یعنی خوزستان، کردستان، آذربایجان، ترکمن‌صحرا و بلوچستان در دوران جمهوری اسلامی همچنان به‌صورت ناموزونی ادامه داشته‌است ولی باوجود سرکوب‌های خونین رژیم جمهوری اسلامی ایران گستردگی و حدت بیشتری یافته است. هرچند خصلت، جهت و اهداف آنها متفاوت بوده است ولی زمینه پیدایش و رشد آن‌ها با سلطه توتالیتریسم و محرومیت و نابرابری آن‌ها در برخورداری از منابع و امکانات اقتصادی، سیاسی، اجتماعی و فرهنگی قابل توضیح است. ناآرامی‌های دهه‌های گذشته از چند جهت با ناآرامی دهه‌های قبلی متفاوت‌اند. اولاً بسیاری از آن‌ها به‌طور نسبتاً همزمانی رخ‌داده‌اند. دوم همه این‌ها در شرایطی رخ‌داده‌اند که مشروعیت رژیم جمهوری اسلامی بشدت آسیب‌دیده است. سوم در شرایطی این مسائل حدت یافته است که ایران با بحران عمیقی در سطح بین‌المللی روبرو بوده و امکان انعکاس این حرکت‌ها و نیز احساس همدردی و حمایت از آنها در سطح بین‌المللی به‌مراتب بیش‌ازپیش افزایش‌یافته است. چهارم گرایشات ناسیونالیسم قومی و خالص‌گرا برای جدائی هم بشدت افزایش‌یافته است. پنجم با توجه به دسترسی به ارتباطات و سیع بویژه اینترنت، موبایل، رادیوتلویزیون ماهواره‌ای، منزوی کردن و سرکوب این نوع جنبش‌ها مانند گذشته آسان نیست.

با توجه به چنین عواملی می‌توان گفت که اکنون بیش هرزمانی امکان وقوع انفجارآمیز وسیع جنبش‌های قومی در ایران وجود دارد. ظرفیت محدود ساختار قدرت سیاسی موجود در

ایران و تنگ‌نظری انکارگرایان شونیسم ایرانی از یکسو وجود ناسیونالیست‌های خالص گرا و بخشاً جدائی‌طلب قومی از سوی دیگر شرایط را احتمالاً بسوی بحران‌های عمیق و بی‌سابقه‌ای خواهد برد. ساختار قدرت متمرکز گرا در ایران که به‌طور دیوانه‌واری تمامیت‌خواهی و سرکوب را دنبال می‌کند نمی‌تواند بدون تلاطم با گرایش‌های ناسیونالیستی جدائی‌خواه معتقد به خلوص و تجانس قومی- فرهنگی دوام پیدا کند. نتیجه چنین تلاطم‌هایی که احتمالشان خیلی زیاد است زمینه‌های پاک‌سازی‌های خونین قومی، زبانی و مذهبی را در همه و یا بعضی از مناطق می‌توان به‌روشنی حدس زد. به‌ویژه اگر سیاست‌هائی را که جمهوری اسلامی ایران در جهت سازمان‌دهی قبایل و عشایر دنبال کرده است موردتوجه قرار دهیم. آیت‌الله دری نجف‌آبادی، که آن زمان دادستان کل جمهوری اسلامی بود گفته بود که "اگر لازم باشد با سازمان‌دهی بسیج عشایری، منطقه‌ای و تجهیز آنان با یک استاندارد قابل‌قبول برای مقابله با ناآرامی مرزها اقدام می‌شود".[۳۷] اینکه بسیاری از قدرت‌های منطقه‌ای و بین‌المللی بویژه آمریکا در همچنین شرایطی وارد معامله شوند بسیار روشن است.

بنا بر آنچه تا حالا نشان داده‌ایم تمرکز ساختار قدرت سیاسی و سیاست‌های بشدت سرکوبگرانه دولت‌های مرکزی استبدادی و متمرکز در ایران سرمنشأ مهم بسیاری از تشنجات قومی بوده است. بنابراین لازم است هر نیروی دموکراتیکی به‌طورجدی آلترناتیوهای دیگری را در مورد یک ساختار جدید قدرت در ایران موردمطالعه قرار دهد. البته آلترناتیوهای دیگر هم دارای محاسن و معایب مخصوص به‌خویشند و نمی‌توان آلترناتیویی یافت که مطلقاً بری از معایب و قابل‌قبول برای همه گروه‌های موردنظر در ایران باشد. روشن است که هیچ راه‌حل معقولی نمی‌تواند نیاز به عدم تمرکز (اشکال متفاوت خودمختاری یا دولوشن منطقه‌ای و قومی، تقویت شوراها، فدرالیسم یا ترکیبی از همه آنها) بر اساس روابط دموکراتیک و احترام کامل به حقوق شهروندی را نادیده بگیرد. در شرایطی که حس بی‌اعتمادی و ازخودبیگانه سازی اقلیت‌های غیر فارس تا این حد تعمیق یافته است. شاید تنها راه‌حل مناسب برای محدود ساختن افراطی‌گری ایجاد اتحاد وسیع غیر فرقه‌ای و دموکراتیکی باشد که وسیعاً شامل گرا بوده و از راه‌حل‌های غیرمتمرکز و نوعی پولورالیسیم و تقسیم وسیع منابع قدرت و ثروت دفاع کنند. این شامل گرایی باید بسیار انعطاف‌پذیر و صبورانه باشد و حتی باید آزادی کامل فعالیت سیاسی و مسالمت‌آمیز آنهائی را در بربگیرد که خواهان استقلال‌اند. حساسیت صرفاً عاطفی نسبت به واژه جدائی‌طلب و ملت و چندملیتی را باید کنار گذاشت و دیالوگ منطقی و دموکراتیک را جایگزین آن نمود. این راه‌حل دموکراتیک طبعاً به معنای قدم سازنده‌ای درجهت بنای اتحاد واقعی و بازسازی و تعریف جدید از ایران و ایرانی خواهد بود. این بدن معناست که بهترین، انسانی‌ترین، و بادوام‌ترین راه‌حل را باید در دموکراتیزه کردن هرچه بیشتر جامعه که به نفی هرگونه تبعیض و ستمگری و نیز بی‌عدالتی و ناامنی سیاسی، اجتماعی، اقتصادی و فرهنگی بینجامد جستجو کرد. بلوچ بودن، فارس بودن، کُرد بودن؛ و یا شیعه، سنی، بهائی، مسیحی و یهودی بودن و غیر آن مسئله نیست بلکه تبدیل

این تفاوت‌های معمولی به اصـول سـیاسـی و منجمدسـازی مرزهای بین "خودی" و "غیرخودی" و سپس توزیع امتیازات بر این اساس است که مسئله آفرین میشود.

# ۱۰- نتیجه‌گیری

از مباحث این کتاب می‌بینیم که چگونه درک‌های ناسیونالیستی از ملت و راه‌حل‌های متناسب برای مسئله ملی- قومی باوجودآنکه مبنای ذهنی و گزینشی دارند خصلتی مطلق‌بینانه و مبتنی بر تقسیم‌بندی‌های خصمانه "ما" و "آنها" به خود می‌گیرند. همه راه‌حل‌ها، و ازجمله حق تعیین سرنوشت ملی وقتی بر اساس درک عینی از وجود ملت همچون یک پدیدهٔ طبیعی و یا امری ناگزیر بنا شوند حق را تنها به ملت به‌عنوان کلیتی تجزیه‌ناپذیر و غیرقابل‌چشم‌پوشی واگذار می‌کنند.

تز "حق تعیین سرنوشت ملی" در یک دوره یک استراتژی و یا تاکتیک سیاسی بود که هم نیروهای انقلابی و تحت سلطه و هم قدرت‌های ضعیف‌تر برای تقویت موقعیت خود در مقابل قدرت‌های مسلط مستعمره دار به‌ویژه بریتانیا، فرانسه و روسیه به آن متوسل شدند. ازنقطه‌نظر تجریدی حق تعیین سرنوشت ملی راه‌حلی دموکراتیک، لیبرال و انعطاف‌پذیر است که مورد استقبال جنبش‌های رهائی‌بخش ملی قرار گرفت. ولی در همان حال، از ابتدا هم به ابزاری در دست بعضی از گروه‌های الیت قومی من‌جمله سران قبیله‌ای و یا فئودالی درآمد که از حق تعیین سرنوشت ملی همچون وسیله‌ای برای رسیدن و تحکیم حاکمیت مستقل خود استفاده کنند. حتی برای این قشر، مانند طبقهٔ مسلط، شعارهای ملی به‌وسیله سرکوب جنبش‌های دموکراتیک تبدیل‌شده است. آنها تحت عنوان نیاز به وحدت ملی و منافع ملی در مقابل دشمنان ارزش‌های دموکراتیک و حقوق انسانی را تحقیر کرده و با شعارهای پوپولیستی و عاطفی اهداف خود را به‌پیش برده‌اند.

خصلت‌ها و اهداف تز حق تعیین سرنوشت ملی هم تا میزان زیادی به نوع ایدئولوژی‌ها و سیاست‌های نیروی‌های مشخص، درک‌اشان از ملت بستگی دارد. نه‌تنها لیبرال‌ها و سوسیالیست‌ها درک متفاوتی از ناسیونالیست‌ها دارند بلکه درک ناسیونالیسم مدنی هم از ناسیونالیسم قومی متفاوت است.

ناسیونالیست های قومی به‌طورکلی، مسلط و غیر مسلط، خالص گرا هستند. و با پیش‌داوری‌های نادرست و عوام‌فریبانه به نفرت‌فراکنی برعلیه غیربومیان و یا مهاجران دست می‌زنند. اگر در موقعیت مسلط باشد به شیوه‌های سرکوب و همسان سازی روی می‌آورد و اگر در موقعیت مغلوب باشد هم بسیاری از واقعیت‌های تاریخی را نادیده می‌گیرند که اکثر "بومیان" (حتی هم‌قبیله‌ای‌ها) امروز "مهاجران"، متحدان جنگی و یا پیروزمندان جنگ‌های دیروزاند. همان "بومیان" که خود را خالص و ریشه‌دار و صاحب سرزمین می‌دانند به‌احتمال خیلی زیاد در دوره‌ای از تاریخ، خود مهاجرانی گوناگون از جاهای متفاوت و با زبان و دین و فرهنگ متفاوت بوده‌اند که با مردمی که قبل از آنها ساکن بوده‌اند درهم‌آمیخته‌اند. بنابراین صحبت از ریشه و اصالت، خلوص و حق طبیعی و تاریخی بومیان اسطوره‌ای بیش نیست.

ازنظر عملی حق تعیین سـرنوشـت ملی در مورد اقوام  جوامع مابعد کولونیالیزم (یا آنچه خود این اقوام ملت بدون دولت می‌نامند)، صـرف‌نظر از ابهامات جدی آن، در تاریخ مدرن بندرت به‌صورت مسالمت‌آمیز و یا حتی قهرآمیز تحقق‌یافته است. در دوران جدید که موج مهاجرت شتاب گرفته اسـت و در اغلب مراکز کلیدی شـهری  مهاجران و بومیان  باهم مخلوط شـده و یا حتی باهم درآمیخته‌اند، این مـشکل بیـشتر قابل‌درک اـست. در  شرایطی که حق تعیین  سرنوشت معنائی جز جدا شدن ندا شته با شد اگرچه بر اـساس  یک  رفراندوم دموکراتیک هم با شد، دشواری‌های زیادی به همراه  می‌آورد و حل این مشـکل در مناطق شـهری و یا مرزی با پیچیدگی زیاد می‌تواند منبع تخاصم گسترده بشود.

اما مشـکلات در شـرایطی که مرزهای ملی در زیر چرخ‌های سـنگین  جهانی‌شدن و ارتباطات مدرن خورد می شوند جدا کردن‌ها و پناه بردن به پیله‌های تنگ نا سیونالیستی گام منا سبی به جلو نخواهد بود. ازاین‌جهت باید اهمیت و منافع وحدت را با قبول چندگونگی‌ها و عدم تمرکز قدرت بازشناخت و باید در نظر داشـت که در حق تعیین سرنوشت نقطه اـساسـی شروع خود مردم‌اند که خود را با هویت‌های جمعی و فردی تعریف می‌کنند و نه تمامیت ارضـی و یا نه دیگر کلیت‌های تجریدی قومی و فرهنگی. مقدم دانسـتن تمامیت‌های ملی و جایگزینی آنها با حقوق و رأی  مردم اصول و مفاهیم روشنگری را که دموکراسی به شکل امروزین هم  از نتایج اسـاسـی آن اسـت زیر سـؤال خواهد برد. ازاین‌جهت تعهد به دموکراتیزه کردن هر چه بیشتـر جامعه از بالا و پائین مهم‌ترین راه‌حل برای حل مسائل تشنج‌آفرین ملی-قومی است و اینکه دموکراسی  بدون یک ساختار سیاسی نامتمرکز از معنی می‌افتد.

راه‌حل‌های گوناگون عدم تمرکز از خودمختاری و دولو شن گرفته تا ا شکال متفاوت فدرالیـسم شقوق متفاوتی اـست که در ترکیب با شوراهای انتخابی گسترده از پائین برای تضعیف یک قدرت متمرکز و تقویت حقوق اقلیت‌ها و ارزش‌های دموکراتیک کمک می‌کند. در چارچوب دولت واحدی قدرت بین گروه‌های متشکله چه ملت نامیده شوند، و چه قوم و چه  شورا یا غیر آن توزیع می شود و ملت مفهومی وسیع و شهروندی به خود می‌گیرد.

در آن صورت تـمامیت ارضی تنها بیان جغرافیائی وحدتی اـست که بین گروه‌های متفاوت انسـانی از طریق فرهنگی و اخلاقی و با به‌کارگیری راه‌حل‌های دموکراتیک به دسـت می‌آید. چه و حدت و  چه  جدائی ارضـی  که بر مبنای آزادی،  عدم تبعیض و ر فاه  واقعی افراد در ز ندگی روزمره‌ا شان نبا شند  به همـسان سازی اجباری و  خالص سازی قومی  و تحقیر و نادیده گرفتن اـصول اولیه حقوق بشری و نقض آشـکار حقوق دموکراتیک می‌رسـند.  بنابراین اگر تکیه‌بر اصل تملک و پرستش ارضی، چه از طرف ناسیونالیست‌های مسلط و چه غیر مسلط، جای خود را به اتکا بر  اصول عدالت،  رفاه،  آزادی و برابری و احترام متقابل بدهد آنگاه راه‌حل‌های میانی، کم‌هزینه و معقول می‌توانند به نتایج پربارتری بینجامند.

در ساختارهای مبتنی بر عدم تمرکز تا آنجا که گروه‌بندی سیستم‌های موجود نشان می‌دهد ما در هر گروه با طیفی گسترده از سیستم‌های سیاسی روبرو هستیم. در طیف سیستم‌هایی که یکپارچه نامیده می شوند ما از یکسو با سیستم‌های یونیون برمی‌خوریم که مبتنی بر پرو سه اتحاد از پائین استوار و درنتیجه خصلتی انعطاف‌پذیر داشته و گاه به سیستم فدرال متمرکز نزدیک می‌شوند مانند دولوشن انگلیسی که پارلمان آن درنتیجه اتحادیه اولیه شوراها و مجالس ولز ۱۵۳۶، اسکاتلند ۱۷۰۷ و ایرلند ۱۷۰۷ بوجود آمده بود.[۱] از طرف دیگر با رژیم‌های شدیداً متمرکز و کم انعطافی برمی‌خوریم مانند رژیم‌های ترکیه و نیز ایران. در شرایط کنونی که اغلب کشورها راه‌های طولانی‌ای در جهت بنای دولت ملت طی کرده‌اند تمرکز نه‌تنها راه‌حل مناسبی نیست بلکه بدترین راه‌حل ا ست. هرچند تمرکز برای یک کشور خیلی کوچک ازنظر سرزمین و متجانس ازنظر ترکیب اجتماعی و فرهنگی، دارای منافع اقتصادی فراوانی باشد. یعنی در آنجا، تصمیمات می‌تواند سریع‌تر اتخاذ شود، هدر رفتن نیرو به حداقل بر سد و این‌ها به صورت عوامل مؤثری در رشد اقتصادی عمل کند، ولی کماکان حتی در چنین کشوری تمرکز با تصمیم‌گیری‌های دموکراتیک در سطح وسیع و مردمی هم‌خوانی ندارد و می‌تواند هزینه‌های اجتماعی گسترده‌ای داشته باشد.

تا آستانه سال ۲۰۰۰ در جهان نزدیک به ۲۰۰ دولت مستقل، ۳۰۰۰ گروه زبانی و ۵۰۰۰ اقلیت ملی وجود داشت که از میان آنها ۲۳۳ اقلیت خواهان حق تعیین سرنوشت بودند.[۲] بسیاری از دولت‌های مستقل هم در شرایط سه بحران عمده قرن بیستم یعنی جنگ جهانی اول، جنگ جهانی دوم و فرو پاشی شوروی و اقمارش و نیز بحران بالکان اتفاق افتادند[۳] یعنی در دوران هائی که امپراتوری‌های بزرگ تضعیف شدند و فروپاشیدند.

ازنظر کلی می‌توان گفت که در جهان هنوز بیشتر کشورها به صورت متمرکز اداره می شوند به‌طوری‌که در سال ۲۰۰۱ از مجموع ۱۸۹ کشور عضو سازمان ملل متحد تنها ۲۱ کشور دارای سیستم فدرال بودند. ولی کشورهای فدرال بیش از نصف کره زمین و تقریباً نیمی از جمعیت جهان را تشکیل می‌دادند.[۴] ازجمله این کشورها می‌توان از ایالات‌متحده آمریکا، برزیل، هندوستان، نیجریه، پاکستان، بلژیک و آلمان را نام برد. از کشورهای بزرگ تنها چین دارای سیستم یکپارچه ا ست که آن‌هم دارای خ صو صیات فدرالی و عدم تمرکز می‌با شد. بریتانیا با آنکه یکپارچه دیده می شود ولی خیلی نامتمرکز و حتی با خودمختاری‌های وسیع و قدرت شوراها به یک سیستم نیمه فدرال نزدیک است. ساختارهای سیاسی در اغلب کشورهای دموکراتیک اروپایی را به‌هیچ‌وجه نمی‌توان یکپارچه و متمرکز دید چون به میزان زیادی نامتمرکزند بطوریکه جامعه مدنی نیرومند و شوراهای محلی و منطقه‌ای نقش مهمی در توزیع قدرت بازی می‌کنند.

کشورهای فدرال هم نمونه‌های متفاوتی دارند. واحدهای عضو در بسیاری از آنها تنها بر اساس تنوعات جغرافیائی و در بعضی بر اساس تنوعات فرهنگی، قومی و زبانی و یا ترکیبی از این‌ها سازمان‌دهی شده‌اند. اغلب کشورهای فدرال هم دارای یک‌زبان رسمی هستند ولی کشورهائی مثل انگلستان و آمریکا زبان رسمی ندارند. در ایالات‌متحده آمریکا، آلمان، استرالیا

فدرالیسم بر اساس تنوعات جغرافیائی نه تقسیمات قومی زبانی قرار دارد ولی در کشورهائی همچون سوئیس و هندوستان نقش زبان و فرهنگ اساسی است.

در سوئیس که زبان سوئیسی وجود ندارد سه زبان رسمی و در هندوستان ۱۵ زبان رسمی و نیز زبان انگلیسی همه به رسمیت شناخته شده‌اند. از ۲۳ کانتون در سوئیس ۱۸ کانتون یک‌زبانی، ۳ کانتون دو زبانی و یک کانتون سه‌زبانی است و بر طبق قانون هر شهروند می‌تواند با یکی از سه زبان‌که مورد دلخواهش باشد با دولت مرکزی ارتباط بگیرد. در هندوستان ۲۹ ایالت و ۶ یونیون وجود دارد که با احزاب سیاسی متفاوتی اداره می‌شوند و بسیاری از ایالات زبان‌های رسمی متفاوتی دارند. در کانادا ترکیب هر دو نوع به شیوه‌ای انجام‌یافته است.[5]

راه‌حل‌های کنفدراتیو بندرت موفقیت‌آمیز بوده‌اند (مثلاً جمهوری متحده عربی، فدراسیون وست اندیز، فدرا سیون رودزیا و نیوازلندو..) ولی موفقیت اتحادیه اروپا (علیرغم مشکل برگزیت که بیانگر دشواری در کشورهای اروپائی و برآمد ناسیونالیسم است)، و در مقیاس کمتری امارات متحده عربی، که شاید آن را شکل خاصی از کنفدراسیون و یا حتی نوعی فدرال به‌حساب آورد افکار جهانی را متوجه خویش ساخته است. محاسن و مشکلات فدرالیسم در کشورهای دیگر من‌جمله روسیه، پاکستان، نیجریه، ونزوئلا هم قابل تعمق است. باید در نظر داشت که راه‌حل‌های فدرال باآنکه از بسیاری از معایب یک سیستم متمرکز خلاصی پیدا می‌کنند به‌ویژه ازنظر تقسیم قدرت و تقویت انگیزه‌ها برای دموکراسی و اتحاد و فعالیت اقتصادی ولی ممکن است مرزهای جدائی و هویت پرستی قومی-زبانی را منجمد کند و به روحیه منطقه‌گرائی و همین‌طور قوم‌گرائی افراطی دامن بزنند و نیز تصمیم‌گیری روی مسائل اساسی را دشوار، طولانی، پرهزینه و مشاجره آمیز کنند.

از همهٔ تجربیات می‌توان و لازم است درس گرفت ولی ایران نه سویس است، نه بلژیک و نه انگلستان و حتی نه هندوستان. در آن کشورها نهادهای دموکراتیک به‌اندازه‌ای رشد کرده‌اند که دیالوگ و گفتگو، وآزادی بیان به اجزائی از زندگی تبدیل شوند. و صحبت از جدائی و ایجاد حزب و دسته‌ای مخالف هم جزئی از همین پروسهٔ دموکراتیک است. اما در ایران برای ساختن چنین نهادهایی هنوز راهی طولانی در پیش است و بدون آنها، تصادمات خونین از همه جوانب می‌تواند به‌صورت آلترناتیوهای آماده و حاضر تلقی شوند.

در ایران تبلور عملی ایدئولوژی‌های ناسیونالیستی (که عمدتاً خصلت قومی داشته‌اند) و ساختار سیاسی متمرکز در جامعه چیزی جز تداوم استبداد و سرکوب نبوده است. باآنکه از دوران انقلاب مشروطیت تا بعد از انقلاب ۱۳۵۷ اغلب جنبش‌های منطقه‌ای و مرتبط با اقوام در ایران درکی پولورالیستی، ترقی‌خواهانه و خودمختاری طلبانه بوده‌اند و با توجه به دیدگاه‌های اصلاح‌طلبانه و سوسیالیستی بخش عمده آنها را نمی‌توان ناسیونالیست خالص‌گرای قومی به‌حساب آورد ولی باوجوداین تحت عنوان جدائی‌طلب، نوکر امپریالیسم و قدرت‌های خارجی سرکوب‌شده‌اند. البته با درک مشابهی هر نوع صدای اعتراض از هر نقطه دیگر ایران از جانب نیروهای استبداد

مسـلط خفه‌شـده اسـت. پس از دهه اول بعد از انقلاب به‌ویژه در شـرایط مابعد جنگ سـرد، درک‌های نا سیونالیسم خالص‌گرای قومی در میان اقلیت‌های قومی نیز بشدت افزایش‌یافته ا ست. ناسـیونالیسـم در چنین اشـکالی از هر جانبی که باشـد می‌تواند فاجعه‌بار و مانع گسـترش روابط دموکراتیک و همزیستی مسالمت‌آمیز و مبتنی بر قبول اصول حقوق بشری بشود. اکنون می‌توان به این نتیجه رسـید که دموکراسـی در ایران بدون ایجاد یک سـیسـتم نامتمرکز و البته مبتنی بر اهمیت حقوق شـهروندی که توزیع قدرت و منابع به‌صورت عادلانه‌ای عملی شـود امکان ندارد. دموکراسی را در کشوری با چنین تنوعات گستردهٔ قومی، زبانی و فرهنگی به‌هیچ‌وجه حتی نمی‌توان با یک "دیکتاتوری اکثریت" بنا کرد. رسـیدن به یک راه‌حل معقول هم بدون تعهد به ارزش‌های دموکراتیک و آمادگی برای گفتگو مصـالحه امکان‌پذیر نیست. با راه‌حل‌های وسـیعاً دموکراتیک ا ست که می‌توان امکان حل مـشکلات جدی قوم‌گرائی، محلی‌گرائی و گرایشات نا سیونالیسم قومی غالب و مغلوب را فراهم کرد و تقسیم‌بندی‌های بشدت زیان‌بار "ما" و "آنها" را تضعیف کرد.

[یادداشت]

# ضمیمه

ضمیمه

کیهان

مقالات

از خودمختاری تا تجزیه و الحاق

## نظر دکتر مصدق درمورد خودمختاری استانها

■ بوین وزیر خارجه انگلیس طراح خودمختاری ایالات ایران بود

[یادداشت]

# یادداشت‌ها

## ۱-ناسیونالیسم و ملت

۱ John Hutchinson and Anthony Smith, eds., *Nationalism*, (Oxford: Oxford University Press,1994).

۲ Elie Kedouri, Nationalism, (Frederick A. Praeger,Inc., Publishers, 1961) 68.

۳ See: Anthony, D. Smith, *Theories of Nationalism*, 2nd ed. (London, Holmes and Meller, 1983); Fred Halliday, "Nationalism", in J Balis and S. Smithh, eds., *The Globalization of World Politics: An Introduction to International Relations*, (Oxford:Oxford University Press, 2001) 440-455.

۴ Eric, J. Hobsbawm, *Nation and nationalism since 1780*, (Cambridge University Press. Cambridge, 1991).

۵ Ernest Renan, "Qu'est-ce quan'une Nation", in John Hutchinson and Anthony Smith, *Nationalism*, (Oxford: Oxford University Press, 1994)17, 17-18.

۶ Benedict Anderson, *Imagined communities*, (London: Verso, 2006) 6.

۷ Walker Connor, "A Nation is a Nation, Is a state, is an Ethnic Group", in Hutchinson and Smith *Nationalism*, (Oxford: Oxford University Press,1994)36, 36-48.

۸ Connor, 37

۹ Connor, 38

۱۰ Paul, R. Brass, "Elite competition and Nation-Formation", in Hutchinson and Smith, 83-89.

۱۱ Brass, 87.

۱۲ Brass, 88.

۱۳ Munck, *The Difficult Dialogue: Marxism and nationalism*, Ronald (London, Zed Books Ltd.,1986)

۱۴ ٥. ما مستقیم آن را با اندکی تفاوت از انگلیسی ترجمه کرده‌ایم. جوزف استالین، *ملیت از دیدگاه فلسفه علمی*، ترجمه فارسی، (تبریز: انتشارات آیدن، ۱۳۵۷)

Joseph Stalin, *Marxism and the National and Colonial Question*, (University Press Pacific, 2003 [1913]).

۱۵ See: Hobsbawm, *Nation*.

۱۶ Hobsbawm, *Nation*,10; هابسبام در این رابطه با گلنر توافق دارد

۱۷ Kedouri, 53

۱۸ See Alfred Cobban, *The Nation State and National Self-determination*, (Collins, London 1969). See also Hobsbawm, *Nation*.

۱۹ Giddens, "The Nation as Power", in Hutchinson and Smith,1994, 34-35.

۲۰ Allocation, delimitation, demarcation and administration

۲۱ Anthony Giddens, 1994.

۲۲ Ernest Gellner, *Nations and Nationalism (New Perspectives on the Past)* 2nd ed. (Cornell, Cornell University press, 2009 [1983]); And Anthony, D. Smith, 1983.

استراتژیست‌های سیاسی مارکسیسم روسی همچون لنین و استالین را هم می‌توان در زمره مدرنیست‌ها به‌حساب آورد.

۲۳ Johan Edwards, *Language, Society and Identity*, (Basil Blackwell, Oxford 1985) 12.

۲۴ Bertrand Russell, *A History of Western Philosophy*, London: Counterpoint,1979 [1946] 660-674.

۲۵ Edwards, 10.

۲۶ Hugh Seto-Watson, *Nations and States*, (Methuen:London1977) 6-10.

۲۷ Edwards, 13.

۲۸ Anthony Smith, "The Nation Real or Imagined", in Edward Mortimer and Robert Fine, eds., *People, Nation And States,* (London, New York, I.B. Tauris, 1999).

۲۹ Steven Grosby, 2006, *Nationalism: A Very Short Introducrtion*, (Oxford, Oxford University Press, 2006) 11-12.

۳۰ Edwards.

۳۱ Eric, J. Hobsbawm, and T.E. Ranger, Hobsbawm, *Nation*; and also See *The Invention of Tradition*, (Cambridge, Cambridge University Press,1983).

۳۲ Anderson, 2006, 19.

۳۳ Tom Nairn, *The Break-Up of Britain*, (London, Verso, 1981).

۳۴ Anderson, 2006, 2.

۳۵ مثلاً در ایران بخش مهم کردهای کرمانشاه ممکن است با این مسئله روبرو شوند که برای تعریف هویت خود به‌طور مقدم از زبان کردی، قوم کردی و یا مذهب شیعه کدام را برگزینند. ترک‌های شیعه‌مذهب آذربایجان، اردبیل و زنجان هم به همین صورت. در سیستان و بلوچستان بخشی ازنظر قومی بلوچ‌اند مثل ناروئی‌ها و بامری‌ها ولی ازنظر دینی شیعه‌اند و در سیستان و یا در نقاط مرزی ایرانشهر-بم زندگی می‌کنند. زمانی که دولت مرکزی به شیعه‌ها امتیاز می‌دهد آنها ممکن است بیشتر به‌سوی شیعه‌ها بروند یعنی خود را از گروه قومی و زبانی بلوچ خارج کنند ولی چنانچه اوضاع و شرایط به نحوی باشد که بلوچ بودن به خاطر زبان بلوچی دارای امتیاز باشد بخش مهمی ازآنها ممکن است خود را ازنظر قومی و یا ملی بلوچ قلمداد کنند. عوامل سیاسی و اقتصادی و اجتماعی نقش مهمی در این رابطه بازی می‌کنند.

۳۶ Francis Fukuyama, *The End of History and the Last Man,* (Penguin, 2012).

۳۷ Samuel P. Huntington, *The Clash of Civilizations and the Remaking of World Order,* (New York: Simon & Schuster,1998).

[38] See Anthony Giddens, *Run Away World*, (London, Profile Books,1999); See also David Held, et al., *Global Transformation: Politics, Economics and Culture*, (Cambridge, Polity Press, 1999).

[39] Quoted in, Zygmunt Bauman, Identity, (Cambridge, Polity Press, 2004) 9.

[40] Daniel Bell quoted in, Walters, 1995.

[41] Bull 1977, quoted in Walters, 1995.

[42] Waters, Malcolm, *Globalization*, 2nd edition, (London and New York:Routledge, 1995) 100.

[43] James, N. Rosenau (1990), quoted in Walters, 1995, 102.:

[44] BBC Persian, "Lopen:Mahajerat ra modati be kol moa'laq mikonam (Lopen: I totally suspend migration for sometime)", 18 April 2017.

## ۲- مشکل ناسیونالیسم در جهان امروز

[1] Evening Standards, 23 October 2018, 26.

[2] Clifford Greetz, "Primordial and Civic Ties", in John Hutchinson and See also: Anthony Smith, eds. 29-34.
Michael Ignatieff, "Benign Nationalism? The Possibilities of the Civic Ideal", in E, Mortimer and R, Fine eds., ***People, Nation And States***, (London, New York, I.B. Tauris Publishers, 1999), 141-148.
Robert Fine,"Benign Nationalism? The Limits of the Civic Ideal", in Mortimer and Fine, 149-161.

[3] Eric Eric, J. Hobsbawm, *Nation and nationalism since 1780*, (Cambridge University Press. Cambridge, 1991) 12.

[4] Bertrand Russell, ***A History of Western Philosophy***, London: Counterpoint, 1979 [1946] 660-674.

[5] Fine, 1999, 157.

[6] Fine, 1999, 154-155

[7] Fine, 1999, 157

## ۳- یادداشتی در مورد ناسیونالیسم، هویت و زبان

[1] در بخش‌های عمده‌ای از این مقاله از ادواردز استفاده شده است. این‌ها در حد یادداشت‌هائی است که من در مطالعاتم در رابطهٔ زبان با ناسیونالیسم برداشته‌ام. هرچند به این صورت ابتدائی است ولی ممکن است برای دامن زدن به بحث ناسیونالیسم مفید باشد. من زبان شناس نیستم و این یادداشت‌ها هم در حوزه زبانشناسی نیست.

[2] Edwards, 1985

[3] Ibid

[4] Edwards, 1985

Trudyill 1975 in Edwards, 1985, 21.[5]

Hobsbawm 1890; Habermas 1380hs; Edwards 1985, 25.[6]

Edwards, 25.[7]

Edwards, 24.[8]

Elie Kedouri, "Nationalism and Self-determination", in John Hutchinson and Anthony Smith, eds., ***Natinalism***, (Oxford: Oxford University Press, 1994) 49, 49-55.[9]

Hobsbawm, 1991, 103-105.[10]

see Edwards.[11]

Franz Bopp, 1791, in Edwards 1887.[12]

Klos, quoted in Edwards, 49.[13]

Barth, 1976, quoted in Edwards.[14]

Edwards, 1984.[15]

## ۴-از چه جهاتی حق تعیین سرنوشت ملی

[1] مردم را در اینجا نباید به‌مثابه یک مقوله پوپولیستی در نظر گرفت. در اینجا تأکید بر حقوق شهروندی مردم است که می‌توانند آزادانه دست به ساختن نهادهای گوناگون سیاسی و مدنی بزنند. مردم به معنای یک ساختار از قبل ساخته شده ملت و یا خلق نیست. "خلق" در زبان فارسی و نیروهای چپ هم به معنای یک اتحاد سیاسی بود که از نیروهای زحمت‌کش به رهبری طبقه کارگر تشکیل می‌شد.

[2] کاتالونیا از پیشرفته‌ترین مناطق اسپانیاست. در رفراندوم کمی بیشتر از ۴۰٪ جمعیت دارای حق رأی کاتالونیا شرکت کردند و از شرکت کمی بیش از ۹۰ درصد به جدائی رأی دادند. دولت مرکزی که با چنین رفراندومی توافق نداشت هم رفراندوم وهم نتایج آن را غیرقانونی دانست. نکته‌های مهم این است که دموکراسی همیشه قادر به تضمین وحدت نیست و دوم جدائی می‌تواند از جانب بخش‌های پیشرفته‌تر و نه عقب‌افتاده‌تر ملی درخواست شود. نکته سوم هم این است که اتحادیه اروپا رفراندوم و نتایج آن را به رسمیت نشناخت.

https://news.sky.com/story/catalonia-independence-what-you-need-to-know-11168562

[3] در کردستان نزدیک به ۷۲ درصد از واجدین شرایط رأی دادند که حدود ۷۳ درصد خواهان جدا شدن بودند. بدون توجه به مخالفت گسترده امریکا و اروپا و عراق و همسایگانش، بارزانی که برای مدتی از برگزاری انتخابات دموکراتیک ممانعت کرده بود؛ و فساد، دودستگی و اعتراضات گسترده‌ای کردستان را فراگرفته بود به رفراندوم یک‌جانبه روی آورد. علیرغم اینکه بارزانی گفته بود که به مقاومت نظامی دست می‌زند ولی کار به‌طور عاقلانه‌ای به لغو نتایج آن انجامید و از جنگ و خونریزی پرهیز شد ولی بسیاری از امتیازات گسترده ماقبل رفراندوم هم از دست رفت.

https://www.independent.co.uk/news/world/middle-east/kurdistan-referendum-results-vote-yes-iraqi-kurds-independence-iran-syria-a7970241.html

به‌منظور درک شرایط قبل از رفراندوم مراجعه کنید به مقاله: کاوه قریشی (۲۶ اکتبر ۲۰۱۵) "اقلیم کردستان؛ از دولت مستقل تا اعتراضات خیابانی". درس مهم این بود که حتی کشورهائی همچون

آمریکا و انگلستان که اقلیم کردستان را در جنگ اول خلیج ایجاد کردند از جدائی حمایت نکردند و از قبل به سران کردستان هشدار دادند.

BBC persian: http://www.bbc.com/persian/iran/2015/10/151026_l39_kyrdistan_iraq_fate

٤ البته وجود این تز را نباید با قراردادها و نظریات سابق که بر حق حاکمیت تأکید داشتند مخلوط کرد. مثلاً در اروپا از ۱۶۴۸ قرار داد وستفالیا بر حق حاکمیت مطلق تأکید داشت ولی حاکمیت امری سرزمینی و سیاسی بود تا قومی و اغلب هم دولت و ملت به یک معنی بود.

٥ Benedict Anderson, ***Imagined Communities***, (London: Verso, 1983).

٦ گنجاندن تز "حق تعیین سرنوشت ملت‌های ایران" و یا "حق تعیین سرنوشت خلق‌های ایران" به‌مثابه یک اصل برنامه‌ای از جانب اغلب سازمان‌های سیاسی چپ ایران که همه به نحوی از لنین و یا استالین تأثیر پذیرفته بودند، نادرست و گمراه‌کننده بود. استفاده از معیارهای استالین ملت یک موضوع عینی و سرنوشت ناگزیر تاریخی دیده می‌شد. ازاین‌جهت این مسئله قابل‌تأمل است که نیروهای چپ علیرغم تأکیدشان بر برابری حقوق و رفع تبعیض، درزمینهٔ ساختن و تحکیم نهادی‌های دموکراتیک و مدنی دسا سیتی ندا شتند و یا حتی به‌عنوان آزادی "لیبرالی" و یا "بورژوائی" آنها را مردود و یا صرفاً تاکتیکی قلمداد می‌کردند. اغلب تصور این بود که همه نهادهای مدنی باید تسمه و نقاله تشکیلات حزبی باشند. نویسنده که خود از فعالین آن زمان بود و به‌حق تعیین سرنوشت خلق و بعد ملت معتقد بود، در این زمینه از تجربه شخصی خود نیز استفاده کرده است.

٧ البته با توجه به تجربیات بعدی می‌توان گفت که تحقق حق ملت‌ها در سرنوشت خود یا استقلال آنها از کلونیالیست ها و یا همان امپریالیست ها به‌طور گسترده و نسبتاً آسان انجام‌شده است. ولی خواست‌های استقلال‌طلبانه قومی در کشورها استقلال‌یافته مابعد کلونیالیسم که به‌طور گسترده و با شدت بروز کرده است، بندرت حل‌شده است.

٨ Adam Roberts, “Beyond the flawed principle of National Self-Determination”, In Edward, Mortimer with Rober Fine (eds), ***People, Nation &State***, (London and New York: IB Tauris Publishers, 1999), PP. 77-106.

Robert Lansing Quoted in Roberts, p.82.

٩ Ernest Gelner, ***Nationalism***, (London: Phoenix, 1998).

١٠ به‌جز روسیه که در هستهٔ مرکزی اتحاد جماهیر شوروی بود ۱۴ جمهوری مستقل دیگر ایجاد شد. این کشورها عبارت‌اند از آذربایجان، ازبکستان، اوکراین، استونیا، ارمنستان، بلاروس، تاجیکستان، ترکمنستان، گرجستان، لتویا، لیتوانیا، مولداوی، قرقیزستان و قزاقستان. باآنکه در مراحل اولیه ناسیونالیسم قومی در این کشورها ضعیف بود ولی بعد از مدتی ناسیونالیست‌های حاکم بیشتر بسوی قومی رفتند و خالص‌گراتر و سرسخت‌تر شدند و بنام منافع ملی به سرکوب روی آورده و مانع رشد دموکراسی شدند.

١١ See Ronald Hill, “The Dissolution of the Soviet Union: Federation, Commonwealth, Session”,***The Territorial Management of Ethnic Conflicts***, 2nd edition, (ed.) (Johan Coakley.Portland: Frank Cass, 2003).

[۱۲] کشورهای جدا شده از درون تشنجات بسیار خونین عبارت‌اند از بو سنی و هرزگوین، مقدونیه، کروا سی، اسلونیا و صربیا. در سال ۲۰۰۶ مونته‌نگرو از طریق رفراندوم از صربیا جدا شد و در سال ۲۰۰۸ هم کوسوا به‌صورت یک‌جانبه اعلام استقلال نمود.

[۱۳] آمار کشورهای عضو سازمان ملل متحد نشان می‌دهد که تعداد این کشورها از ۵۱ کشور به‌عنوان مؤسسان آن سازمان در سال ۱۹۴۵، تقریباً به ۲۳۰ کشور در سال ۲۰۱۶ رسیده است یعنی تعداد آنها تقریباً ۴٫۵ برابر شده است. اما تعداد زیادی از این کشورها کشورهای غیر مستعمره بودند که چند سال بعد به سازمان ملل متحد پیوستند ولی اکثریت عظیم آنها کشورهائی را تشکیل می‌دهند که به‌تدریج از کشورهای مستعمره دار بزرگ، به‌ویژه بریتانیا و فرانسه و دیگر کشورهای اروپایی و بخشاً آمریکا جدا شده‌اند. باید توجه کرد که از میان کشورهای مستعمره سابق که به عضویت سازمان ملل متحد درآمده‌اند، بخش مهمی بسیار کوچک و اغلب جزیره‌اند. برای مثال کشورهائی که جمعیتشان از چند صد نفر تا ۲۰۰ هزار نفر بیش نیست، تقریباً بیش از ۲۰٪ اعضای سازمان ملل متحد را تشکیل می‌دهند. این‌ها هم که اغلب به‌صورت مسالمت‌آمیز و خاموشی از مستعمره داران بزرگ جداشده‌اند، کمتر کسی هم نام آنها را شنیده است. برای مثال جزایر مار شال در سال ۱۹۹۱، میکرونیزیا در سال ۱۹۹۱ و پالائو در سال ۱۹۹۴ از ایالات‌متحده آمریکا مستقل شدند.

[۱۴] در مهروموم‌های اخیر کرکوک، به خاطر جمعیت و نقش اقتصادی آن، مثال خوبی بود که مورد مشاجره حکومت مرکزی عراق و اقلیم خودمختار کرد ستان قرار داشت و سرانجام، در زمان درخواست اقلیم کردستان برای استقلال، دولت مرکزی عراق آن را از طریق نظامی از اقلیم کردستان که در شرایط خاص جنگ با داعش کنترل آن را به دست گرفته بود، پس گرفت.

[۱۵] Roberts, 94.

## ۵-یادداشتی درباره امپریالیسم لنین

[۱] این یادداشت‌ها به سال ۱۹۸۹-۱۹۹۰ برمی‌گردد. زمانی که من مشغول گذراندن فوق‌لیسانس اقتصاد سیاسی بودم. این یادداشت‌های فارسی منطبق با رساله مفصل‌تری به زبان انگلیسی بود. ناگفته نماند که این نوشته تا حدود زیادی از درک‌های بیل وارن تأثیر گرفته بود. وارن در نوشته جنجال‌برانگیزی تحت عنوان "امپریالیسم به‌مثابه پیشاهنگ سرمایه‌داری" بشدت درک لنین و همین‌طور تئوری وابستگی را موردحمله قرار داد و به‌نوعی به مارکسیسم کلا سیک مراجعه کرد. باآنکه من به دیدگاه وارن انتقاد دارم و نقائص این نوشته را هم متوجهم ولی شاید از جهاتی هنوز مفید واقع شود. وارن بازی مجموعه صفر تز امپریالیستی در درک وابستگی را مردود دانست.

[۲] بنا به گفته Arrighi برای این دوران این جزوه لنین از نظر ایدئولوژیکی برای جنبش‌های ضد امپریالیستی در مقام «برج بابل» قرار داشت.

Givani Arrighi, ***The Geometry of Imperialism***, (London: L.B, 1978).

[۳] مراجعه شود به «آیندهٔ مارکسیسم» (مصاحبه‌ای با لوچیو کولتی، ترجمه فارسی)، ***اندیشه و پیکار***، شماره ۱، آبان- آذر ۱۳۶۶، (۹۳–۹۶)) ۹۶.

[۴] ولادیمیر ایلیچ لنین، ***امپریالیسم به‌مثابه آخرین مرحله سرمایه‌داری***، (ترجمه فارسی، اداره نشریات زبانه‌ای خارجی، پکن، ۱۹۷۵) ۱۲.

[۵] لنین، امپریالیسم، ۱۹۷.

۶ Anthony Brewer, ***Marxist Theories of Imperialism: A critical Survey***, (Routledge Kegan, 1980) 79.

۷ G. Arrighi

۸ M.S Howard,. And J.E.A King, ***History of Marxian Economy vol-I: 1883-1929***, (Princeton University Press, 1989), see also Brewer.

۹ لنین، امپریالیسم، ۱۳۵.

۱۰ حتی لنین در نقل‌قولی که از هایمان "اقتصاددان بورژوای" می‌آورد، دقیقاً این مورد را نقد می‌کند که موضوع ترکیب و پیوند یا تمرکز و نتیجتاً انحصار مربوط به کشوری است که در آن دولت با حمایت گمرکی برقراری نرخ‌های ثابت حمل‌ونقل از صنایع پشتیبانی می‌کند. بنابراین این نوع انحصار و تمرکز نتیجه آن نوع رقابت آزادی نیست که لنین معمولاً از آن سخن می‌گوید. لنین در فصل " تمرکز تولید و انحصارها" اساساً به آلمان و تا حدود کمتری به آمریکا تکیه می‌کند، ولی به صورت گذرایی به بریتانیا اشاره می‌کند و این‌که در آن گرایش به‌سوی انحصار وجود دارد. لنین تقریباً هیچ اشاره‌ای به فرانسه در این بخش نمی‌کند. مجموعه اطلاعات لنین هم تقریباً همه از منابع آلمانی اخذ شده است. یعنی جایی که حفاظت گمرکی، انحصار و تمرکز مورد دفاع بود تا در مقابل کشورهای قدرتمندتر هم چون بریتانیا و فرانسه دوام بیاورند. طبعاً ارزیابی اغلب نویسندگان آلمانی از اقتصاد بریتانیا و فرانسه هم در پرتو چنین نگرشی انجام می‌گرفت. البته خود لنین در پیشگفتار به کمبود منابع انگلیسی و فرانسوی و روسی در «زوریخ» اشاره می‌کند. امپریالیسم، ۲۰.

۱۱ لنین، امپریالیسم، ۱۸.

۱۲ Bill Warren, ***Imperialism pioneer of Capitalism***, (London: NLF, 1979).

۱۳ لنین، امپریالیسم، ۱۱.

۱۴ لنین، امپریالیسم، ۷.

۱۵ لنین، امپریالیسم، ۱۹۲.

۱۶ Anthony Brewer,.79.

۱۷ لنین، امپریالیسم، ۹۳.

۱۸ لنین، امپریالیسم، ۹۲.

۱۹ لنین، و.ای، ***توسعه سرمایه‌داری در روسیه***، (ترجمه فارسی، انتشارات سیاهکل، آلمان ۱۳۵۷) ص ۱۹، ۲۱.

۲۰ لنین، توسعه، ۲۰.

۲۱ لنین، توسعه، ٦٥ و ٦٦.

۲۲ روزا لوگزامبورگ در سال ۱۹۱۳ کتاب "انباشت سرمایه" را نوشت.

۲۳ لنین در یکجا «سود مافوق» را مافوق سودی می‌داند که مافوق سود در کشور صادرکننده سرمایه است. اما درجایی دیگر منشأ مازاد سرمایه را تا حدودی ناشی از قیمت‌های انحصاری در بازار داخلی می‌داند یعنی در بازار داخلی هم سود مافوق به دست می‌آید ولی لنین دو منبع سود مافوق را به‌وضوح مطرح نمی‌کند. اگر گفته شود که در مراحل بعدی –در عصر صدور سرمایه- منبع مازاد سرمایه عملاً از سود مافوق حاصل سرمایه صادراتی به کشورهای جهان سوم حاصل می شود بازهم هیچ مشکلی گشوده نمی شود چون اگرچه نرخ سود سرمایه به کشورهای جهان سوم بالاتر است ولی این بخش از سرمایه بخش کوچکی از سرمایه صادراتی را تشکیل می‌دهد. درعین‌حال این مسئله را مبهم می‌گذارد که پس چرا سرمایه صادراتی عمدتاً به خود کشورهای صنعتی بزرگ صادر می‌شود؟

[24] امپریالیسم و استعمار عصر سرمایه‌داری برای مارکس و انگلس یکی بود. استعمار برای مارکس و انگلس درمجموع یک پدیده بی‌رحم ولی مترقی دیده می‌شد چون منجر به فروپاشی روابط کهنه فئودالی و یا " شرقی" می شد. انگلس حتی تاآنجا پیش رفت که از سیاست استعماری سوسیالیستی دفاع می‌کرد. به‌طوری‌که انگلس استدلال کرده بود که مستعمرات تا زمانی که به رشد کافی نرسیده با شند نباید مستقل شوند. البته در عین حال هر دو از بی‌رحمی و ستمگری استعمارگران انتقاد می‌کردند. مراجعه شود به:

Shlomo, Avinri, ***Karl Marx on Colonialism and Modernisation***, (New York: Anchor Books, 1969).

[25] در کمینترن ۱۹۲۸ امپریالیسم به‌وضوح عامل عقب‌ماندگی کشورهای جهان سوم قلمداد شد. هرچند این دیدگاه مغایر با دیدگاه اولیه لنین بود چراکه لنین با شتاب گیری سرمایه‌داری در کشورهای کم توسعه کاملاً موافق بود. اما این نگرش کمینترن با تز وابستگی که بعداً فرمول‌بندی شد انطباق یافت.

[26] لنین، امپریالیسم، ۱۳۰.

[27] لنین، امپریالیسم، ۱۲٦.

[28] لنین، امپریالیسم، ۱۸۵.

[29] برخورد با «حق تعیین سرنوشت» در عصر امپریالیسم در روسیه دیدگاه‌های متفاوتی وجود داشت. دو دیدگاه حتی بعد از انقلاب هم وارد مشاجره با همدیگر بودند. بوخارین و پیاتاکوف معتقد بودند که در عصر امپریالیسم به دلایل اقتصادی و سیاسی تحقق حق تعیین سرنوشت ملت‌ها امری غیرممکن است. برخلاف این نظر لنین معتقد بود در عصر امپریالیسم تحقق «تعیین سرنوشت» بسیار مشکل ولی بازهم امکان‌پذیر است و ازاین‌جهت دیدگاه بوخارین و پیاتاکوف را که با نظر روزا لوگزامبورگ نزدیک بود، کاریکاتوری از «اکونومیسم امپریالیسم» نامید. اما واقعیت این است که هر دو امر تحقق را تقریباً ناممکن می‌دیدند. بنابراین برای لنین و همین‌طور بوخارین و پیاناکوف استعمار و تقسیم مستعمراتی امری بود که در عصر امپریالیسم و یا اساساً سرمایه‌داری به پایان خود نمی‌رسد بلکه شدت پیدا می‌کند و درست زمانی به پایان می‌رسد که امپریالیسم سرنگون می‌شود. آن‌وقت کشورهای مستعمره به سوی آن جذب می شوند و در قطب سوسیالیستی و به کمک کشورهای سوسیالیستی، از طریق راه رشد غیر سرمایه‌داری خود را به سوسیالیسم می‌رسانند.

## ۶- ملت و حق تعیین ملت‌ها در روسیه و شوروی-۱

[1] کارل مارکس و فردیک انگلس، مانیفیست حزب کمونیست، ۹۷.

[2] مارکس و انگلس، مانیفیست، ۷۰.

[3] مارکس و انگلس، مانیفیست، ۸۳.

[4] مارکس و انگلس، مانیفیست، ۹۷.

[5] مارکس و انگلس، مانیفیست، ۷۰.

[6] Munck, Ronaldo, The Difficult Dialogue , (London:Books,1986), 20,21. Marxism and Nationalism 2nd

[7] Lowy, M. (1976), Marxists and the Nationalists, New Left Review, No 81 96,

[8] م لوی، ۸۲.

[9] مونک، ۹.
[10] مونک، ۹ و ۱۲.
[11] لوی، ۸۴؛ مونک، ۱۲.
[12] مونک، ۱۳.
[13] مکاتبات مارکس و انگلس (فارسی) ۶۳.
[14] مکاتبات مارکس و انگلس (فارسی) ۶۶.
[15] نامه ۹ آوریل مارکس به زیگفرید مایر، مکاتبات مارکس و انگلس (فارسی).
[16] Wright, Tony. (1981), Socialism and Nationalism in L. Tivey, ed., The Nation State, (Oxford: Martin Robertso.)153.
[17] نقل از رایت، ۱۵۴.
[18] لوی، ۹۲.
[19] لوی، ۸۵.
[20] ا.ح. عارف، "انقلاب روسیه و روزا لوگزامبورگ" در اندیشه و پیکار ۲، ۱۹۸۹ پاریس، ۵۹.
[21] عارف، ۶۰.
[22] عارف، ۶۰.
[23] تاریخ حزب کمونیست (بلشویک) اتحاد شوروی: دوره مختصر (؟؟) ۴۲۷.
[24] *قطعنامه‌ها و تصمیمات حزب کارگر سوسیال‌دموکرات روسیه ۱۸۹۸- ۱۹۱۷*، (؟ انتشارات سازمان چریک‌های فدایی خلق ایران، ۱۳۶۳) ۱۱۲.
[25] قطعنامه‌ها و تصمیمات، ۲۷.
[26] مونک، ۷۰.
[27] E.H. Carr, (1950), The Bolshevik Revolution (1), 1917- 19, (London: Pehivan) 424.
[28] شرح جلسات کنگره دوم حزب کارگر سوسیال‌دموکرات روسیه، بخش اول (انتشارات ح.ک.ا.۱۳۶۳. [۱۹۰۳]).
[29] شرح جلسات کنگره دوم، ۲۳-۲۲۹.
[30] قطعنامه‌ها و تصمیمات، ۴۴.
[31] کار، ۴۲۵.
[32] مونک، ۱۷.
[33] کار، ۴۲۵.
[34] قطعنامه‌ها و تصمیمات، ۲۰۰.
[35] قطعنامه‌ها و تصمیمات، ۲۰۸-۲۰۷.
[36] ولادیمیر ایلیچ لنین، *انقلاب سوسیالیستی و حق ملت‌ها در تعیین سرنوشت خویش*، (CW Vol ۱۷ 22. Moscow).
[37] قطعنامه‌ها و تصمیمات، ۲۱۷-۲۱۶.
[38] لنین، " نامه‌ای به س.گ. شانومیان" در دو مقاله از لنین درباره مسئله ملی، ترجمه و (انتشار یاران فاضل، پاکستان؟/ (۲۳ نوامبر (۶ دسامبر) سال ۱۹۱۳) ۱-۴.
[39] لنین، انقلاب سوسیالیستی، ۶.
[40] مونک، ۱۷.
[41] کار، ۴۲۵.

[42] لوی.
[43] استالین، مارکسیسم و مسئله ملی، ۵.
[44] دیویس، ۷۲، و مونک، ۷۷. Davis, H. B. (1978), Toward Marxist Theory of Nationalism, Monthly Review, New York and London.
[45] مونک، ۷۷.
[46] استالین، مارکسیسم و مسئله ملی،، ۱۰.
[47] دیویس، ۷۵.
[48] از این نقطه نظرات استالین ممکن است کسی اینطور نتیجه‌گیری کرد که سیستم اقتصادی و سیاسی شوروی و یا استالینی بایستی به‌مراتب از سرمایه‌داری دموکراتیک عقب‌تر و تقریباً مانند نظام‌های ماقبل سرمایه‌داری فاقد ظرفیت برای حل مسئله ملی بوده باشد که بعد از ۷۰ سال حاکمیت سیستم شوروی از هم پاشید و مسئله ملی با وسعت و شدت مجدداً مطرح شد.
[49] کار، ۴۳۵.
[50] لوی.
[51] دیویس، ۷۰.
[52] لئون تروتسکی، تاریخ انقلاب روسیه.
[53] استالین،، ۲.

## ۷- ملت و حق تعیین ملت‌ها در روسیه و شوروی-۲

[1] لنین، درباره حق ملل در تعیین سرنوشت خویش، آثار منتخبه، ۳۵۰.
[2] لنین، ولادیمیر ایلیچ لنین، **ترازنامه مباحثه‌ای پیرامون حق ملل در تعیین سرنوشت خویش**، (تهران: انتشارات پژواک، ۱۳۵۹) ۱۴۶.
[3] لنین، نامه به شائومیان، م.آ، جلد ۱۹، ۴۹۹.
[4] لنین، ولادیمیر ایلیچ. **ترازنامه**، ۱۰.
[5] لنین، مقالات گرایش نوظهور امپریالیستی" و "کاریکاتوری از مارکسیسم و اکونومیسم امپریالیستی
[6] انقلاب سوسیالیستی، حق ملت‌ها، ۲.
[7] لنین، انقلاب سوسیالیستی و حق ملت‌ها در تعیین سرنوشت خویش، ۱۲-۱۳.
[8] لنین، درباره حق ملل برای تعیین سرنوشت خویش، آثار منتخبه، ۳۵۶.
[9] لنین، انقلاب سوسیالیستی و حق تعیین سرنوشت ملت‌ها، ۵.
[10] لنین، درباره حق ملل در تعیین سرنوشت خویش آثار منتخبه، ۳۵۴.
[11] لنین، همانجا، ۳۵۶.
[12] لنین، همانجا، ۳۵۵.
[13] لنین، نامه به شائومیان مجموعه آثار، ۱۹، ۴۹۹.
[14] همانجا.
[15] لنین، انقلاب سوسیالیستی و حق تعیین سرنوشت ملت‌ها، ۷-۸.
[16] کنگره دوم حزب سوسیال‌دموکرات روسیه ۱۹۰۳، ٤٠.
[17] دیویس، ٦٥.

[۱۸] کار، ٤٣١.

[۱۹] لنین "سه منبع و سه جزء مارکسیسم"، در آثار منتخبه، ۲۸-۲۶.

[۲۰] آلتوسر و بحران مارکسیسم، ۲۷.

[۲۱] لنین، تزارنامه، ۳۷.

[۲۲] لنین. ترازنامه، ۳۸ -۳۷.

[۲۳] لنین، "وظایف پرولتاریا در انقلاب ما"، در آثار منتخبه، ۴۶۳.

[۲٤] این تقسیم‌بندی عمومی –هرچند برای مارکس تنها در رابطه با ملت‌های بورژوایی مطرح می‌شد و تا حدود کمتری هم ملت‌های ستمگر و ستمدیده را دربرمی گرفت و این بعداً مبنای دیدگاه‌های "وابستگی" (باران و فرانک) و یا "شیوه تولیدی" (وارن) قرار گرفت.

[۲۵] لنین، "وظایف پرولتاریا در انقلاب ما"، در آثار منتخبه، ۴۶۳.

[۲٦] مراجعه شود به قطعنامه‌ها و تصمیمات، ۱۹۱۷ – ۱۹۹۸، ۲۶۷- ۲۶۸.

[۲۷] بتلهایم، مبارزه طبقاتی در اتحاد شوروی دوره اول ۱۹۱۷-۱۹۲۳، ۵۲۴.

[۲۸] بتلهایم، همانجا، ۵۲۵.

[۲۹] بتلهایم، همانجا ۵۲۷.

[۳۰] لنین، " سخنرانی دربارهٔ برنامه حزب در هشتمین کنگره حزب کمونیست (ب) روسیه"، در آثار منتخبه، ۶۷۰.

[۳۱] Horace B. Davis, “Introduction: The right of National Self-Determination in Marxist Theory-Luxemburg vs. Lenin”, in Rosa Luxemburg, The National Question, tr. and edited by Horace B. Davis, (New York, Monthley Review Press, 1976), 9-45; pp 30-32

[۳۲] لنین، " سخنرانی دربارهٔ برنامه حزب در هشتمین کنگره حزب کمونیست (ب) روسیه"، در آثار منتخبه، ۶۶۹.

[۳۳] لنین، همانجا، ۶۷۱.

[۳٤] See *Baku Congress of the People of the East*, Published by Communist International, (New Park Publications, 1977[1920])

[۳۵] نظم نوین، شماره ۶، آذر ۶۳.

[۳٦] نظم نوین، همانجا.

[۳۷] همانجا، ۱۸۲.

[۳۸] استالین، اصول لنینیسم، ۸۳.

[۳۹] see V.Solodovni. Kov, V.Bogoslovsky, Non-Capitalist Development: An Historical Outline, (Moscow, Progress Publishers, 1975).See also Hooshang Anirahmadi, “ The Non-Capitalist Way of Development”, Radical Political Economy 19 (1), 1987, PP.22-46.

[٤٠] لنین، مجموعه سخنرانی‌های در کنفرانس انترناسیونال کمونیستی، ۷۶- ۶۸.

[٤۱] کار، ۴۳۱.

[٤۲] استالین، اصول لنینیسم، ۸۳.

[٤۳] استالین، همانجا، ۸۷.

[٤٤] دقت شود که این دیدگاه‌ها بعداً در سال ۱۹۲۸ به‌صورت سیستماتیک تری فرمول‌بندی شد. اینجا اظهارمی شد که ازآن به بعد امپریالیسم تکامل سرمایه‌داری در مستعمرات را کند خواهد کرد. این

هم نه‌تنها با درک مارکس بلکه با بعضی از اظهارات لنین به‌ویژه در امپریالیسم آخرین مرحله سرمایه‌داری که گفت امپریالیسم سرمایه‌داری را با سرعت بیشتری در کشورهای عقب‌مانده و من‌جمله مستعمرات توسعه خواهد داد، در تضاد بود.

[٤٥] استالین، ج (۱۹۲۴) راجع به اصول لنینیسم، اداره نشریات به زبان‌های خارجی پکن، (۱۹۷۶) ص ۸۴.

[٤٦] استالین، ج. (۱۹۲۴) راجع به اصول لنینیسم، ۶.

[٤٧] همانجا، ۸۷.

[٤٨] لنین، نامه ۲۵ دسامبر ۱۹۲۲.

[٤٩] لنین، نامه ۴ ژانویه ۱۹۲۳.

[٥٠] لنین، یادداشت‌هایی درباره "مسئله ملیت‌ها یا سیستم خودمختاری"، ۳۰ دسامبر ۱۹۲۲.

[٥١] لنین، همانجا.

[٥٢] لنین، یادداشت‌هایی درباره "مسئله ملیت‌ها یا سیستم خودمختاری"، ۳۰ دسامبر ۱۹۲۲.

[٥٣] لنین، یادداشت‌هایی درباره "مسئله ملیت‌ها یا سیستم خودمختاری"، ۳۰ دسامبر ۱۹۲۲.

[٥٤] استالین، تاریخ مختصر حزب بلشویک، ۴۲۸.

[٥٥] لنین، نامه ۳۱ دسامبر ۱۹۲۲.

[٥٦] لنین، همانجا.

[٥٧] لنین، نامه‌ای به مدیوانی و ماخارادزه ۶ مارس ۱۹۲۳.

[٥٨] لنین، همانجا.

[٥٩] مونک، ۸۴.

[٦٠] مونک، ۸۴.

[٦١] کولاکوفسکی، ص ۴۰۲.

[٦٢] کولاکوفسکی، ص ۴۰۴- ۴۰۲.

[٦٣] کولاکوفسکی، ۴۰۴.

[٦٤] کولاکوفسکی ملاحظات انتقادهای مسئله ملی، ٤٠٥.

[٦٥] لنین "درباره غرور ملی و لیگاروس‌ها" آثار منتخبه، ۳۸۲.

[٦٦] لنین "درباره غرور ملی و لیگاروس‌ها" آثار منتخبه، ۳۸۲.

[٦٧] لنین "درباره غرور ملی و لیگاروس‌ها" آثار منتخبه، ۳۸۳.

## ۸- حق تعیین سرنوشت ملت‌ها: مشاجره روزا لوگزامبورگ و لنین

[١] بخش‌هایی از این مطلب قبلاً در مقالهٔ طولانی‌تری آمده بود که با امضای ا. ح. عارف تحت عنوان «انقلاب روسیه و روزا لوگزامبورگ» در نشریه اندیشه و پیکار منتشرشده بود. در آن دوره نظر نویسنده موافق حق تعیین سرنوشت لنینی بود ولی همان‌طوری که در بخش‌های دیگر این کتاب دیده می‌شود؛ حالا نویسنده درکی انتقادی از حق تعیین سرنوشت ملی و همین‌طور نگرش روزا لوگزامبورگ هم دارد. ا.ح. عارف "انقلاب روسیه و روزا لوگزامبورگ"، اندیشه و پیکار شماره ۲ ژانویه ۱۹۸۹ (ص ۸۰- ۴۱)

[٢] به نقل از لنین در انقلاب پرولتری و کآئوتسکی مرتد، ۶۲۹. لنین برای نفی نظرات کائوتسکی جزوهٔ مفصل "انقلاب پرولتری و کائوتسکی مرتد" را در سال ۱۹۱۸ نوشت. مراجعه شود به: ولادیمبر ایلیچ

لنین آثار منتخبه در یک جلد، انتشارات سازمان انقلابی حزب توده ایران در خرج از کشور، ترجمه فارسی، ۱۹۷۴، ۶۲۸-۶۶۶.

[3] Horace B. Davis, “Introduction: The right of National Self-Determination in Marxist Theory-Luxemburg vs. Lenin”, in Rosa Luxemburg, ***The National Question***, tr. and edited by Horace B. Davis, (New York, Monthley Review Press, 1976), 9-45.

[4] مراجعه شود به لنین مجموعه آثار، انگلیسی جلد ۴۵، صفحه ۶۵۷. ضمناً این دو نامه فوق‌العاده محرمانه بوده‌اند.

[5] لنین ضمن انتقاد شدید به حرکت استالین می‌گوید:

"هیچ‌چیز مانند بی‌عدالتی ملی مانع تکامل و استحکام همیشگی پرولتاریا نیست و ناسیونالیست‌های "آزاردیده" نسبت به هیچ‌چیز آنقدر حساس نیستند که نسبت به برابری و نقض این برابری، حتی اگر این نقض از روی اهمال باشد، حتی اگر به صورت شوخی باشد، آنها به نقض این برابری از طرف رفقای پرولتر خود حساسند، به همین سبب در این مورد افراط درگذشت و نرمش نسبت به اقلیت‌های ملی بهتر از تفریط است. به این سبب در مورد منافع اصلی مسئله ملی نظر سطحی نداشته باشیم و همیشه فرق حتمی در رابطه پرولتاریای ملت مظلوم (یا کوچک) نسبت به ملت ظالم (یا بزرگ) را در نظر بگیریم." (و.ا. لنین، "بیداری آسیا، یادداشت ۳۱ دسامبر ۱۹۲۲"، آثار منتخبه، ترجمه فارسی صفحه ۶۸).

[6] Davis, 21.
[7] Davis, 36.
[8] Rosa Luxemburg, “The National Question and Autonomy”, in The ***National Question***, tr. and edited by Horace B. Davis, 101-289 (New York, Monthley Review Press, 1976), 111.
[9] Ibid, 112.

[10] "انقلاب روسیه و روزا لوگزامبورگ" نام جزوه‌ای است که روزا لوگزامبورگ در سال ۱۹۱۸ در زندان نوشته بود و در آن به انتقاداتی از بلشویک‌ها پرداخته بود. روزا لوگزامبورگ، مجموعه برگزیده آثار روزا لوگزامبورگ، ترجمه فارسی، انتشارات سیاهکل، ن.د).

[11] لوگزامبورگ، همانجا.

[12] لوگزامبورگ، همانجا.

[13] لوگزامبورگ، همانجا، ۱۰۵.

[14] لوگزامبورگ، همانجا.

[15] لوگزامبورگ، همانجا.

[16] Davis.

[17] بنا بگفته دیویس پیاتاکف حتی "شعار حق تعیین سرنوشت" را ارتجاعی خوانده بود ولی لنین پیاتاکوف را شوونیست عظمت طلب روسی خطاب کرد. دیویس ص ۲۸.

[18] ولادیمیر لنین، "گرایش نوظهور اکونومیسم امپریالیستی"، در ***دو مقاله از لنین درباره مسئله ملی،*** (ترجمه یاران فاضل هوادار ساق سازمان پیکار.... پاکستان ۷ ن.د [اصلی ۱۹۱۶] ۵-۱۶، ۱۱.

[19] لنین، ترازنامه مباحثی.

[20] لنین، همانجا.

[21] لنین، ترازنامه مباحثی. ۱۳.
[22] لنین در سخنرانی هشتمین کنگره حزب درباره برنامه، در آثار منتخبه، ترجمه فارسی، ٦٦٧-٦٧۵.
[23] لنین، همانجا، آثار منتخبه، ترجمه فارسی ص ۶۷۵.
[24] شعار مخالفان انقلابی "حق تعیین سرنوشت" اگرچه از موضع دیگری انجام می‌گرفت ولی ازنظر لنینیست‌ها به نتایج یکسانی با قطعنامهٔ "شوونیست‌ها" در کنگرهٔ اشتوتگارت در سال ۱۹۰۷ می‌رسید که در آن مطرح می‌شد:
"کنگره اعلام می‌دارد که در مورد فایده یا ضرورت مستعمرات به‌طورکلی، به‌خصوص برای طبقه کارگر، شدیداً مبالغه شده است. اما کنگره، سیاست استعماری را در اصل و برای همه زمان‌ها رد نمی‌کند. زیرا تحت یک رژیم سوسیالیستی ممکن است این سیاست به حال تمدن سودمند شود.". ویلیام فاوستر، ***تاریخ ۳ انترناسیونال***، جلد ۱، (ترجمه فارسی، انتشارات سوسیالیسم و آزادی) ص ۲۴۸.
[25] لنین درباره یونیوس.
[26] "انقلاب اجتماعی نمی‌تواند به نحو دیگری، به‌جز در شکل عصری که جنگ طبقاتی پرولتاریا علیه بورژوازی در کشورهای پیشرفته در پیوند با یک سلسله از جنبش‌های دموکراتیک و انقلابی، از آن جمله جنبش‌های آزادی‌بخش ملی ملت‌های رشدنیافته عقب‌مانده و ستم‌کش باشد، انجام پذیرد" (لنین، کاریکاتوری از مارکسیسم...ص.۶۰)
[27] بنا بگفتهٔ لنین پ. کیوسکی هم مطرح می‌کرد که: "این خواسته (یعنی حق ملت‌ها در تعیین سرنوشت خویش) مستقیماً به سوسیال پاتریوتیسم می‌انجامد." (به نقل از لنین، کاریکاتوری از... ص ۱۶) و "ما به‌هیچ‌وجه نمی‌توانیم درک کنیم که چگونه می‌توان درعین‌حال علیه دفاع از میهن و موافق حق تعیین سرنوشت علیه میهن و موافق آن بود"، (ص ۱۷، همان‌جا).
[28] از لنین، به نقل از شارل بتلهایم، ***مبارزه طبقاتی در شوروی***.
[29] برای درک بیشتر این موضوع به نامه‌هایی مهم در اواخر مجموعه آثار انگلیسی جلد ۴۵ و نیز سه یادداشت ترجمه‌شده در "بیداری آسیا" تحت عنوان "درباره مسئله ملیت‌ها و یا خودمختار کردن" مراجعه شود. بیداری آسیا ص ۷۰ و نیزبتلهایم، ***مبارزه طبقاتی در شوروی***، ۵۳۱ که به دلیل دقت بیشتر ترجمه از دومی نقل کرده‌ایم.
[30] لنین، کاریکاتوری از مارکسیسم، ۲۵.
[31] لنین، کاریکاتوری از مارکسیسم، ۸۰.
[32] لنین، کاریکاتوری از مارکسیسم، ۸۱.
[33] مراجعه شود به لنین ترازنامه..
[34] طبعاً بررسی این موضوع با توجه به فکت‌هایی که روزا لوگزامبورگ ارائه می‌دهد می‌تواند اهمیت داشته باشد، چون او معتقد است پرولتاریا در فنلاند تسلط داشته است ولی بر مبنای این سیاست، تسلط خود را از دست می‌دهد. در مورد لهستان پیش‌بینی لنین هم به تحقق نرسید چون او در "کاریکاتوری از ..." (۷۲) مطرح کرد: " از این نظر که لهستانی‌ها و فنلاندی‌ها مردمانی فوق‌العاده با فرهنگ می‌باشند، به‌احتمال فراوان آنها بسیار سریع درستی این استدلال را درخواهند یافت و جدایی لهستان و فنلاند بعد از پیروزی سوسیالیسم بسیار کوتاه‌مدت خواهد بود."
او برای فلاحین (دهقانان عرب شمال آفریقا)، ایرانیان و مغول‌ها این دوره را با احتمال طولانی‌تری می‌دید. البته لازم به تذکر است که در سال ۱۹۱۸ در فنلاند اعتراضاتی کارگری به وقوع پیوست ولی قبل از این‌که ارتش سرخ با استفاده از تاکتیک‌هایش به تصرف آنجا برود نیروهای آلمان وارد شدند. مراجعه شود به دیویس ص ۳۲.

# ۹- استبداد، ناسیونالیسم، ملت و خودمختاری طلبی در ایران

[۱] اوریانا فالاچی، *مصاحبه با تاریخ سازان جان ۱۹۷۳: بانضمام مصاحبه با پادشاه ایران*، ترجمه مجید بیدار نریمان، (تهران: سازمان انتشارات جاویدان؟). من مستقیماً از زبان انگلیسی ترجمه کردم.
https://newrepublic.com/article/92745/shah-iran-mohammad-reza-pahlevi-oriana-fallaci

[۲] بی‌بی‌سی فارسی، "ایران تمدید مأموریت گزارشگر ملل متد را 'تأسف‌بار' خواند"، ۴ فروردین ۱۳۹۸،
24 March 2019, available: http://www.bbc.com/persian/iran- BBC Persian, 47684630

[۳] The Economist, Intelligence Unit, “Democracy Index 2018:Me Too?”, 2019, available: http://www.eiu.com/topic/democracy-index

[۴] - در این رابطه بحث مایکل ایگناتیف و بحث انتقادی رابرت فاین مفیدند. Ignatieff, Michael. “Benign Nationalism?; Fine, Robert. ”Benign Nationalism

[۵] محمود افشار، "مسئله ملیت و وحدت ملی ایران"، مجله آینده شماره ۸ نمره مسلسل ۲۰، (۱۳۰۶ ه.ش) ص ص ۵۶۹-۵۶۰

[۶] مجتبی کمره‌ای *کیهان* ۲۴ شهریور ۱۳۵۸ شمسی.

[۷] see Borhanedin A. Yassin, ***Vision or Reality: The Kurds in the Policy of the Great Powers, 1941-1947, LUND STUDIES IN INTERNATIONAL HISTORY 32*** (Editors: Bengt Ankarloo, Sven Tägil 66. Accessible at: ) و )1995و(and Eva Österberg), http://www.burhanyassin.com/Vision%20or%20Reality.pdf

[۸] گزارش کیهان، "رئوس خودمختاری اعلام شد" *کیهان* ۲۰ اردیبهشت ۱۳۵۸.

[۹] "امام طرح خودگردانی استان‌ها را تائید کرد"، *کیهان* ۲۷ آذر ۱۳۵۸.

[۱۰] ببینید: "بازخوانی تلاش منافقین برای جدائی کردستان از ایران"، خبرگزاری مهر، ۲۹ شهریور ۱۳۹۶.
https://www.mehrnews.com/news/4092921/بازخوانی-تلاش-منافقین-برای-جدایی-کردستان-از-ایران

[۱۱] *کیهان* ۳۱ فروردین ۱۳۵۹.

[۱۲] *کیهان* ۳۱ فروردین ۱۳۵۹.

[۱۳] ناصر کاتوزیان، *گذری بر انقلاب ایران*، (تهران، چاپخانه دانشگاه تهران، ۱۳۶۰) ۵.

[۱۴] کاتوزیان، ۱۳۶۰، ۱۰۱.

[۱۵] کاتوزیان، ۱۳۶۰، ۱۴۲.

[۱۶] البته لازم است که بگوئیم که کاتوزین خیلی زود از رژیم سرخورده شد، بطوریکه در همین کتاب ازنظر کلی به خود انتقاد کرد.

[۱۷] "تحلیلی بر مرامنامه حزب منحله دموکرات: از خودمختاری تا تجزیه و الحاق"، *کیهان* ۱۵ شهریور ۱۳۵۸.

[۱۸] ج. متینیی، " پیشنهاد"، **ایران‌شناسی** شماره ۲ سال ۱۹۹۸ ص ۲ و همین‌طور شماره‌های ۱ و ۳ سال دهم.

[۱۹] پرویز اکتشافی " دو مسئله ترک و فارس و کثیره المله بودن ایران"، **ایران شناسی** شماره ۳ سال ۱۹۹۸، ۶۰۲.

[۲۰] ن. جهانشاه لو، "درباره آذربایجان و آران و زبان آذربایجانی" "، **ایران‌شناسی** شماره ۳ سال ۱۹۹۸.

[۲۱] پ. ملکی، ا "جمهوریت و فدرالیسم: پایگاه تازه تجزیه‌طلبی" ***نیمروز*** ۲۴ مرداد ۱۳۸۲ شمسی.

[۲۲] ولی ذ صر که یک آکادمیک شناخته شده ا ست هم به صف انکار گرایان پیو سته و ت صور می‌کند با قبول باستانی بودن ایران پیچیدگی‌های هویت‌های سیاسی چند قومی و چند فرهنگی ایران منحل می شود. او در مصاحبه‌ای با سایمور هرش می‌گوید: چون لبنان، عراق، و پاکستان دارای مسئله قومی هستند به این معنا نیست که ایران هم از چنین مشکلی رنج می‌برد. ایران کشوری باستانی است مانند فرانسه و آلمان شهروندان آن ناسیونالیستی هستند.... اقلیت‌ها.. (در ایران) یا خیلی مخلوط شده‌اند و یا کوچک و حاشیه‌ای‌اند که روی حکومت نفوذ زیادی ندارند و قادر به چالش سیاسی هم نیستند.

Hersh, "Preparing the Battlefield: The Bush Administration steps Simom, M up its secret moves against Iran", July 7, 2008, The New Yorker.

[۲۳] حمید احمدی.، ***قومیت و قوم‌گرایی در ایران: از افسانه تا واقعیت***، فصل هفتم، (تهران: نشر نی ۱۳۷۸)، ۳۰۶-۳۷۲.

[۲۴] داریوش آشوری، ***ما و مدرنیت***، (تهران: مؤسسه فرهنگی صراط، ۱۳۷۷) ۱۷۵-۱۹.

[۲۵] آشوری، ۱۳۷۷، ۱۹۴.

[۲۶] رقابت بین بریتانیا و روسیه و سپس اتحاد جماهیر شوروی نقش مهمی در تعریف و بازتعریف مفهوم قومی داشت. اتحاد جماهیر شوروی که بشدت نیاز به متحدانی داشت که نقش بریتانیا را تضعیف کنند تعریف استالینی از ملت را در جهت فعال کردن تفاوت ها به کار می‌گرفت و وقتی نوعی محلی‌گرائی و یا ناسیونالیسم بر مبنای عوامل عینی که استالین نام‌برده بود شکل می‌گرفت ناگزیر به چنان گزینش هائی روی می‌آورد. البته در مواردی درک های رادیکال نیروهای بلشویکی در جهت برابری و رفع تبعیض (البته نه همیشه مثلاً کنگره باکو در ۱۹۲۰ اساس کار تشویق نیروهای ضد انگلیسی که شامل روسای قبائل و فئودال‌ها بود) از جهاتی با نگرش انگلیسیان که عمدتاً به فئودال‌ها و سران قبایل تکیه داشتند، فرق داشت

[۲۷] ملک الشعراء بهار، ***تاریخ مختصر احزاب سیاسی ایران: اغراض قاجاریه***، چاپ اول ۱۳۲۱، (تهران، انتشارات امیرکبیر، ۱۳۵۷) (چاپ اول ۱۳۲۱) ص ص ۱۴۰-۱۶۲.

[۲۸] ملک الشعراء بهار، ۱۳۵۷، ص ۱۶۷-۱۶۴.

همین‌طور ببینید:

Nikki R Keddie, ***Modern Iran: Roots and Results of Revolution,*** (New haven and London: Yale University Press, 2006) 74-78.

See Keddie, Nikki R., 2006, 111-112.[۲۹]

Atabaki, Touraj, ***Azerbaijan: Ethnicity and Democracy in Iran after the Second World War***, (New York: St Martin press, 1993).

[۳۰] محمدعلی (همایون) کاتوزیان، ***اقتصاد سیاسی ایران ۲: سلطنت محمدرضا شاه***، ترجمهٔ محمدرضا نفیسی و کامبیز عزیزی، (تهران پاپیروس، ۱۳۶۸) ۳۹.

[۳۱] حمید احمدی در نگاهی به نقش شوروی در حمایت و تقویت پیشه‌وری جنبش را یک توطئه خارجی می‌بیند. اینکه توطئه و حمایت خارجی در کار باشد تا حدودی درست است ولی نقش تضادها و فشارهای ناشی از استبداد و سیاست‌های متمرکز دولت‌های مرکزی در ایجاد جنبش قومی نادیده گرفته می شود و این عقیده ابدگرائی را تقویت می‌کند که جوهره ایرانی خودبه‌خود و فی ذاته وحدت را ایجاد می‌کند ولی تنها توطئه‌ای خارجی در جهت تخریب آن‌اند.

ببینید: حمید احمدي، "اصـــلاحات فرقه دموكرات آذربايجان و اســـناد بازيافته اتحاد شـــوروي"، مطالعات اوراسياي مركزي، دوره 10، شماره 1، بهار و تابستان 1396، 16-1.

۳۲ درک کینان، *کردها و کرد ستان*، ترجمه فارســی به‌وســیله ابراهیم یونســی، (تهران. انتشــارات نگاه، ۱۳۷۶) ۱۲۲.

۳۳ Baluchistan see Selig, S Harrison, On *In Afghanistan's Shadow:Baluch Nationalism and Soviet Temptations*, (Washingron DC: Carnegie Endowment for International Peace, 1981), chaper 6, p p;92-126.
See also Mohammad Hassan, Hosseinbor,, *Iran and its Nationalilities: The Case of Baluch Nationalism.* Karachi: Pakistan Adab Publication, 2000).

۳۴ حمید احمدی ۱۳۷۸ فصل هفتم. صص ۳۰۶- ۳۷۲.

۳۵ نژادپرستی ایرانی، پانفارسیسم و تورک ستیزی در کتاب‌های درسی جمهوری اسلامی ایران (قسمت دهم)- اوجالان ساوالان

https://www.azoh.net/مقاله-و-گزارش/۷۱۹-نژادپرستی-ایرانی،-پانفارسیسم-و-تورک-ستیزی-در-کتابهای-درسی-جمهوری-اسلامی-ایران-قسمت-دهم-اوجالان-ساوالانhtml.

۳۶ بلوچ، محمد کریم. (۱۴ ژانویه ۲۰۰۹). "غزهِ بهشتی تبلان و بلوچانی معصومین ننکان" (أطفال بهشتی غزه و أطـفـال بـی گـنـاه بـلـوچ"-http://taftan32.blogspot.com/2009/01/blog-post_3031.html

۳۷ آیت‌الله دری نجف‌آبادی، دادســتان کل جمهوری اســلامی، امکان ســازمان‌دهی نیروهای منطقه‌ای برای حفاظت از مرزهای کشور

BBC http://www.bbc.com/persian/iran/story/2006/06/060619_he-dorri-najafabadi.shtml ۲۰۰۶
دوشنبه ۱۹ ژوئن

## ۱۰- نتیجه‌گیری

[1] Colin Pilkington, *Devolution in Britain Today*, (Manchester, Manchester University press, 2002).

[2] G. Gottlieb, G "Between Union and Separation: The Path of Conciliation", in E, Mortimer and R, Fine, eds.,119.

[3] See A. Roberts, "Beyond the flawed principle of national self-determination", in in E, Mortimer and R, Fine, eds.

[4] S. M. Mahler, *Comparative Politics: An Industrial and Cross-National Approach*, (New Jersey, Prince Hall, 2003).

[5] Ann Griffiths and Ann, L. Griffiths, *Handbook of Federal Countries, 2005*, (McGill-Queen's University Press; 2005).

# برگزیده‌ای از منابع

Amirahmadi, Hooshang. "The Non-Capitalist Way of Development",
Radical Political Economy 19 (1), 1987, PP.22-46.

Anderson, Benedict. *Imagined communities*. London: Verso, 2006.

Arrighi, Givani. *The Geometry of Imperialism*. London: L.B, 1978.

Atabaki, Touraj. *Azerbaijan: Ethnicity and Democracy in Iran after the Second World War*. New York: St Martin press, 1993.

Avinri, Shlomo. *Karl Marx on Colonialism and Modernisation*. (New York: Anchor Books, 1969.

*Baku Congress of the People of the East*. Communist International. New Park Publications, 1977[1920].

Bauman, Zygmunt. *Identity*. Cambridge: Polity Press, 2004.

Brass, R. Paul. "Elite competition and Nation-Formation", in John Hutchinson and Anthony Smith, eds. *Nationalism*. Oxford: Oxford University Press 1994. 83-89.

Brewer Anthony Brewer, *Marxist Theories of Imperialism: A critical Survey*, (Routledge Kegan, 1980).

Carr, Hellet Edward. *The Bolshevik Revolution (1), 1917- 1919*. London: Pehlivan, 1950.

Cobban, Alfred. *The Nation State and National Self-determination*. Collins: London, 1969.

Connor, Walker. "A Nation is a Nation, Is a state, is an Ethnic Group", in John Hutchinson and Anthony Smith. eds. *Nationalism*. Oxford: Oxford University Press, 1994. 36-48.

Davis, B. Horace., "Introduction: The right of National Self-Determination in Marxist Theory-.Luxemburg vs. Lenin", in Rosa Luxemburg, *The National Question*, tr. and ed. by Horace B. Davis, New York: Monthley Review Press, 1976. 9-45.

Davis, B. Horace. *Toward Marxist Theory of Nationalism*. New York and London: Monthly Review, 1978.

Edwards, Jhon. *Language, Society and Identity*. Oxford: Basil Blackwell, 1985.

Fine, Robert. "Benign Nationalism? The Limits of the Civic Ideal", in E, Mortimer and R, Fine, eds., *People, Nation And States*. London, New York, I.B. Tauris Publishers, 1999. 149-161.

Fukuyama, Francis. *The End of History and the Last Man*. Penguin, 2012.

Gellner, Ernest. *Nations and Nationalism: New Perspectives on the Past.* 2nd ed. Cornell: Cornell University press, 2009 [1983].

Giddens, Anthony. *Run away World.* London: Profile Books,1999.

Gottlieb, G "Between Union and Separation: The Path of Conciliation", in E, Mortimer and R, Fine eds. *People, Nation And States.* London, New York: I.B. Tauris Publishers, 1999.

Greetsz, Clifford. "Primordial and Civic Ties", in John Hutchinson and Anthony Smith, eds. *Natinalism.* Oxford: Oxford University Press 1994. 29-34.

Griffiths, Ann and Ann, L. Griffiths. *Handbook of Federal Countries, 2005.* McGill-Queen's University Press, 2005.

Grosby, Steven. *Nationalism: A Very Short Introducrtion.* Oxford: Oxford University Press, 2006. Halliday, Fred. "Nationalism", in J Balis and S. Smith, eds., *The Globalization of World Politics: An Introduction to International Relations.* Oxford: Oxford University Press, 2001. 440-455.

Harrison, Selig. *In Afghanistan's Shadow:Baluch Nationalism and Soviet Temptations.* Washingron DC: Carnegie Endowment for International Peace, 1981.

Held, David, et al. *Global Transformation: Politics, Economics and Culture.* Cambridge: Polity Press, 1999.

Hill, Ronald, "The Dissolution of the Soviet Union: Federation, Commonwealth, Session", in Johan Coakley, ed. *The Territorial Management of Ethnic Conflicts*, 2nd edition. Portland: Frank Cass, 2003.

Hobsbawm, J. Eric. *Nations and nationalism since 1780: Programme, Myth, Reality.* Cambridge: Cambridge University Press, 1990.

Hosseinbor, Mohammad Hassan. *Iran and its Nationalilities: The Case of Baluch Nationalism.* Karachi: Pakistan Adab Publication, 2000.

Howard, M.S, And J.E.A King, *History of Marxian Economy vol-I: 1883-1929.* Princeton University Press, 1989.

Howbsbawm, J. Eric, and T.E. Ranger. *The Invention of Tradition.* Cambridge: Cambridge University Press,1983.

Huntington P. Samuel. *The Clash of Civilizations and the Remaking of World Order.* New York: Simon & Schuster, 1998.

Hutchinson, John and Anthony Smith. *Natinalism.* Eds. Oxford: Oxford University Press,1994.

Ignatieff, Michael. "Benign Nationalism? The Possibilities of the Civic Ideal", in E, Mortimer and R, Fine, eds. *People, Nation And States.* London, New York: I.B. Tauris Publishers, 1999. 141-148.

Keddie, R. Nikki. *Modern Iran: Roots and Results of Revolution.* New haven and London: Yale University Press, 2006. 74-78.

Kedouri, Elie. *Nationalism*. Frederick A.Praeger,Inc., Publishers, 1961.

Smith, Anthony, D. *Theories of Nationalism, 2nd ed*. London, Holmes and Meller, 1983.

Kolakovski, Leszek. *Main Currents of Marxism Vol 2*. New York: Oxford University Press, 1978.

Lenin, Vladimir Ilych. "A Letter to Shaumian", *CW VOL 23,* Trans English. Moscow, [1916].

Lenin, Vladimir Ilych, "Socialist Revolution and Sef Determination", *CW VOL 22, Trans English*. Moscow, [1916].

Lowy, Michael. "Marxists and the Nationalists", *New Left Review,* No 96, 1976.

Luxamburg Rosa. "The National Question and Autonomy", in The *National Question*, trans. and edi. by Horace B. Davis. New York, Monthley Review Press, 1976. 101-289

Mahler, S. M. *Comparative Politics: An Industrial and Cross-National Approach*. New Jersey: Prince Hall, 2003. Munck, Ronaldo. *The Difficult Dialogue: Marxism and Nationalism*. London: Zed Books Ltd.,1986.

Nairn, Tom. *The Break-Up of Britain*. London, Verso, 1981.

Pilkington, Colin. *Devolution in Britain Today*. Manchester: Manchester University press, 2002.

Renan, Ernest. "Qu'est-ce quan'une Nation", in John Hutchinson and Anthony Smith, eds. *Natinalism*, Oxford: Oxford University Press, 1994.17-18.

Roberts Adam. "Beyond the flawed principle of national self-determination", in E, Mortimer and R, Fine eds. *People, Nation And States.* London, New York: I.B. Tauris, 1999.77-106.

Rosenau, James, N. *Turbulnce in Word Politics*, (Princeton, Princeton University Press,1990).

Russell, Bertrand. *A History of Western Philosophy*. London: Counterpoint,1979. [1946].

*Second Congress of the Russian Social Democratic Party.* London: New Park Publications. 1978 [original 1903].

Seton-Watson Hugh. *Nations and States*. London: Methuen,1977.

Smith, Anthony. "The Nation Real or Imagined", in Edward Mortimer and Robert Fine, eds., *People, Nation And States*. London, New York: I.B. Tauris, 1999.

Stalin, Joseph. *Marxism and the National and Colonial Question,* (University Press Pacific, 2003 [1913]).

Solodovni, V. Kov, and V.Bogoslovsky. *Non-Capitalist Development: An Historical Outline*. Moscow: Progress Publishers, 1975.

Walters, Malcolm. ***Globalization***, 2nd edition. London and New York: Routledge, 1995.
Warren Bill. ***Imperialism pioneer of Capitalism***. London: NLF, 1979.
Wright Tony. "Socialism and Nationalism" in Tivey, L. ed., The Nation State. Oxford: Martin Robertson, 1981.
Yassin, A. Borhanedin. ***Vision or Reality: The Kurds in the Policy of the Great Powers, 1941-1947, LUND STUDIES IN INTERNATIONAL HISTORY 32***, eds Bengt Ankarloo, Sven Tägil and Eva Österberg, 1995. Accessible at: http://www.burhanyassin.com/Vision%20or%20Reality.pdf

## منابع فارسی

**"۱۹۰۳ شرح جلسات کنگره دوم حزب کارگر سوسیال‌دموکرات روسیه" بخش اول (۱۳۶۳) انتشارات ح.ک.ا.**
**"قطعنامه‌ها و تصمیمات حزب کارگر سوسیال‌دموکرات روسیه ۱۸۹۸- ۱۹۱۷" (۱۳۶۳)؟** انتشارات سازمان چریک‌های فدایی خلق ایران.
احمدی. حمید. ***قومیت و قوم‌گرائی در ایران: از افسانه تا واقعیت***. تهران: نشر نی ۱۳۷۸.
استالین جوزف، ***ملیت از دیدگاه فلسفه علمی***، ترجمه فارسی، (تبریز: انتشارات آیدن، ۱۳۵۷)
استالین، جوزف. ***راجع به اصول لنینیسم***. اداره نشریات به زبان‌های خارجی پکن، ۱۹۷۶.
آشوری، داریوش، ***ما و مدرنیت***، تهران: مؤسسه فرهنگی صراط،، ۱۳۷۷.
بتلهایم شارل، ***مبارزهٔ طبقاتی در اتحاد شوروی: دورهٔ اول ۱۹۱۷-۱۹۲۳***، ترجمهٔ خسرو مردم‌دوست، (تهران: انتشارات پژواک، ۱۳۵۸ ه.ش).
بهار، ملک الشعراء. ***تاریخ مختصر احزاب سیاسی ایران: اغراض قاجاریه***. تهران: انتشارات امیرکبیر، ۱۳۵۷. (چاپ اول ۱۳۲۱).
بی‌بی‌سی فارسی، "لوپن: مهاجرت را مدتی به‌کل معلق می‌کنم"، ۱۸ آوریل ۲۰۱۷.
تروتسکی، لئون، ***تاریخ انقلاب روسیه***، ترجمه سعید باستانی، (تهران: نشر فانوسا [چاپ دوم انتشارات زاد آلمان]، ۱۳۶۰ ه.ش.]
عارف ا-ح.. "انقلاب روسیه و روزا لوگزامبورگ". در **اندیشه و پیکار ۲**، اروپا، ۱۹۸۹.
فالاچی اوریانا. ***مصاحبه با تاریخ سازان جهان ۱۹۷۳: با انضمام مصاحبه با پادشاه ایران***. ترجمه مجید بیدار نریمان. تهران: سازمان انتشارات جاویدان؟.
فاوستر، ویلیام. ***تاریخ ۳ انترناسیونال***، جلد ۱، ترجمه فارسی. (؟: انتشارات سوسیالیسم و آزادی).
کاتوزیان، محمدعلی (همایون). ***اقتصاد سیاسی ایران ۲: سلطنت محمدرضا شاه***، ترجمهٔ محمدرضا نفیسی و عزیزی کامبیز. تهران: پاپیروس، ۱۳۶۸.
کینان، درک. ***کردها و کردستان***. ترجمه فارسی ابراهیم یونسی. تهران: انتشارات نگاه، ۱۳۷۶.
لنین، ولادیمیر ایلیچ. ***آثار منتخبه در یک جلد***، انتشار سازمان انقلابی حزب توده ایران در خارج کشور، ۱۹۷۴.

لنین، ولادیمیر ایلیچ. "درباره غرور ملی و لیگاروس‌ها" در ***آثار منتخبه در یک جلد،*** انتشارات سازمان انقلابی حزب توده خارج کشور، ۱۹۷۴، صفحات ۳۸۴-۳۸۲.

لنین، ولادیمیر ایلیچ. "سخنرانی درباره برنامه حزب در هشتمین کنگره حزب کمونیست روسیه ۱۹ مارس ۱۹۱۹"، در ***آثار منتخبه در یک جلد،*** انتشارات سازمان انقلابی حزب توده خارج کشور، ۱۹۷۴، صفحات ۶۷۶- ۶۶۷.

لنین، ولادیمیر ایلیچ. **توسعه سرمایه‌داری در روسیه**. ترجمه فارسی، انتشارات سیاهکل، ۱۳۵۷.

لنین، ولادیمیر ایلیچ. "درباره حق ملل در سرنوشت خویش"، در ***آثار منتخبه در یک جلد،*** انتشار سازمان انقلابی حزب توده ایران در خارج کشور، ۱۹۷۴، صفحات ۳۷۴- ۳۵۰.

لنین، ولادیمیر ایلیچ. "گزارش کمیسیون بررسی مسائل ملی و مستعمراتی" (۱۹۲۰) در ***مجموعه سخنرانی‌ها در کنگره‌های انترناسیونال کمونیستی،*** **ترجمه م.ت. پرتو**

لنین، ولادیمیر ایلیچ. "وظایف پرولتاریا در انقلاب ما"، در ***آثار منتخبه در یک جلد،*** انتشارات سازمان انقلابی حزب توده خارج کشور، ۱۹۷۴، صفحات ۴۶۶- ۴۵۸.

لنین، ولادیمیر ایلیچ. ***امپریالیسم به‌مثابه آخرین مرحله سرمایه‌داری.*** ترجمه فارسی، پکن: اداره نشریات زبان‌های خارجی، ۱۹۷۵.

لنین، ولادیمیر ایلیچ. **ترازنامه مباحثه‌ای پیرامون حق ملل در تعیین سرنوشت خویش.** تهران: انتشارات پژواک، ۱۳۵۹.

مارکس، کارل و انگلس، فردریک. **مانیفست حزب کمونیست.** ترجمه محمد پورهرمزان. انتشارات حزب توده ایران، ۱۳۵۴.

مارکس، کارل و انگلس، فردریک. **مکاتبات مارکس و انگلس در باب ماتریالیسم تاریخی.** ترجمه و انتشار سازمان وحدت کمونیستی- ایران، ۱۳۵۸.

مسکوب، شاهرخ. ***ملیت و زبان.*** پاریس: خاوران، ۱۳۶۸.

هابرماس، یورگن. ***جهانی شدن و آینده‌ی دموکراسی: منظومه‌ی پسا ملی.*** ترجمه ک. پولادی. تهران: نشر مرکز، ۱۳۸۰.